Introduction to Pastoral Counseling

목회상담 실천 입문

이상억 · 권명수 · 김진영 · 반신환 · 심수명
양유성 · 유재성 · 이해리 · 정희성 · 최의헌 공저

학지사

저자 서문

너는 흙이니 흙으로 살아라
죽어서 흙 될 생각 말고
살아서 너는 흙으로 살아라
온갖 썩는 것 더러운 것
말없이 품 열고 받아들여
오래 견디는 참사랑
모든 것 삭이는 세월에 묻었다가
온갖 좋은 것 살아있는 것
여린 싹으로 토해내어
마침내 열매 맺히도록
다시 말없이 버텨 주는 흙으로
흙으로 살아라 너는 흙이니
오오, 거룩한 흙으로 살아라

이 아무개라고 불리길 원하는 이현주 목사님의 글입니다. 며칠 전, 옷에 흙이 묻어 더럽다고 털어냈는데, 생각해 보면 저도 흙인 주제에 별걸 다 더럽다 한다 싶었습니다. 이현주 목사님이 말한 대로, 죽어 흙 될 생각 말고 살아 흙 될 생각하고 살자, 더러우면 더러운 대로 살자 싶습니다. 그래야 더러운 게 썩어 마침내 열매 맺을 양분이 될 것이기 때문입니다. 졸업을 앞둔 학생들이 기억에 남게 한마디 해 달라기에 "나는 여러분에게 기억되고 싶지 않습니다."라고 말했습니다. 기억되는 존재가 아니라 학생들의 마음속에 살아있는 존재가 되고 싶었기 때문입니다. 그들의 손짓과 언어 속에, 그들의 행동과 걸음 속에 살아있고 싶습니다. 지나친 소원일지 모르지만 그렇게 하고 싶습니다. 그래서 삶으로 가슴으로 만나길 소원하며 강단에 섭니다.

작가 프로스트(Robert Frost)는 "No tears in the writer, no tears in the reader. No surprise in the writer, no surprise in the reader."라는 말을 하였습니다. 눈물을 흘리며 글을 쓰지 않았으면 읽는 이의 눈에서 눈물을 기대하지 말라고 단호히 말하는 것은 저자의 삶이 얼마나 중요한가를 역설하고 있는 것입니다. 이와 흡사하게 미국 에모리 대학교에서 설교학 교수로 은퇴하신 크래독(Fred Craddock) 선생님께서 이렇게 말했습니다. "설교자의 설교 준비는 한 주일 그의 삶이며 삶으로 준비하지 않는 설교는 설교가 아니다." 프린스턴 대학교에서 에모리 대학교로 자리를 옮겨 간 설교학자 롱(Tom Long) 선생님도 이 분의 말을 종종 인용하곤 했는데요, 단호한 그의 말엔 깊은 사색에 잠기게 하는 의미가 담겨 있어 삶의 중요성을 일깨우고 있다고 생각됩니다. 영국의 시인인 던(John Donne)이 "사랑하기에, 사랑한다고 말하기에 나는 바보"라고 한 말과 브리스톨 대학교 명예교수이며 생 윤리학의 권위자인 캠벨(Alastair Campbell)이 "지혜로운 바보가 되는 것(Being a wise fool)"이라고 한 말의 의미는 결국 삶을 가슴으로 살면서 초월적인 동시에 현실적 실존이 되라는 거룩한 통찰이 아닐까 싶습니다. '가슴으로 살아가는 것'이 중요합니다. 사람을 만나되 가슴으로 만나고 삶을 살아가되 가슴으로 살아간다면, 갖은 오해로 바보 같은 사람이란 소릴 들어도 신명날 일일 게다 싶습니다. 현실과 초월의 두 축을 잡고 살아가는 행복한 실존일 테니 말입니다. '가슴으로 사는 것'의 의미를 구체화하고자 10명의 목회상담 학자들이 모여 이 책에 삶이 깃든 의견들을 모았습니다.

지난 2009년 1월, 감리교신학대학교 안석모 교수님과 일곱 분의 노고로 『목회상담 이론 입문』이 출판되었습니다. 많은 분들이 이 책을 통해 목회상담이 무엇인가에 대해 다양한 담론을 나눌 수 있었을 것입니다. 비록 서로의 생각은 조금씩 달랐지만 한국 목회상담의 현장에서 나눌 만한 좋은 교재가 나왔다는 것에 얼마나 기뻐했는지 모릅니다. 곧이어 다시 한 번 한국 목회상담의 현장에 도움이 될 만한 교재를 학회의 이름으로 내놓게 되었습니다.

앞선 책이 이론적 부분을 다루었다면, 『목회상담 실천 입문』은 실천적 측면에서 '과연 목회상담을 어떻게 이끌 수 있는가?'를 고민하고 있습니다. 이 책은 어떤 왕도를 제시하고자 만든 지침서가 아니며, 반드시 목회상담을 하려면 이렇게 해야 한다는 법전도 아닙니다. 굳이 그 성격을 규정한다면, 한국 목회상담의 현실에 하나의 가능성을 제시하는 일종의 실험서라고 할 수 있습니다. 우선 이 책은 서로 다른 성향의 목회상담학자들이 모여 각 주제에 대한 개인의 의견을 실천적으로 풀어 낸 실험서입니다. 일견 서로 다른 이야기를 하는 듯 여겨질 수 있겠지만, 이 책을 교재로 쓰는 학생들에겐 목회상담의 다양한 실천적 스펙트럼을 배울 수 있는 계기가 될 것입니다. 이 책은 또한 완전무결한 율법적 지침서는 목회상담의 실천 영역을 담는 교재로는 불합리하다는 역동적 생각에 기초한 창조적 실천서이기도 합니다. 실험정신이 실천의 밑거름이듯 실천서로서 이 책은 다양한 창조적 가능성들을 제안하고 있으므로, 읽는 내내 여러 가지 창조적인 통찰을 갖게 될 것입니다. 따라서 실제 목회상담을 이끌고 있는 목회상담자들에게 자신의 상담을 점검하는 계기로 작용할 것이라 생각합니다.

이제 간단히 책의 구성에 대해 소개하고자 합니다. 이 책은 모두 5부로 되어 있습니다.

1부 목회상담의 실천적 구조와 특성

제1장. 목회상담의 과정(침례신학대학교 유재성 교수)

제2장. 목회상담에서의 관계 형성(평택대학교 양유성 교수)

2부 목회상담의 공감과 직면

제3장. 공감과 직면의 이론적 이해(한신대학교 권명수 교수)

제4장. 공감과 직면의 효과적 활용방안(국제신학대학원대학교 심수명 교수)

3부 목회상담의 진단과 평가

제5장. 열린 시도로서의 목회임상진단(이화여자대학교 정희성 교수)

제6장. 심리평가의 목회상담적 적용의 실제(나사렛대학교 이해리 교수)

제7장. 진단통계편람(DSM)의 이해와 목회상담에서의 응용

(연세로뎀신경정신과 원장 최의헌 박사)

4부 목회상담의 상담관계역동과 종교체험

제8장. 전이에 대한 목회상담적 이해(호남신학대학교 김진영 교수)

제9장. 종교체험과 목회상담(한남대학교 반신환 교수)

5부 목회상담이 요구하는 변화의 역동과 종료

제10장. 목회상담의 변화역동(장로회신학대학교 이상억 교수)

제11장. 목회상담의 종료 문제(집필진 대담)

한 분 한 분 참으로 귀한 학자들이 모여 이야기를 나누고 책의 방향성에 대해 논의하였습니다. 정말이지 바쁜 시간을 쪼개 여러 번 만났으며, 모두 '가슴으로 가르치고자 하는 순수한 마음' 이었습니다. 각자가 가진 생각을 진지하게 그리고 날카롭게 나누고 비평하며 만든 책이므로 독자들이 이 속에서 많은 보물을 찾으시면 좋겠습니다. 날마다 보물찾기하듯 천국 찾기에 애써 온 우리의 삶에 비하면 이 책에서 보물을 찾는 것은 무척이나 쉬워 보입니다. 많이 누리시면 좋겠습니다.

2009년 2월

광나루에서

대표 저자 이상억

차 례

2부 목회상담의 공감과 직면

3부 목회상담의 진단과 평가

1부

목회상담의 실천적 구조와 특성

제1장_ 목회상담의 과정

1. 들어가는 말

교회에서의 목회적 돌봄과 상담에 대한 관심은 오랫동안 교회의 정체성과 기능에 대한 질문과 맞물려 저자의 마음 한구석에 깊이 자리 잡고 있었다. '하나님이 의도하신 교회의 모습은 무엇인가?' '교회는 그리스도 몸의 공동체로서 어떻게 성도들을 돌보고 도와야 할까?' 이러한 질문들은 교회 안의 개인과 가정에서조차 내면의 갈등과 관계의 파괴, 가정폭력과 가출, 이혼 등이 증가하는 현상을 바라보는 저자에게 더 깊은 고민을 가져다주었다.

사도 바울은 교회를 사람의 몸에 비유하여 몸의 각 부분이 서로 연합하여 돌보며 전체적인 몸의 기능을 하듯 교회도 그러해야 한다고 하였다(고전 12: 25-26). 목회신학자 브리스터(C. W. Brister)는 교회를 '돌봄공동체(a caring community)'로 묘사하면서 그 중요한 기능의 하나가 그리스도인들이 서로 관심과 사랑을 갖고 나누는 것이라고 지적하였다(Brister, 1992: 12). 그러나 그동안 많은 사람들에게 비친 교회의 모습은 이러한 돌봄공동체로서의 성서적인 모습과는 다른 경우가 많았다(Collins, 1976: 132-133). 기독교공동체라고 하지만 '각 개인의 관심사에 따라 서로를 지원하는 사람들의 모임 정도와 그리 다를 바 없다.'는 탄식의 대상이 되기도 하였다(Nouwen, 1979: 9).

오늘날 한국 교회에 목회적 돌봄과 상담에 대한 관심이 증가하고 전문가는 물론 평신도 사역자들을 위한 다양한 훈련 프로그램들이 등장하는 것은 반가운 일이 아닐 수 없다. 그러나 이러한 훈련들을 들여다보면 많은 부분에서 일반 심리치료나 정신적 문제의 분석과 진단 등을 꾀하는 장기적 상담이론과 모델을 따르고 있음을 알 수 있다. 아울러 목회상담이라고 해도 일반 정신의학이나 심리학적 접근을 그대로 사용함으로써 목회상담자의 정체성이나 교회의 현실과 괴리가 있는 접근을 하는 경우들을 어렵지 않게 볼 수 있다. 또한 목회상담을 한다고 하지만 성서적 관점이나 교회적 특성이 결여된 상담을 하기도 한다.

그렇다면 성서적인 돌봄공동체로서의 정체성과 기능에 충실한 목회상담이란 과연 무엇인가, 그리고 그것을 어떻게 할 수 있을까? 이것은 목회상담을 하는 모든 이들의 관심사요, 반드시 해결해야 할 숙제다. 그래서 이러한 질문에 대한 논의의 기초를 제공하기 위해 그동안 저자가 발전시켜 온 '해결중심 라이프웨이 상담(Solution-Oriented LifeWay Therapy)' 과정을 제안하고자 한다. 해결중심 라이프웨이 상담은 해결중심 상담접근을 신학적으로 재구성하고, 목회사역자들이 성령님의 인도하심 속에서 자신의 강점과 자원들을 활용하여 한 단계 한 단계 제시된 과정을 따라 전문적인 상담을 실시할 수 있도록 발전시킨 것이다(이 장은 저자가 사용하는 상담과정을 후학들에게 소개한다는 취지에 따라 이미 저술한 다음 책과 글들의 일부를 보완 내지는 옮겨온 것임을 밝힌다. 보다 자세한 내용은 유재성, 2002, 2006을 참고하라). 저자는 하나의 구체적인 상담과정을 제시함으로써 많은 목회사역자들이 목회상담의 개념적인 내용만 배우고 실제 목회 현장에서 상담을 해 보라면 아무것도 배우지 않은 것과 같은 접근을 하는 경우들을 수없이 목격하면서 그러한 배움의 낭비를 예방하고 싶었다.

2. 상담 전 만남(Pre-Session Assignment: Pre-START)과 과제

상담 전 만남은 대개 전화나 이메일 혹은 사전 방문을 통하여 상담 예약을 하는 것으로 시작된다(이 장에서 언급하는 '상담'은 특별한 언급이 없는 한 목회적 돌봄 차원의 대화보다 더 공식적인 상담관계를 통해 진행되는 치료적 활동을 의미한다). 내담자는 대개 자신의 문제 상황에 시선이 집중되어 마음이 혼란스럽고 객관적인 판단이 정리되지 않은 상태에서 상담에 임한다. 따라서 상담자는 적절한 '상담 전 과제'를 제시함으로써 내담자가 자신의 내면세계를 성찰하고 효과적인 상담을 위해 도움이 될 수 있는 자료들을 정리할 수 있는 기회를 주는 것이 좋다. 상담 전 과제는 대개 다음과 같은 내용으로 시작(Pre-START)된다.

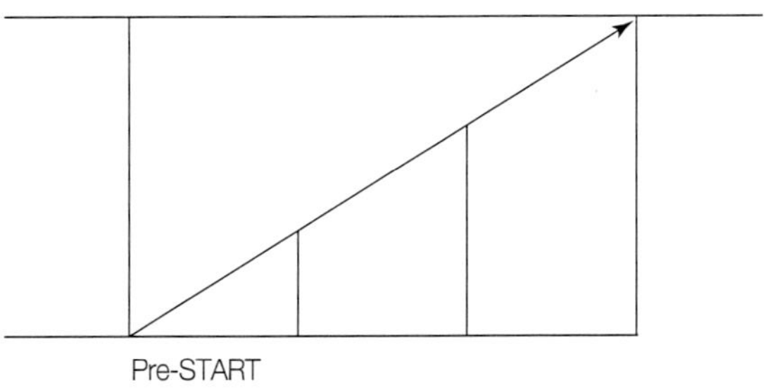

[그림 1-1] 상담 전 만남

먼저 내담자는 어떤 것이 자신에게 문제가 되고 있는지, 그 문제 상황(situation)을 요약 정리한다. 상담자는 이 자료를 통해 내담자가 어떤 사람인지, 내담자는 어떤 문제 시각을 갖고 있으며, 현 상황에 대한 어떤 인식을 갖고 있는지 등에 대해 알게 된다.

둘째는 현재 진행되고 있는 문제 상황에 대해 그동안 어떤 반응을 보였는가 하는 것이다(tried response). 사람은 어떤 위기적인 상황이나 문제가 발생하면 저마다 자기 나름대로의 인생 경험과 지혜를 동원하여 그 상황을 해결하려고 노력한다. 이런 노력을 주의 깊게 관찰하면, 비효과적인 것도 있지만 내담자의 상황에 긍정적으로 작용된 효과적인 방법과 지혜들이 담겨 있는 것을 볼 수 있다. 이러한 내담자 정보는 문제 해결을 위한 전략적 자원으로 활용될 수 있다.

셋째는 내담자가 상담을 통해 원하는 결과와 그것이 해결되었을 때 자신이 어떻게 달라져 있을지에 대한 목표와 기대에 대한 것이다(appealing expectation). 첨예한 갈등 속에 고통스러워하는 개인이나 부부 혹은 가족들을 상담하다 보면 상담하러 와서 다른 사람들에 대한 원망이나 비난을 늘어놓기 바쁜 경우가 많다. 문제의 초점을 상대방에게 두다 보면 정말 자신이 원하는 것이 무엇인지 생각하지 못하거나 알지 못하게 된다. 그렇게 함으로써 자신은 불편한 문제 상황을 직면하거나 책임을 지지 않아도 된다. 그러나 바라는 것에 대한 구체적인 비전 혹은 목표가 달성된 상황에 대한 생생한 '마음의 그림(mental picture)'을 갖는 것은 내담자 안에 잠재된 내적 능력과 가능성을 최대한 끌어올려 주고, 그럴 때 목표를 더 잘 성취하게 된다. 따라서 상담자는 분명한 상담목표와 비전을 갖게 하고 지속적으로 그것을 위해 기도하도록 인도하는 것이 좋다.

넷째는 문제 해결을 위해 전략적으로 활용할 수 있는 내담자의 강점이나 자원들을 탐색하는 것이다(resources). 내담자는 그동안 힘들 때 자신에게 힘이 되거나 용기를 주었던 어떤 인물이나 방법, 생활에 활력을 주었던 요소들을 여기에 제시한다. 하나님께서는 그리스도를 영접할 때 성령을 보내 주신다. 그리고 성령께서는 '말할 수 없는 탄식'으로 주님의 자녀들을 위해 간구하시며 연약함을 도우신다(롬 8: 26). 따라서 라이프웨이 상담자는 내담자의 삶 속에 내주하시며 변화와 성장을 위해 도우시는 성령님의 흔적을 찾기 위해 노력한다. 그리고 성령의 역사와 인도하심에 내담자가 시선을 돌리고 순종할 수 있도록 촉진자의 역할을 한다.

마지막으로, 라이프웨이 상담자는 하나님께서 문제 상황에 개입하시고 상담자와 함께 문제를 해결하도록 인도하실 것에 대한 내담자의 신뢰 정도와 자기 상황에 대한 책임의식을 갖고 기꺼이 해결을 향한 변화의 과정을 밟아갈지에 대한 의지척도(Trust & Willing Scale)를 알고자 한다. 의지척도란 1(최저)에서 10(최고) 사이에 현재 어느 정도의 상태에 있는지를 점수로 확인하는 것이다. 이것은 공동체적 관점에서 함께 문제 상황을 극복하는 과정을 중시하는 해결중심 라이프웨이 상담에서 중요한 요소다.

상담 전 과제는 기본적으로 상담과정에서 실제적으로 점검되고 이에 근거하여 더 확장된 탐색을 하는 기초 자료로 활용된다. 이러한 정보들은 어떤 심리검사나 진단 못지않게, 때로는 그보다 훨씬 더 내담자에 대한 많은 긍정적인 자원들과 문제 해결에 필요한 결정적인 단서들을 제공한다. 그리고 내담자 스스로 이러한 정보들을 탐색하고 제시하였다는 점에서 상담에 능동적으로 참여하게 하는 동기와 자극을 준다. 피동적 입장이 아니라 스스로 자기 상황에 책임지려는 자세로 상담에 임하게 만드는 것이다.

3. 내담자와의 만남(Heartful LifeWay Encounter: H-PAVES)

라이프웨이 상담은 대개 내담자가 먼저 상담을 요청함으로써 시작된다. 물론 목회사역자가 심방이나 사역의 과정에서 상담이 필요하다고 생각되는 경우 먼저 상담을 제안함으로써 이루어지기도 한다. 일단 내담자가 상담을 위해 목양실 혹은 상담실을 찾아올 경우 상담자나 사무실 직원을 통해 상담에 대한 간략한 소개시간을 갖는다. 바쁜 현대인에게 있어서 상담에 투자할 수 있는 시간과 기간을 알고, 거기에 적절한 상담계획을 수립하는 것은 효과적인 상담과정과 결과, 만족스러운 상담을 위해 매우 중요하다. 이때 상담이 어떻게, 어떤 과정을 통해 전개되는지 미리 알려 주는 것이 좋다.

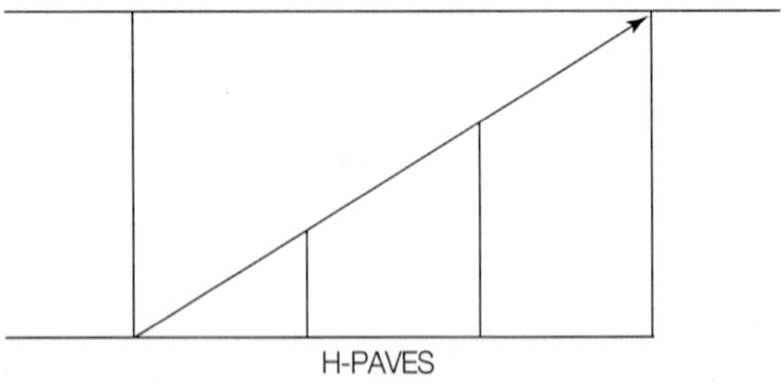

[그림 1-2] 내담자와의 만남

라이프웨이 상담의 만남 단계는 하나님의 영적인 개입을 기대하면서 마음을 터치하는 만남의 시간을 갖는 것으로 시작한다(prayerful encounter for spiritual intervention).[1] 상담자는 먼저 상담의 결과나 문제 해결은 하나님께 속해 있다는 것을 잊어서는 안 된다. 자신은 문제 해결자가 아니다. 다만 내담자로 하여금 하나님의 인도하심을 찾아 회복의 과정에 올라서도록 안내하는 촉진자일 뿐이다. 이러한 인식은 상담자로 하여금 '내가 잘해서 문제를 해결해 주어야 한다.'는 부담감에서 자유롭게 해 준다.

두 번째는 내담자의 이야기에 적극적으로 경청하며 그 내용에 적절한 반응을 하는 것이다(active listening & content response). 상담자는 내담자와 첫 만남의 서먹한 분위기를 깰 수 있는 간단한 대화를 나눈 후, "무엇을 도와드릴까요?" 혹은 "오늘 무엇을 해결하기 위해 오셨습니까?"라고 질문한다. 그리고 내담자의 말에 귀를 기울여 경청한다. 이때 "문제가 무엇입니까?"와 같은 질문을 함으로써, 문제에 초점을 맞추고 대화를 시작하는 것은 지양하기 바란다. 그보다는 "오늘 오셔서 변화되기를 원하는 것이 무엇입니까?"라고 질문하는 것이 효과적이다.

인간의 내면세계나 관계 갈등은 대개 인간의 본능적 필요나 욕구가 충족

---

1) 라이프웨이 상담과정의 도식은 '이미'와 '아직'의 하나님 나라 구도에서 가져와 발전시킨 것이다(유재성, 2006 참고).

되지 않음으로 말미암아 발생한다.[2] 어렸을 때 충족되지 않고 미해결된 정서적 욕구가 남아 있어 오늘의 삶에 영향을 주기도 한다. 이것은 인간의 관계-정서적 기제, 즉 인간의 자기중심적 생존본능에 뿌리를 둔 두려움이나 불안, 수치감의 정서적 역동이 강하여 합리적인 사고나 행동, 나아가 영적인 차원을 압도하기 때문에 그렇다. 이러한 차원에서 본다면, 인간은 이성적 존재가 아니라 정서적 혹은 감정적 존재다. 이것을 성경의 표현대로 말하자면, 인간의 '육신적 소욕'이 그 사람의 관계나 감정, 생각과 행동을 이끌어 가고, 이러한 상황에서 영적인 차원은 힘없이 끌려가는 상황인 것이

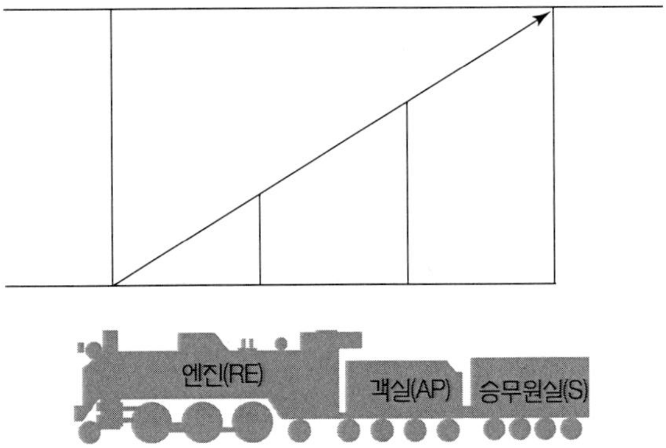

[그림 1-3] 육신적 소욕을 따르는 인생 기차

다.

저자는 이러한 인간 내면세계의 역동을 [그림 1-3]과 같은 '인생 기차'로 이해한다. 관계-정서(relationship-emotion)의 기제가 가장 중요한 부분인 기차의 엔진 부분을 담당하고, 그 뒤에는 인간의 사고나 행동이 '객실'이라는

2) 저자는 이러한 인간 내면의 심리적 역동을 간략하게 정리한 바 있다(유재성, 2004: 82-89).

공간에 실려 따라간다. 그리고 인생 기차의 맨 뒤는 승무원들의 공간으로서 인간의 영성 부분이 자리하고 있다. 즉, 어떤 갈등이나 문제 상황이 발생하면 그 선두에는 관계-정서적 기제가 인간의 본능적인 자기방어기제를 일으키고, 그 뒤를 이어 수많은 생각과 행동들이 뒤따르지만, 정작 당사자의 영성은 별 힘이 없이 잠들어 있는 경우가 많은 것이다. 이것이 바로 하나님을 모르는 사람들이나 육신적 그리스도인들이 경험하는 인간 내면세계의 역동이라고 할 수 있다(유재성, 2005: 92-95).

첫 만남의 세 번째 요소는 '인정반응과 탐색질문(validating response & searching question)'을 하는 것이다. 인정반응은 "(내 입장에서는 이해나 동의가 안 되더라도 당신의 입장에서는) 그럴 수 있겠습니다. 일리가 있습니다."라고 말하는 것과 같다. 상대의 관점이나 입장에서 상대를 이해하거나 그 상황을 인정하는 것이다. 탐색질문은 주로 내담자가 한 말이나 메시지에 대해 상담자가 추가적으로 알 필요가 있다고 생각되는 것들에 대해 질문하는 것이다. 이러한 질문은 내담자로 하여금 상담자가 자신의 문제에 관심을 갖고 진지하게 해결을 위해 노력하고 있다는 인상을 받고 상담자에 대한 신뢰감을 갖게 하는 효과가 있다. 상담자는 내담자의 말에 앞서가기보다는 내담자가 한 말에 대해 육하원칙에 근거하여 추가적인 탐색질문을 한다. 이때 중요한 두 가지 원리를 지키는 것이 좋다. 즉, 내담자의 입장에서 '역지사지'를 생각하며 질문하는 것이다. 그리고 내담자로부터 한 발자국 뒤에서 함께 같은 방향을 보며 해결을 위한 상황 탐색을 하는 것이다.

첫 만남의 네 번째 요소는 내담자에 대한 '공감반응과 수용(empathic response & heartful acceptance)'의 태도를 보여 주는 것이다. 공감반응은 내담자의 정서와 연결해 준다. 내담자에 대한 역지사지의 입장을 넘어 그에 대한 '감정이입'을 시도하는 것으로서, '(당신의 입장에서) ……했겠어요.' 혹은 '……하게 느끼셨겠어요.'라고 말하는 것이다. 갈등 상황에 있는 내담자들은 자신이 이해받지 못한다고 느끼면서 그 사실에 대한 분노의 감정이나 외로움, 혼란감을 느끼는 경우가 많다. 이때 공감반응은 그러한 내담자의 불안한 내면의 감정영역을 인정하고 터치하는 효과를 가져다준다. 미충족된 정서적 필요나 욕구 혹은 상처를 치유케 하는 실마리를 제공하기도 한다.

첫 만남 단계에서 시행할 마지막 요소는 척도질문을 통해 문제 초점에서 그리스도 중심의 초점으로 전환하는 것이다(scaling in Christ). 즉, 문제중심의 시각에서 생명중심의 시각으로 이동하는 것이다. 이전까지는 내담자의 관계-정서적 맥락에 근거한 문제 상황을 탐색하고 공감하는 것에 초점을 두었다면, 이제는 '그리스도로 초점을 전환(from problem to Christ)'하는 것이다. 상담자는 최악의 문제 상황을 1이라고 하고 문제가 해결된 상태 혹은 내담자가 기대하는 미래의 상태를 10이라고 한다면, 현재 몇 점 상태에 있는지를 묻는 척도질문을 던진다. 그리스도로 말미암은 변화에의 확신이나 희망의 척도는 얼마인지를 물어볼 수도 있다. 이를 통해 상담자는 내담자의 문제 인식 정도와 변화에의 희망, 상담을 통해 역사하실 하나님에 대한 신뢰 정도 등을 파악할 수 있다. 이러한 초점 전환은 자연스럽게 관계의 갈등이나 문제 상황에 생명을 불어넣는 상담목표 설정으로 이어지게 된다.

4. 라이프웨이 상담목표 구축(Organizing LifeWay Goal: O-STAR)

사람들은 대개 첫 만남을 통해 무언가 효과가 있었다는 느낌이 들지 않으면 이후로 다시 찾아오지 않는 경향이 있다. 그러므로 각각의 상담이 마치 마지막 상담인 것처럼 최선을 다하여 접근하는 것이 필요하다. 이를 위해서 상담자는 구체적인 상담의 목표를 구축하는 것이 중요하다. 초보 상담자의 경우, 명료한 상담목표를 세우지 않고 그냥 이것저것 대화하다가 내담자에 대한 정보는 많이 알아놓았는데 그것들을 어떻게 처리해야 할지 몰라 허둥

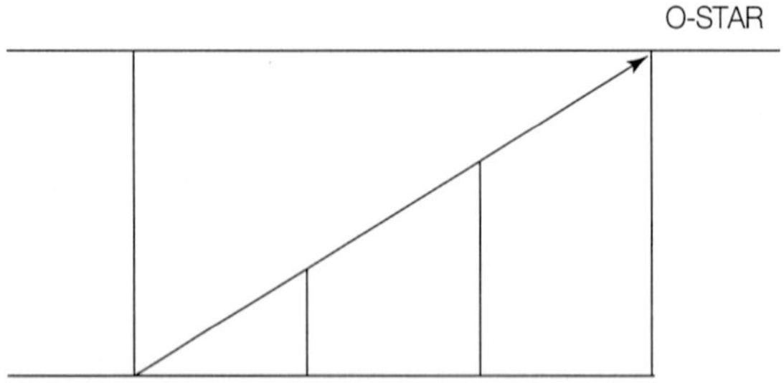

[그림 1-4] 상담목표 구축

대다가 시간이 되면 그냥 상담을 끝내 버리는 경우가 많다.

라이프웨이 상담자는 다음과 같은 단계를 통해 내담자의 상처(scar) 이야기를 상담목표('STAR' goal)로 세운다. 첫째는, 내담자의 문제 '상황' 중에서 해결을 원하는 한두 가지 이슈를 '선택'하는 것이다(selecting one or two issues). 많은 경우, 내담자들은 자신의 아픔이나 상처, 불만을 두서없이 늘어놓는다. 이때 상담자는 "오늘 효과적인 대화와 문제 상황의 개선을 위해 대화의 범위를 좁히면 좋겠습니다. 오늘 상담을 통해 먼저 무엇이 변화되기를 원하십니까?"라는 말로 불만을 목표로 전환하게 한다. 그러면 대개의 경우, 내담자들은 부정적인 문제 상황을 거론하며 그것들이 중단되거나 바뀌기를 원한다.

목표 구축의 두 번째 단계는 내담자가 진정으로 원하는 것이 무엇인지 확인하고 그것에 초점을 두어 긍정적인 부분을 탐색하는 것이다(targeting life-way points). 사람들이 어떤 상황에 대해 부정적으로 이야기할 때, 대개 그 배경에는 충족되지 않은 긍정적인 필요나 바람, 동기가 숨어 있다. 매일 늦게 술에 취해 들어와 소리를 지르고 폭언을 하는 남편에 대해 아내가 "이게 사는 거냐? 당신은 뭐하는 사람이냐?"라고 불평하며 따질 때, 그 이면에는 남편이 일찍 들어와 가족과 함께 식사도 하고 즐거운 저녁시간을 갖기를 바라는 마음이 자리 잡고 있다. 따라서 상담자는 내담자와의 대화를 통해 내담자의 불평 이면에 담긴 긍정적인 기대와 소망을 발견하여 그것을 명료화하고 확대하는 것이 필요하다.

목표 구축의 세 번째 단계는 문제 이슈가 '없어지는 것'보다 '그 대신 다른 것이 있어지는 것' 혹은 긍정적인 새로운 행동이나 변화의 시작을 탐색하는 것이다(adding something new). 사람들이 불평이나 원망감을 갖는 것은 자신의 충족되지 않은 어떤 기대나 필요에 대한 방어적 행동이다. 미충족된 정서적 욕구가 부정적 감정을 자극하고, 이것에 대한 방어적 본능이 각종 부정적 사고를 야기하고 행동하게 하는 것이다. 이때 오랫동안 굳어진 습관이나 어떤 행동 패턴을 중단하거나 고치는 것은 쉬운 일이 아니다. 그 대신 내담자가 바라는 어떤 새로운 것을 시도하는 것이 더 쉬울 수 있다.

목표 구축의 네 번째 단계는 이제까지 탐색된 내용을 소망하는 긍정적인 목표문장으로 전환하는 것이다(restored tomorrow now). 상담자는 내담자의 문제나 증상들이 사라지면 혹은 조금 나아진다면 어떤 변화가 발생하겠는지를 물어본다. 그리고 그것을 구체적이고도 긍정적인 상담목표나 목표문장으로 전환한다. 이때 목표는 내담자의 필요나 소망이 회복된 미래지향적인 모습을 담는 것이 좋다.

목표를 구축할 때, 라이프웨이 상담자는 다음과 같은 요소들을 통해 효과적인 상담목표(SMART Goal)를 구성하려고 한다. 첫 번째는 작고 구체적인 목표를 세우는 것이다(specific). 작고 구체적인 목표일수록 성취하기가 쉽고 성취감과 아울러 변화와 소망의 동기를 강화한다. 두 번째는 평가 가능한 목표를 세우는 것이다(measurable). "우리 가족이 행복해지면 좋겠어요!"라는 목표는 너무 추상적이고 광범위하여 그 성취 여부에 대한 객관적인 평가가 어렵다. 세 번째는 명확하고 행동지향적인 목표를 세우는 것이다(action-oriented). '어떻게?'라는 질문들을 통해 행동하는 그림을 구체적으로 그리게 한다. 내담자와 가족들은 '행복해지면' 어떻게 행동하며 살아갈지를 묻는 것이 필요하다. 네 번째는 현실적이고 성취 가능한 목표를 세우는 것이다(realistic). 오래 지속되어 온 문제 습관이나 패턴을 바꾸거나 제거하는 것은 바람직하고 긍정적인 행동들에 관심을 두고 확장시키는 것보다 현실적으로 더 어렵다. 따라서 상담자는 문제보다는 문제 대신 가능한 것, 새롭게 할 수 있는 것에 초점을 맞추는 것이 필요하다. 또한 문제를 한꺼번에 해결하려 하기보다는 잘게 잘라서 쉬운 것부터 단계적으로 추구하는 것이 보다 더 현실적이다. 다섯 번째는 시간제한을 두고 목표 달성의 과정과 결과를 점검하는 것이다(time-limited). 변화는 한 순간에 이루어지지 않는다. 지속적인 변화의 시도가 따라야 한다. 따라서 대개의 경우 한 주 동안 가능한 실천목표를 세우고, 그 결과를 점검하고 또 다시 한 주 동안 실천 가능한 변화 전략을 세워 궁극적인 상담목표를 달성하도록 접근하는 것이 좋다.

5. 라이프웨이 미래 비전 구축(Piecing LifeWay Vision Together, P-SPAER)

한국 사람은 일반적으로 '관계-감정' 의 기제에 민감하다. 후기 산업사회의 특성이라고 할 수 있는 자기중심적 이기성과 연결하여 합리적인 사고와 분명한 태도 혹은 행동 표현보다는 '정에 살고 정에 죽는' 전통적인 정서 구조가 강하여 더욱 그러한 것으로 여겨진다. 그래서 비록 그리스도인이 되었을지라도 관계 상대방이 자신의 필요나 기대에 부응하지 않거나 힘들게 하면 부정적인 감정기제가 작동하여 관계의 갈등을 경험하는 경우들이 발생한다. 그러므로 우리는 깊은 내면의 갈등을 경험한 사도 바울이 '육신에게 져서 육신대로 살 것' 이 아니라 '영으로써 몸의 행실' 을 죽임으로 살라고 권면(롬 8: 12-13)한 것에 주목해야 한다. 이 말은 '이미' 와 '아직' 의 불완전한 긴장 구도를 뛰어넘기 위해서는 인간의 한계와 상황에 의해 요동하지 않는 '영적인 중심' 이 있어야 한다는 의미다.

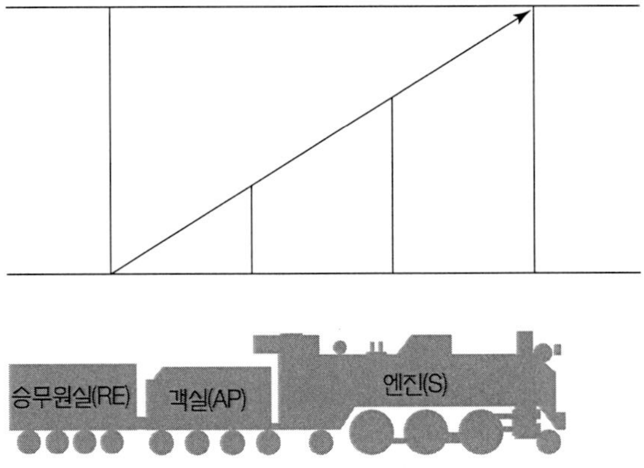

[그림 1-5] 성령을 따르는 인생 기차

저자는 이러한 사실을 [그림 1-5]와 같이 표현하였다. 즉, 영적인 요소(영성, spirituality)가 인생 기차의 엔진 부분에 위치하고 객실 부분에 있는 개인의 행동(action)과 사고(perception)를 사로잡아 주께 복종시킴으로써 인간의 관계와 감정부분이 따라가게 되는 것이다. 그럴 때 우리는 그리스도 안에서 하나님의 형상을 가진 자로서의 합당한 생활을 영위할 수 있게 된다(SPAER)(유재성, 2005: 96).

이러한 차원에서 미래 비전은 설정된 상담목표가 성취되면 내담자의 영성을 중심으로 사고와 행동에 어떤 변화가 일어날 것이며, 그것이 관계-감

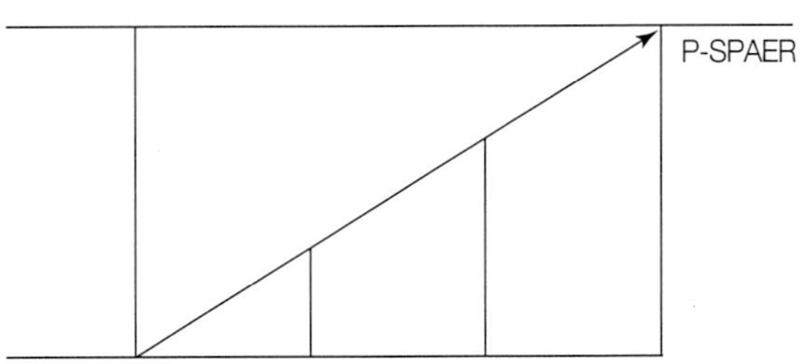

[그림 1-6] 미래 비전 구축

정의 기제에 어떤 모습으로 나타날지에 대해 심리적 그림을 그리는 것이다. 라이프웨이 상담의 미래 비전 질문은 기본적으로 "(당신의 목표가 달성된다면) 당신의 삶은 지금과 어떻게 달라질까요?" 라고 시작된다. 문제가 해결된다면 내담자의 영적인 삶(spirituality)에는 어떤 변화가 발생하여 내담자의 삶의 중심이 될 수 있겠는지를 마음에 그려 보고, 또 그것을 말로 표현해 보는 것이다. 그리고 그러한 영적인 질서가 잡힐 때 내담자의 사고(perception)와 행동(action), 정서(emotion)와 관계(relationship)의 차원에 지금까지와는 다른 어떤 모습이 나타날지 믿음의 눈으로 그려 보도록 초청하는 것이다.

6. 라이프웨이 과거 자원 탐색(Exploring LifeWay Resources: E-GAPS)

라이프웨이 과거 자원 탐색은 내담자의 삶 속에 항상 문제만 있었던 것이 아니고, 동시에 하나님께서 그 자녀들을 홀로 버려두지 않으시고 함께 하신다는 전제에서 출발한다. 이 단계는 과거로부터 현재까지 내담자 안에 임재하시며 삶에 역사해 오셨던 하나님의 흔적을 찾아 내담자로 하여금 그 역사의 흐름에 동참하도록 안내하기 위한 과정이다. 이를 위해 그동안 나타났던 문제에 대한 예외적 상황이나 내담자의 자원 및 강점 등을 탐색한다. 그것은 다윗의 물맷돌이나 어린아이의 오병이어처럼 하찮아 보이거나 별 의미가 없어 보이는 것일 수 있다. 때로는 상처 경험이 너무 버거워 그동안 무의식의 세계로 억압하거나 삶에서 지워 버리려고 하는 과정에서 잊혀진 것일 수도 있다. 그러나 하나님은 그런 자원들을 통해 큰 해결을 가져오실 수 있다. 그러므로 상담자는 꼼꼼하게 이러한 자원들을 탐색하여 상담 전략으로 활용하는 것이 필요하다. 라이프웨이 과거 자원의 탐색은 크게 네 가지로 구성된다. 상담자는 내담자의 유형에 따라 적절한 접근을 취하도

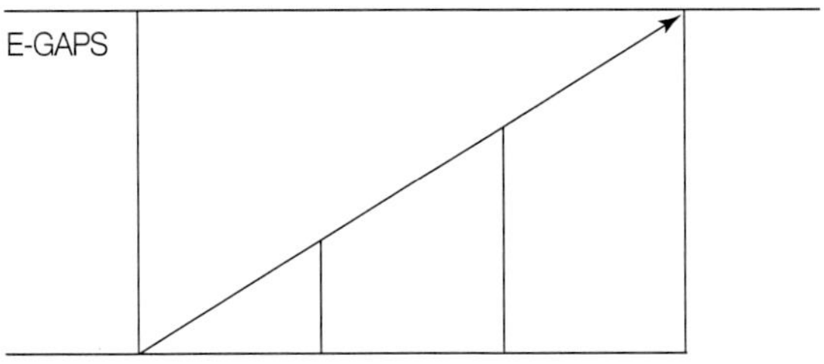

[그림 1-7] 과거 자원 탐색

록 한다.

첫째는 은혜사건(grace events)의 탐색이다. 은혜사건이란 어떤 특별한 노력을 하지 않았음에도 불구하고 문제가 일어나지 않았거나, 일어났다 해도 적게 일어났던 혹은 자연스럽게 문제가 해결된 은혜의 순간이나 상황들을 의미한다. 이러한 것은 하나님께서 주신 어떤 은사나 달란트의 모습으로 나타날 수 있다. 라이프웨이 상담자는 지난 삶의 어려움과 위기의 과정에서 하나님께서 역사하시고 심어 놓으신 내담자의 경험이나 자원 혹은 강점을 탐색하고 어떻게 그러한 상황이 발생하게 되었는지를 살펴 그러한 자원들을 해결 구축에 활용한다.

둘째로 내담자는 많은 경우, 자신은 문제 해결을 위해 할 수 있는 것은 다 해 보았다고 생각하거나, 상대방이 변해야 한다고 강하게 주장할 수 있다. 자신은 나름대로 할 것 다했는데 변화가 없다고 항변하는 내담자에게 상담자는 '상황유지(active-coping) 탐색질문'을 사용할 수 있다. 이러한 경우에는, 내담자의 어려운 심정을 공감하면서 그의 입장에서 상황을 이해하고 볼 수 있도록 노력하는 것이 좋다. 그러면서 상담자는 어떻게 문제가 더 악화되지 않고 현재 상태를 유지할 수 있었는지 그동안 내담자가 기울였던 노력들을 탐색하는 작업을 한다. 내담자가 상황유지를 위해 노력한 것이 무엇인지에 대해 관심을 갖고 내담자의 무언의 행동이나 단어 선택, 태도 등에 주목하고 경청한다. 내담자의 문제 상황 인식과 정의, 해결에 대한 의견 등을 청취하는 것도 필요하다. 이러한 과정에서 내담자의 긍정적이고 적극적인 태도, 강점과 자원 등이 발견될 수 있다.

셋째, 상담을 하다 보면 어떤 내담자는 너무 절망적이어서 자신이 무엇을 할 수 있을지 모르는 경우들이 있다. 이들은 변화가 없다고, 힘들다고 불평할 뿐, 다른 어떤 예외나 상황유지 방법도 생각해 내지 못한다. 그때 라이프웨이 상담자는 항상 함께 있을 것을 약속하신 주님의 임재 질문(ministry of presence)을 사용할 수 있다(마 28: 18-20). 하나님은 언제나 우리를 떠나지 않으신다. 그리스도는 세상에 있는 '자기' 사람들을 사랑하시되 끝까지 사랑하시며 함께하신다. 상담자는 이러한 사실을 확인하기 위해 다음과 같은 질문을 할 수 있다. "주님이 함께하신다는 사실이 어려움에 처했을 때 어떤 도움이 되었습니까?" "주님이 삶에 임재하심을 믿는다면 앞으로 내게 어떤 영향을 주겠습니까?"

라이프웨이 과거 자원 탐색의 네 번째 접근은 개인적인 관심(self-interest)을 탐색하는 질문이다. 이 질문은 상담의 필요성에 동의하지 않거나, 협조하지 않는 방문형 내담자에게 사용할 수 있다. 인터넷 게임에 몰두하다 부모에 의해 이끌려 온 청소년이나 법원 혹은 직장에서 위탁되어 온 사람, 아내의 위협이나 강청에 의해 온 남편 등의 경우, 상담의 과정에 소극적이거나 협조적인 자세를 취하지 않을 때가 많다. 이들에게는 관계의 갈등이 있다 할지라도 자신의 상황이나 이슈가 제공하는 어떤 즐거움이나 이익이 크다면 그것을 포기하고 변화를 시도하는 것이 어려울 수 있다. 또는 자신의 상황에 대해 상담을 강요하는 갈등 상대자와 다른 이해를 갖거나, 자신에게 무엇이 도움이 될 것인지에 대해서도 다른 생각을 갖고 있을 때가 많다. 사람에게는 저마다 자신의 행위나 판단에 대한 이유가 있기 때문에 그것이 인정되지 않거나 공격을 받을 때 자기방어기제에 의해 도리어 부정적으로 반응하는 경향이 있기 때문이다.

상담자가 모든 다양한 질문들을 통해 내담자의 장점이나 자원을 탐색하여 해결을 향해 나아가도록 애써도 내담자는 비난적인 입장을 고집하며 끝까지 문제의 책임을 다른 사람에게 전가하며 상담에 협조적이지 않을 수 있다. 자신의 변화 필요성을 도무지 인정하지 않는 사람들도 있다. 그럴 때는 직접적인 접근을 시도하는 것이 도움이 될 수 있다. 예를 들면, "당신을 돕고 싶습니다만 (상대방)은 지금 여기에 없습니다. 그리고 우리는 그를 변화시킬 수 없습니다. 내가 당신을 도울 수 있는 다른 방법이 있을까요?" 혹은 "(상대방)이 변화되지 않으면 당신은 어떻게 하시겠습니까? 그것이 당신에게 어떤 긍정적인 결과를 가져다줄까요?" 라고 질문할 수 있다.

이러한 질문들은 내담자로 하여금 상황이 당장 바람직하게 바뀌지 않아도 자기가 할 수 있는 한도 내에서 무엇을 할지 생각하는 데 도움이 된다. 그러나 내담자가 계속해서 비난적이거나 방관자적인 입장에 머물러 있다면 다른 접근방법들을 사용한다 해도 그 효율성이 증가되기는 어려울 것이다. 그럴 때에는 상담을 종결하거나 다른 상담자에게 위탁하는 것을 고려해야 한다.

7. 상담 중 휴식 및 실천 전략 구축(Setting-up LifeWay Strategies: S-ACT)

라이프웨이 상담자는 50분 내지 60분 정도 해결을 위한 상담을 진행하고 약 5분에서 10분간의 휴식을 취하게 된다. 상담자와 내담자는 이때 잠시 심적인 긴장을 이완하는 시간을 갖게 된다. 그리고 지금까지 나눈 상담내용을 뒤돌아보고 정리하는 시간을 갖는다. 상담자는 자신이 상담실을 떠나거나, 내담자에게 잠시 바깥 대기실에서 휴식을 취하면서 상담과정에 대해 되새겨보는 시간을 갖도록 요구할 수 있다. 그리고 상담실을 벗어나 옆에 마련된 관찰실로 가서 상담과정을 지켜본 상담감독 및 경우에 따라서는 상담실습을 받고 있는 동료 상담자들과 함께 상담내용을 분석하는 시간을 가질 수 있다. '실시간 상담감독(live supervision)'을 위한 설비나 일방경이 마련되지 않았을 경우에는 상담과정을 축어록이나 비디오로 녹화하여 감독을 받는 과정이 필요하다(이러한 관점에 대해서는 김인수, 송성자, 정문자, 이영분, 김유숙, 1998 참조). 이러한 슈퍼비전은 자신의 성장은 물론 효과적인 돌봄과 상담사역을 위해 그리고 내담자를 위해 정기적으로 실시하는 것이 좋다.[3)]

상담과정에 대한 평가와 분석(accountable reflection and pastoral assessment)은 상담대화를 종합적으로 정리하고 해결을 구축하는 데 도움이 될 정보들을 평가하는 것으로 시작된다.[4)]

첫 번째는 내담자의 관계-정서와 관련된 정보를 탐색(relationship-emotion context)하는 것이다. 이때 세부적으로 내담자 개인의 정서적 필요와 관련된 개인의 신체적 혹은 내적인 안녕감 등의 정보를 점검한다. 내담자의 나이와 상황에 대한 기본적인 정보 외에 현재의 심리상태가 초조한 정도인지 아니면 절망적이어서 아무런 해결이나 회복의 가능성을 보지 못하는 상태인지 등에 대해 판단한다. 내담자의 신체적 상태나 심리상태가 심각할 경우 상담자는 병원이나 관련 전문가와의 만남을 권면하고 건강과 관련된 계획이나 대책을 세우도록 할 필요가 있다. 그리고 내담자 및 갈등 상황에 있는 사람들에 대한 인생발달 주기나 과업수행 등에 대한 고려도 해야 한다.

3) 교회에 상담 슈퍼비전을 제공할 수 있는 공인된 상담 슈퍼바이저가 있으면 좋지만, 그렇지 않을 경우에는 지역 내에 있는 상담 슈퍼바이저와 계약을 맺고 상담내용에 대한 슈퍼비전을 받으면서 상담사들의 지속적인 성장을 도모하는 것이 좋다. 경우에 따라 법적인 문제가 발생할 수도 있으므로 상담 슈퍼비전은 물론 법적 자문을 받는 것이 필요할 수 있다. 저자가 섬기는 교회에서도 교회의 상담위원회 소속 상담사들을 위한 슈퍼비전은 물론 정신과적, 법적 자문을 위해 담임 목회자와 정신과 의사, 변호사 그리고 저자로 구성된 자문위원들을 두고 있다.

4) 저자는 조지 피쳇(George Fitchett)의 영적 진단지침을 해결중심의 라이프웨이 접근과 통합 및 재구성한 내용을 사용하고 있다(유영권 역, 2001 참고).

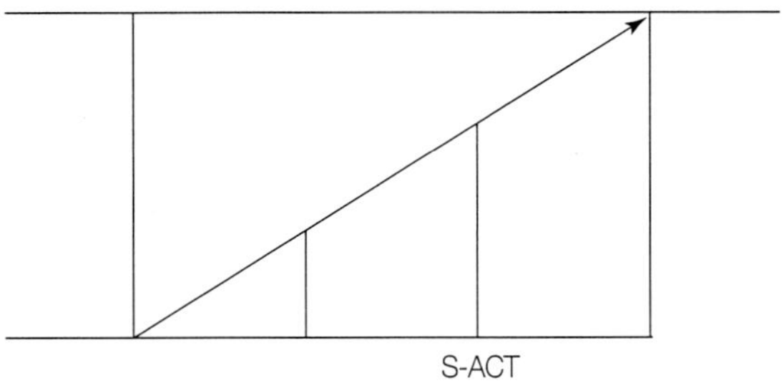

[그림 1-8] 실천 전략 구축

아울러 상담자는 내담자의 가족관계 시스템과 사회문화적 관계 맥락을 눈여겨보아야 한다. 내담자와 배우자 혹은 가족들과의 관계 상황이나 그 안에 담겨진 내적인 역동을 파악하기 위해 원가족 관계 경험을 파악하는 것이 필요할 수 있다. 내담자 부모의 의사소통 패턴이나 갈등의 정도, 갈등에 대한 대처방식 등이 현재 내담자의 가족관계나 대인관계에 영향을 미칠 수 있다. 과거의 중요한 타자에게서 적절한 돌봄과 관심, 인정, 수용감을 경험하지 못하면 그러한 미충족된 과거의 정서적 욕구가 현재의 관계에서 상실된 대상을 추구하는 경향으로 나타날 수도 있다.[5] 그리고 내담자와 주변 가족들과의 관계 및 그가 속한 사회의 문화적 영향이나 사회적 분위기 등이 내담자에 대한 이해와 평가에 중요한 고려 사항이 된다.

두 번째는 내담자의 행동이나 인지적 반응 그리고 이러한 반응 이면에 내재된 감정적 요소들에 대한 평가(feeling-based act-perception reaction)다. 상담자는 대화를 통해 지금까지 문제 상황에서 내담자가 경험한 감정들은 어떤 것들이었으며, 어떠한 행동으로 반응하였는지를 탐색해야 한다. 사람들

5) 원가족의 경험이 현재의 관계에 다양한 영향을 준다는 점은 부인할 수 없다. 해결중심의 입장에서 원가족 경험을 점검하고 치료하는 접근에 대해서는 Metcalf, 1998: 135-159를 참고하라.

은 어떤 위기나 갈등 상황이 발생하면 주로 '회피(flight)–공격(fight)' 반응을 보이는데, 내담자는 어떤 반응을 보였으며 그것이 초래한 결과는 무엇이었는지를 평가한다. 그리고 이러한 상황과 관련하여 내담자에게 어떤 비합리적 사고는 없는지, 그러한 것들이 어떤 영향을 주고 있는지 등에 대해 점검하는 것이 필요하다.

세 번째는 내담자의 영적 차원을 탐색(spiritual dynamics)하는 것이다. 내담자의 삶에 핵심적인 영향을 미치는 영적 중심은 누구인가? 내담자의 생각이나 행동을 좌우하는 영적인 권위와 지도(authority and guidance)는 어디에서 오는가? 내담자 자신의 생각이나 경험인가, 아니면 하나님이신가? 내담자와 하나님과의 관계는 어떠한가? 내담자의 영적 상태나 말씀생활 혹은 교회를 통해 얻을 수 있는 공동체적 지지 등 내담자가 갖고 있는 영적인 자원들은 무엇인가를 찾아낸다.

영적 차원에는 이외에도 하나님을 향한 내담자의 믿음과 영적인 가치 및 확신, 자신의 삶에 의미를 부여하는 요소들에 대한 명료한 인식이 있는지, 이러한 요소들과 관련된 소명의식과 그러한 삶의 결과에 대한 판단은 어떤지를 점검하는 것이 포함된다. 그리고 그러한 인식하에서 위기나 고난의 상황에서도 버티고 나갈 존재에의 용기와 성장을 향한 결단과 자세가 있는지, 기도나 찬송 등 어떤 영적인 의례를 통해 그러한 내적인 결단과 자세를 실천해 가는지에 대한 정보도 중요하다. 이에 더해, 이러한 과정을 통해 내담자가 경험하는 영적인 경험과 정서 상태는 어떤지를 파악하는 것도 필요하다. 이것은 내담자와 하나님과의 관계 그리고 자신 및 공동체적 관계의 차원과 밀접한 관련성을 갖고 있다. 이러한 영적 차원은 하나님 안에서의 자기정체성과 자기성장을 위한 중요한 영적 자원으로서 상담 전략을 구축하는 데 핵심적인 역할을 할 수 있다.

라이프웨이 상담자는 상담과정을 통해 위에 제시된 요소들에 대해 평가

할 뿐만 아니라 내담자와 나눌 피드백 내용을 정리해야 한다. 이때 상담목표와 관련하여 내담자에게서 발견된 개인적, 공동체적 강점과 자원들을 중심으로 정리하는 것이 중요하다. 특별히 내담자의 강점과 장점을 탐색함에 있어서 하나님께서 그동안 내담자의 삶에서 어떻게 역사하셨는지, 성령님의 역사의 흔적이 어디에 어떻게 나타났는지를 발견하는 것이 관건이다. 이러한 차원에서 상담자는 내담자를 문제에서 자유하게 하고 하나님이 의도하신 삶의 여정으로 회복 및 성장하도록 촉진함으로써 성령님의 사역에 동참하는 것이다. 그리고 상담의 목표를 중심으로 내담자의 삶 속에서 역사하시는 성령님의 인도를 따라 내담자의 문제 상황이나 갈등관계에 긍정적인 변화와 성장을 위한 조그마한 물꼬를 틀 수 있도록 도와주어야 한다.

이 과정에서 내담자의 비전과 자원에서 나타난 은혜사건, 예외, 강점, 자원 등을 종합한다. 이러한 요소들을 어떻게 발견하고 정리하는가에 따라 상담 전략 수립은 큰 영향을 받게 된다. 상담자는 이러한 정보들을 전환문장으로 제시하면서 실천 전략으로 연결하도록 한다. 상담대화의 내용을 정리할 때 가능하면 내담자의 용어나 생각 등을 활용하도록 한다. 이런 접근은 내담자로 하여금 의식의 전환을 통해 자기 안에 있는 성령님의 역사의 흔적을 구체적으로 탐색하고, 부정적인 문제 시야에 젖어 있던 상태에서 해결초점을 강화하도록 도와준다.

상담과정에 대한 평가와 분석 및 내담자에게 줄 피드백을 정리한 후, 상담자는 다시 내담자와 만나 '공동체적인 라이프웨이 전략(Commund LifeWay Strategies)'을 세우는 시간을 갖는다. 이 전략은 대개 미래 비전과 과거 자원의 탐색 결과에서 온다. 상담목표가 구체적으로 작성되고 목표를 중심으로 상담과정이 진행되면 그 과정에서 내담자의 삶 속에서 역사해 오신 하나님의 흔적이 각종 자원과 강점으로 나타나게 된다. 그리고 성령께서 내담자의 마음속에 주신 해결에의 열망과 비전의 구체적인 모습이 영적인 측면과 사고, 행동 그리고 감정과 관계의 영역에서 나타나게 된다. 라이프웨이 상담자는 문제 상황에서 고통스러워하고 갈등하는 내담자의 마음속에서 이러한 자원들을 탐색하고, 상담대화를 통해 이러한 요소들을 명료화하고 강화하는 작업을 전개한다. 그리고 이러한 과정을 통하여 문제를 넘어 역사하시는 하나님에 대한 소망을 갖고 믿음으로 해결을 향한 미래의 실재를 내담자의 마음 안에 확장하게 된다. 아직 눈앞에 문제 해결이 나타난 것은 아니지만(not yet), 이미 하나님 나라가 내담자의 마음과 삶 속에 임하였고(already), 문제의 영역에 하나님 나라가 확장되어 가는 과정이 바로 라이프웨이 상담의 현장이고 그 자체가 치유와 회복인 것이다.

성경은 하나님 나라 백성의 삶의 원리를 '이 세상을 본받기보다는 마음을 새롭게 함으로 변화를 받아 하나님의 뜻을 분별하고 자신의 몸을 거룩한 산 제사로 드리는 영적 예배' 라고 규정한다(롬 12: 1-2). 자신의 감정이나 생각, 사람들의 일반적인 행태를 따르기보다는 먼저 하나님 나라와 그 의를 추구하고 성령의 소욕을 따라 그리스도의 장성한 분량에 이르기를 힘쓰는 것이다. 그럴 때, 우리는 인간의 육신적 감정이나 욕심에 굴복하는 육신적 그리스도인이 아니라 영에 속한 사람으로 사고하고 행동함으로써 문제의 해결을 넘어 성령의 열매를 맺는 삶으로의 회복을 경험할 수 있게 된다(갈 5: 16-26).

이러한 입장에서 저자는 제자들이 위기 상황에 처하여 어찌할 바를 모르고 있을 때 예수님께서 보여 주신 세 가지 차원의 접근을 통해 한 가지 혹은 그 이상의 접근에 근거한 상담 실천 전략을 구축한다(요 20: 19-23). 그 첫째는 내담자의 영적 세계의 질서를 바로잡는 것이다. 둘째는 내담자의 공동체적 차원의 삶을 회복하는 것이다. 셋째는 내적 평안과 안녕감을 통한 개인적인 회복을 추구하는 것이다.

예수께서 제자들의 상황에 개입하여 보여 주신 세 가지 차원의 접근은 라이프웨이 상담의 '인생 기차' 도식에 나타난 문제 해결 접근방식을 잘 보여준다. 우리가 육신적 정과 욕심에 근거한 관계-감정의 기제에 지배되기보다는 영적인 차원에 중심을 두고 먼저 하나님 나라와 그 의를 구하는 영성적 사고와 행동을 할 때, 복잡한 관계의 갈등이나 문제의 해결이 따르게 되는 것이다. 예수께서 공생애를 통하여 극심한 배반의 스트레스와 임박한 죽음의 압박에서도 견딜 수 있었던 힘은 바로 이러한 접근에 기인하였다고 본다.

휴식 후 상담과정에 대한 긍정적인 피드백을 나누고 실천 전략을 수립한 후 변화에 대한 기대를 갖고 믿음으로 변화를 시도할 것을 다짐하면(Try in Faith with EXPECT) 첫 번째 상담회기는 끝나게 된다. 라이프웨이 상담자는 성령께서 내담자와 공동체 안에 계신 그리스도를 통하여 문제의 회복과 변화가 일어나도록 역사하실 것을 기대하며 실천 전략을 믿음으로 실시할 것을 다짐하도록 한다. 내담자 중에는 상담자와 함께 세운 실천 전략에 확신을 갖고 희망 가운데 변화를 시도할 것을 다짐하는 사람들이 있다. 그렇지만 여전히 변화에 대한 소망이나 확신을 갖지 못하고 주저하며 의심하는 사람들도 있다. 그럴 경우에는 실천 전략을 더 세분화하여 내담자로 하여금 아주 적은 것일지라도 확신을 갖고 실천할 수 있도록 안내하는 것이 좋다. 때로는 믿음으로 과제를 실천하는 데 도움이 되는 것과 장애가 되는 것을 확인하여 구체적인 대안을 탐색하는 것이 필요하다.

8. 라이프웨이 첫 회 이후의 상담(EXPECT)

해결중심 라이프웨이 상담의 첫 회기 이후의 상담은 기본적으로 첫 회기 과정의 반복이며 강화다. 성령께서 어떻게 좋은 결과를 가져오도록 내담자의 삶 속에서 역사하시는지 지켜보며, 실천과제를 '기대(EXPECT)' 가운데 점검하고 지속적인 변화를 위해 노력하는 것이다. 따라서 상담자는 자신의 실수나 실패에 대한 염려에 좌우되지 말고, 하나님께서 내담자의 삶 속에서 지난 한 주간 동안 어떻게 역사하셨을지 그 흔적을 찾는 탐색자의 마음과 자세로 두 번째 및 후속 상담을 시작하도록 할 필요가 있다.

라이프웨이 상담자는 먼저 실천 과제를 통한 변화의 흔적을 탐색(exception-finding in community)하는 것으로 대화를 시작한다. 이때 대개 "지난 번 상담한 이후로 무엇이 좋아졌습니까?" "전과 달리 조금 나아진 부분은 무엇이었습니까?"와 같은 질문을 한다. 이러한 질문은 내담자로 하여금 문제에 초점을 맞추기보다 긍정적인 변화를 탐색하도록 동기를 부여하고 그러한 습관을 키우는 데 도움이 된다. 상담자는 구체적인 질문을 통해 내담자와 함께 변화를 탐색하고 그것에 긍정적인 의미와 해석을 부여하며 지지 및 강화하는 것이 필요하다. 그리고 또 다른 변화들이 있었는지 계속 탐색하도록 한다.

두 번째는 내담자의 반응에 대해 '융통성 있는 반응(flexible response in hopes context)'을 보이는 것이다. 상담자의 질문에 내담자들은 대개 '좋아졌다.' 혹은 '더 나빠졌다.'는 반응을 보인다. '아무런 변화가 없었다.'고 주장하는 내담자들도 있다. 이러한 답변은 종종 상담자들을 실망하게 하고 당황스럽게 만든다. 그리고 어떻게 상담해야 좋을지 몰라 허둥대게 할 수 있다. 이때 섣불리 낙심하기보다는 이들의 아픔이나 고통이 상대적으로 크고 장기적이기 때문에 그러한 흔적이 하루아침에 소멸되지 않아서 그럴 수 있다는 사실을 알고, 여전히 추가적인 질문을 통해 아주 조그마한 변화의 흔적이라도 찾아내는 노력을 하는 것이 중요하다. 그리고 내담자의 결과 보고가 어떤 종류의 것이든 상담자는 내담자가 한 행동이나 변화를 위한 노력을 구체적으로 지적하며 칭찬하고 지원하는 반응을 하도록 한다.

세 번째는 효과적인 실천 과제를 강화(promoting what works)하고, 추가적으로 다루어야 할 이슈가 있는지 탐색하는 것이다. 내담자의 보고 중에서 상담의 목표와 관련하여 긍정적인 변화를 가져온 실천 과제가 탐색될 때, 상담자는 그러한 변화에 초점을 맞추어 구체적인 사항들에 대한 질문을 하도록 한다. 때로 내담자들은 변화의 흔적을 보지 못할 수도 있다. 그러나 상담자는 땅 속에 파묻힌 보물을 캐내는 심정으로 내담자의 일상에 대한 보고에서 개선의 실마리를 찾아내어 그것을 구체화하고 의미를 부여하며 확대 및 강화하는 작업을 해야 한다.

네 번째는 비효과적인 과제에 대한 대안을 수립(edit ineffective steps creatively)하는 것이다. 라이프웨이 상담자는 하나님께서 항상 그 백성의 변화와 성장을 위해 일하고 계심을 신뢰하고 변화가 일어났음을 전제하며 그러한 흔적을 찾으려고 노력한다. 하지만 그러한 노력에도 불구하고 내담자는 아무런 변화가 없었다거나, 어깨를 으쓱함으로 또는 침묵함으로 실천 과제가 제대로 작동되지 않았음을 알린다. 그럴 때는 이전의 전략을 점검하고 보다 실천 가능한 전략으로 재구성할 수 있다. 그리고 하나님께서는 지금도 내담자 안에서 역사하고 계시다는 것을 전제하고 변화의 실마리를 탐색하도록 한다. 혹은 효과적이지 않은 방법을 고집하기보다는 전과 다른 새로운 접근을 시도하는 것이 좋을 수 있다. 무언가 변화가 있었음에도 내담자의 인식 범주에 이것이 들어오지 않았을 가능성이 크기 때문이다. 상담자는 내담자가 상황이 오히려 악화되고 힘들어졌다고 해도 계속해서 하나님께서 그의 삶 속에 역사하고 계시다는 사실을 믿고 다양한 질문들을 통해 긍정적인 변화의 흔적을 찾으려고 노력하는 것이 좋다.

다섯 번째는 '공동체와의 만남(communal supporting group meeting)'을 시도하는 것이다. 오랫동안 문제 상황 속에 있는 내담자들의 경우, 주변의 가족이나 교회 혹은 사회로부터 고립되고 그들로부터 받을 수 있는 지지나 지원, 정보 혹은 자원들을 활용하지 못하게 된다. 따라서 상담자는 내담자가 속한 공동체와의 관계나 공동체가 내담자에게 기여할 수 있는 자원들을 탐색하고 그들을 내담자와 연결할 수 있도록 돕는 것이 필요하다. 이를 위해 상담자는 내담자와의 대화를 통해 확인된 바 있는 내담자의 가족이나 학교 관계자, 교회의 목회자나 구역장 혹은 직장의 동료나 상사 등과 연결을 시도할 수 있다. 그리고 필요하다면 이들과 공동체적인 만남의 시간을 가지려고 한다. 이러한 공동체적 만남을 통해 내담자에 대한 추가적이고도 새로운 이해와 정보를 얻고, 내담자를 돕기 위한 필요한 자원을 확보하고 공동체적인 대안을 세워 접근할 수 있다는 점에서 공동체적인 접근은 효율적인 내담자 돌봄을 위해 유익하다. 이러한 공동체적인 만남 혹은 회기를 가지려고 할 때 상담자는 반드시 내담자의 동의를 거치는 것이 필요하다. 내담자가 주변 공동체원들 중에서 아직 만날 만한 정서적인 준비나 심리적 여유가 갖추어지지 않았을 때 섣부른 만남을 갖는 것은 도리어 역효과를 가져올 수 있기 때문이다.

여섯 번째는 휴식 후 실천 전략 구축 혹은 상담 종결의 과정(tracking ACT and/or termination process)을 밟는 것이다. 실천 전략 구축은 첫 번째 회기에서 실시한 과정과 유사하게 진행된다. 이전 회기에 구축하였던 실천 전략에 대한 결과를 중심으로 개인적으로 실시할 수 있는 추가적인 전략을 내담자와 함께 구축하도록 한다.

두 번째 및 그 이후의 상담회기에서는 만남을 통해 어떤 유익이 있었는지, 지속적인 만남을 원하는지, 아직 만남을 지속할 필요가 있는지, 또는 상담관계를 종료해도 좋겠는지 등에 대해 판단하는 것이 중요하다. 만남을 지속할 필요가 있다면 어느 정도의 간격으로 만나기를 원하는지 내담자의 의견을 반영한다. 대개의 경우 첫 한두 번은 일주일 간격으로 만나고, 그 이후에는 격주 혹은 한 달씩 만남의 간격을 넓혀 내담자 스스로 그리고 독립적으로 이슈에 대한 해결능력을 길러 가도록 한다. 이러한 판단은 상담을 받으러 온 내담자가 상담목표를 얼마나 성취했다고 보는지, 이제는 상담자의 도움 없이도 '홀로 서기'를 할 수 있는 준비가 되었는지 등에 의해 달라질 수 있다.

상담관계를 종결하기로 할 경우, 상담자는 "지금까지 상담하면서 어떤 것이 도움이 되었는지요?"와 같은 질문을 통해 내담자로 하여금 그동안의 상담과정과 결과에 대한 변화와 성장의 내용을 점검하고, 강화 및 확대할 수 있는 기회를 제공한다. 이러한 질문은 상담자가 자신이 실시한 상담에 대한 자신감과 전문성을 갖고 있다는 인상을 갖게 하고, 내담자로 하여금 상담자를 더욱 신뢰하고 자신이 지속적으로 성장하기 위해 무엇을 해야 할지를 성찰하게 하는 계기를 마련해 준다. 상담을 통해 형성된 변화의 물꼬가 계속 이어지고 확장되어야 하기 때문이다.

상담관계를 종결할 때, 상담자는 내담자가 이후 추가적인 도움이나 혼자 해결하기 어려운 상황이 닥치면 언제라도 다시 올 수 있음을 알린다. 그래서 내담자로 하여금 아무런 지원 없이 혼자 현실로 내던져지는 느낌을 받지 않도록 배려하는 것이 좋다. 그리고 필요하다면, 상담 종결 후 6개월이나 1년 혹은 2년까지 상담 후 상황을 점검할 수 있도록 추후 단계에 대한 계획을 세울 수 있다. 이런 약속에 따라 정해진 시간이 가까워오면 전화나 이메일 혹은 편지 등을 통해 상담 이후의 삶의 변화와 성장을 점검하도록 한다.

이처럼 내담자가 상담관계의 종료 이후에도 변화의 과정을 지속하고 강화하기 위해 상담자는 교회의 목회적 돌봄 프로그램이나 목회 사역의 차원에서 내담자에게 도움이 될 수 있는 정보나 자원과 연결시켜 주는 것이 좋다. 마지막으로, 이 모든 과정에서 이루어진 일들에 대해 비밀보장이 이루어지도록 만전을 기해야 한다. 한국 교회에 목회상담에 대한 부정적인 이미지와 주저함이 있다면 바로 이러한 요소가 철저하게 지켜지지 않았기 때문이다.

9. 나가는 말

한국 교회의 상담은 그동안 전통적인 문제중심 장기상담의 영향을 주로 받아 왔다. 이 접근을 통해 많은 사람들이 문제 해결과 치유를 경험해 온 것이 사실이다. 그러나 복잡한 이상심리나 정신분석 등을 통한 접근은 비전문

상담자는 물론 전문적인 훈련을 받은 상담자들에게도 그리 쉽지 않은 일이다. 그리고 과거의 비밀을 탐색하는 방법으로 인해 상담의 역기능적인 상황이 한국 교회에 많이 일어났고, 그로 인해 상담에 부정적인 인식을 갖고 있는 사람들도 많이 있다. 아울러 급변하는 시대적 상황과 다양한 욕구와 문제들이 분출하는 새로운 시대의 다양한 필요들을 문제중심의 장기적인 접근만으로는 충족하기 어려운 상황이 되었다.

이러한 차원에서 현재와 미래에 초점을 맞추어 원하는 목표 또는 비전을 구축하고 내담자의 삶과 주변 공동체 속에 나타난 강점과 자원들에 근거하여 문제 해결을 추구하는 라이프웨이 상담은 21세기의 새로운 상담 패러다임의 한 예라고 할 수 있겠다. 이러한 접근은 말씀과 성령님의 인도에 헌신되어 있고, 체계적인 상담이나 세련된 돌봄 사역의 조직이 없었을 때에도 구역이나 목장으로 모여 '서로 돌아보아 사랑과 선행을 격려' 하는 헌신된 그리스도인들이 많은 한국 교회에서 유용하게 사용될 수 있다(히 10: 24).

저자는 교회의 성서적인 정체성과 기능 회복에 대한 관심을 표명하며 이 장을 시작하였다. 20세기의 한국 교회가 성도 수를 늘리고 건물을 세워 가는 등 여러 면에서 성장하였다면, 21세기에는 이에 더해 '성령 안에서 하나님의 거하실 처소가 되기 위하여 예수 안에서 함께 지어져' 가는 돌봄공동체가 될 필요가 있다(엡 2: 22). 교회는 개개인의 단순한 집합체(togetherness)가 아니다. 진정한 연합과 하나 됨이 없다면 참된 성장도 공동체도 없다. 그리고 이러한 공동체적 연합이 없는 개별화된 상담은 진정한 돌봄공동체의 사역이라고 보기 어렵다. 진정한 돌봄공동체는 예수 그리스도 안에서 연합이 이루어지고 서로 돌보며(mutual care-giving) 함께 그분의 길을 따라가는 사람들이다. 여기에서 깊은 상처의 회복과 해결, 전문 상담지식과 테크닉을 뛰어넘는 치유가 일어난다. 이것이 바로 해결중심의 라이프웨이 상담이 추구하는 것이다.

참고문헌

김인수, 송성자, 정문자, 이영분, 김유숙(1998). 무엇이 좋아졌습니까?: 해결중심 치료의 적용. 서울: 동인출판사.

유영권 역(2001). 영적 진단을 위한 지침(원저: G. Fitchett). 서울: 한국장로교출판사.

유재성(2002). 장기상담에서 단기상담으로. 복음과 실천, 29, 375-398.

유재성(2004). 인간의 특성으로 본 갈등 원인의 상담학적 이해. 목회와 신학, 2004년 4월호, 82-89.

유재성(2005). 인간내면의 이해와 관계성장. 한국 기독교상담 학회지, 9, 85-111.

유재성(2006). 현대목회상담학개론: 공동체적 목회상담으로서의 해결중심 라이프웨이 상담. 대전: 침례신학대학교 출판부.

Brister, C. W. (1992). *Pastoral Care in the Church* (3rd ed.). New York: HarperCollins Publishers.

Collins, G. (1976). *How to Be a People Helper*. Santa Ana: Vision House Publishers.

Metcalf, L. (1998). *Solution Focused Group Therapy*. New York: The Free Press.

Nouwen, H. (1979). *Clowning in Rome: Reflections on Solitude, Celibacy, Prayer, and Contemplation*. Garden City: Image.

제2장_ 목회상담에서의 관계 형성

상담은 상담자와 내담자의 관계를 통해 이루어지는 구조적 특성을 지니고 있다. 대다수의 상담학파에서는 치료적 관계의 중요성에 대해 강조한다. 특히 실존주의와 인간중심, 게슈탈트 접근법은 상담자와 내담자의 질적인 측면을 매우 강조하며 이를 상담에서 가장 중요한 변수로 간주한다(현명호, 유제인 역, 2002: 13). 이것은 상담자와 내담자의 관계의 내용과 질에 따라 상담방식이 크게 달라질 수 있고, 치료효과도 관계의 영향을 많이 받기 때문이다. 사람들이 도움을 구하는 정서적 상처들은 때때로 잘못된 관계에서 생기는데, 의미 있는 사람과의 치료적 관계만이 이러한 상처들을 치료할 수 있다는 관점에서 보면, 치료적 변화를 위해서는 무엇보다 상담자와 내담자 사이의 치료적 관계 형성이 우선과제라 할 수 있다. 이처럼 상담관계는 무엇보다 그 성격상 치료적 관계가 될 수밖에 없고, 때문에 상담자의 전문성 못지않게 상담자의 개인적 특성과 자질, 인격과 영성 등이 목회상담에 큰 영향을 준다 할 수 있다.

상담자는 인간관계에 대해서 민감한 사람이어야 한다. 다른 사람의 반응에 대해서 둔감한 사람, 자기가 한 말이 다른 사람에게 즐거움이나 불쾌감을 주었다는 것을 모르는 사람, 자신과 다른 사람 사이에 혹은 자신이 알고 있는 두 사람 사이에 적개심이나 우호적인 감정이 있다는 것을 감지하지 못하는 사람은 만족스러운 상담자가 될 수 없다. 물론 이러한 자질이 계발될 수 있는 것이라는 점은 의심의 여지가 없지만, 만약 이런 사회적 감수성을 가지고 있지 않다면, 상담자의 많은 노력에도 불구하고 상담의 전망이 그리 밝지 못하다. 반면에, 선천적으로 다른 사람의 반응에 민감한 사람, 외견상으로는 무심한 대화 밑에 깔려 있는 사적인 적대심을 감지할 수 있는 사람, 또 자녀와 편안한 관계를 맺고 있는 부모와 긴장으로 가득 찬 관계를 맺고 있는 부모의 행동 사이의 미묘한 차이를 알아차릴 수 있는 사람 등은 상담 기술을 발달시킬 수 있는 선천적인 기반을 잘 갖추고 있는 사람이라고 할 수 있다.

상담자와 내담자의 인간관계를 주도하는 사람은 상담자다. 물론 두 사람 사이의 협력이 중요하지만 처음 관계의 물꼬를 트고 관계의 성격을 규정하는 역할은 아무래도 상담자에게 달려 있다. 따라서 상담자는 내담자와 어떤 인간관계를 맺어 나갈지 사전에 신중하게 생각하고 자신을 조율할 필요가 있다. 자신이 어떤 인상을 풍기는지, 자신의 말투와 행동이 어떤 이미지를 주는지, 자신의 태도, 자세, 가치관이 상담관계에 어떤 영향을 끼치는지 곰곰이 검토하고 사전에 점검해 주는 것이 좋다. 아울러 좋은 인간관계의 질은 내담자에 따라 다르다는 점을 생각하고 지금 상담에 임하는 특정 내담자에게 어울리는 관계를 형성해 가도록 노력해야 한다(박성희, 이동렬, 2001: 312).

상담자가 내담자와 도식적이고 수동적인 관계만을 맺게 되면 살아있는 인간관계에서 맛볼 수 있는 신선함이나 현장감을 맛볼 수 없다. 인간관계는 감정적 중립성이 존재하기 힘든 사랑의 관계다. 상담자에게 결혼생활의 문제 때문에 찾아온 부부가 있다고 하자. 상담자가 첫 번째로 부인과 상담을 시작했는데, 그쪽 말을 듣고 이에 깊이 동감하였다면, 두 번째로 시작한 남편의 말은 이미 선입관이나 편견이 있는 상태에서 듣게 된다. 이때 상담자는 미묘하지만 빠른 속도로 부인의 편을 들고 있는 자신을 발견할 수 있을 것이다. 이와 같은 상황은 쉽게 일어날 수 있다. 그러므로 상담자는 이런 상황을 조심해야 하며, 내담자와의 관계를 항상 전체적인 맥락 속에서 살펴보아야 한다. 내담자가 지니고 있는 문제에만 집착하거나 감정적으로 흐르게 되면 상황을 옳게 판단할 수 없게 된다. 상담자는 '내담자는 이렇게 대해야 한다.' 는 일정한 도식적 태도로 대하기보다는, 내담자와의 일대일의 관계 속에서 일어나는 모든 상황을 이해하고 이를 수용하여 자발적이고 순간적인 독특한 방법으로 상담을 이끌어 갈 때 보다 효과적인 반응을 할 수 있다(이일남 역, 2001: 47-48).

어떤 상담자는 상담 중에 긴장감이 느껴진다고 호소하기도 하는데, 그 이유는 내담자의 행동을 개선시키고 상담도 성공적으로 끝내야 한다는 과도한 책임감 때문이다. 긴장감이 느껴질 때는 '내가 내담자를 위해 진정으로 할 수 있는 일은 무엇인가?' 라고 자문해 보고 이에 정직하게 대답해 보아야 한다(이일남 역, 2001: 49).

상담자가 내담자를 도와주는 보다 현실적인 방법은 상담기간 동안 내담자와 함께 그들의 삶에 대한 책임을 나누면서도 모든 것을 대신 책임지려는 감독관이나 통제자의 입장에서 벗어나는 것이다. 보통 상담자는 자신만이 문제를 해결하는 최선의 방법을 알고 있기 때문에 내담자를 통제하고 현명한 결정을 내리도록 도와주어야 한다고 생각하는 경향이 있다. 그러나 통제하기를 단념해야 한다. 통제를 단념하라는 것이 내담자에 대한 애정과 관심을 포기하라는 것은 아니다. 그것은 내담자가 스스로 판단하고 행동하도록 도와주라는 것이다. 상담자는 내담자가 그들의 인생을 건강하게 영위하도록 옆에서 돕는 조력자이지 그들 인생의 주체가 아니라는 사실을 기억해야 한다(이일남 역, 2001: 49-50).

그 밖에 상담자가 상담관계에서 유의할 사항은 자신이 소지한 이상의 능력이 있는 것처럼 행동해서는 안 된다는 것이다. 목회상담에서 정신분열증과 같이 정신장애의 증세가 뚜렷해서 신경정신과의 약물복용이 필요한 내담자에게 신앙적인 상담과 치유를 권하는 것은 부적절하거나 비윤리적인 행위가 될 수 있다. 이런 경우 정신과 치료가 주된 치료법이 되어야 하고, 목회상담은 정신과 의사와의 협력관계 속에서 보조적인 치료수단이 되어야 한다.

또 한 가지 상담관계에서 흔히 발생하는 것은 내담자가 상담자에게 무리한 요구를 하는 경우다. 이때 상담자는 내담자의 무리한 요구를 거절할 권리가 있으며, 상담관계에서 내담자뿐만 아니라 상담자도 보호받을 권리가 있다는 것을 기억해야 한다. 이를테면 목회상담에서는 내담자가 상담자에게 돈을 빌려달라고 한다든지, 여성 내담자가 남성 상담자에게 또는 역의 관계에서, 늦은 밤 상담자 혼자서 자신의 집으로 와달라고 한다든지, 지나치게 자주 전화로 상담을 요청한다든지, 실직이나 자신의 문제를 상담자가 직접적으로 해결해 주기를 원한다든지 등의 무리한 요청을 받아 주어서는 안 된다.

상담자라고 해서 모든 내담자와 긍정적인 관계를 형성할 수 있는 것은 아니다. 내담자가 도움을 받을 준비와 동기유발이 되어 있지 않다면 내담자와의 관계 형성은 힘들다. 예를 들어 어떤 청소년은 본인이 원해서가 아니라 부모에 의해 등이 떠밀려 올 수도 있다. 또 어떤 내담자들은 너무 고통받아 다른 사람을 믿는다는 것이 거의 불가능하여 아무것도 얻지 못할 수도 있다. 관계 형성에서 치명적으로 손상을 입은 내담자는 상담자와 애착관계를 형성할 수 없기 때문이다. 관계 형성이 힘든 것은 상담자의 잘못인 경우도 종종 있는데, 대다수 상담자들은 자신의 경험과 개인적인 문제로 인한 한계를 갖고 있기 때문이다. 만약 상담자의 개인적인 문제가 현저하다면 내담자의 필요에 부응하기가 힘들다. 예를 들어 방금 부부싸움을 크게 한 상담자는 상담을 받으러 온 내담자의 말에 제대로 귀를 기울이기가 힘들다. 또한 상담자와 내담자의 몇몇 결합형태는 별로 적절하지 않고 치료적인 결과를 기대하기 힘든 경우가 있다. 예를 들어 최근에 성폭행을 당한 여성 내담자의 경우, 모든 남성에 대해 공포심을 갖기에 남성 상담자와는 이야기하기가 힘들 것이다. 어떤 알코올 중독자의 경우, 자신이 취하지 않기 위해 부단히 노력한다는 것을 이해하지 못할 것 같아 알코올에 대해 아무것도 모르는 상담자와는 상담받기를 꺼려할 수도 있다. 또한 상담자 자신이 심각한 신체적 · 성적 외상을 입은 경험이 있은 후 이를 해결하지 못한 경우, 자신의 감정반응과 고통 없이 내담자의 성적 학대 이야기를 들을 수가 없다(주은선 역, 2001: 70–71).

치료적 변화를 불러일으키는 관계에서 자주 나타나는 특성을 정리해 보면 다음과 같다(문희경 역, 2004: 47).

- 상담자는 내담자의 문제에 전념한다.
- 내담자는 자신이 원하는 것을 말하는 것을 자유롭게 느낀다.
- 상호신뢰와 비밀보장의 분위기가 존재한다.
- 친밀관계가 뛰어나다.
- 내담자가 적극적인 역할을 맡는다.
- 상담자는 내담자가 자유롭게 선택할 수 있도록 한다.
- 상담자는 내담자가 표현하는 모든 감정을 이해할 수 있는 것으로 수용한다.
- 관대한 분위기가 존재한다.
- 내담자는 대부분의 시간에 진정으로 이해받고 있다고 느낀다.
- 상담자는 진정으로 내담자를 이해할 수 있다.
- 상담자는 내담자의 감정을 이해하려고 성실하게 노력한다.

치료적 변화를 저해하는 관계의 특성들은 다음과 같다(문희경 역, 2004: 48).

- 상담자가 처벌적이다.
- 상담자가 내담자로 하여금 거절당했다고 느끼게 한다.
- 상담자가 내담자를 전혀 존중하지 않는 것 같다.

- 비인격적이고 냉정한 관계가 존재한다.
- 상담자는 흔히 내담자를 상담자의 자리에 있게 한다.
- 상담자는 내담자의 비위를 맞춘다.
- 상담자는 내담자에게 그의 기술이나 지식으로 좋은 인상을 주려고 애쓴다.
- 상담자는 내담자를 아이처럼 취급한다.

관계에 초점을 둔 상담에서 좀 더 깊이 이해하고 다루어야 할 세 가지 차원이 있는데, 그 첫째는 언어적이거나 비언어적인 의사소통의 문제다. 관계는 주로 말을 통한 대화 속에서 형성되기 때문에 상담자의 어떤 말과 태도가 내담자에게 치료적 변화를 불러일으키는지에 대한 올바른 이해와 치료적 개입이 있어야 한다. 둘째는 상담자와 내담자 사이의 정서적 거리의 문제다. 정서적으로 얼마나 서로 가깝거나 멀다고 느끼는지, 효과적인 상담을 위해 어느 정도 거리를 두어야 하는 것인지 등이 상담하면서 어려운 과제가 될 수 있다. 상담자는 내담자와 서로 연결되는 면뿐 아니라 분리되는 면도 효과적으로 다루는 것을 배우고 훈련해야 한다. 셋째는 상담자와 내담자의 관계 속에 흐르는 힘과 권위의 문제를 서로 어떻게 이해하고 받아들이는지, 또한 무엇을 기대하고 원하는지의 문제를 살펴보아야 한다.

1. 상담관계의 필수요소

'공감적 이해(empathetic understanding)'는 목회상담에서 관계를 강화시키는 태도로 널리 인정되고 있다. 상담자의 공감은 기본적으로 다른 사람의 관점에서 다른 사람의 세계를 이해하기 위해서 다른 사람의 생각과 감정 속으로 통찰력 있게 들어가는 것을 일컫는다. 사람들은 다른 사람들에게 이해받을 때 그들 자신을 더 잘 이해하는 것을 볼 수 있다(문희경 역, 2004: 96). 이해로서의 공감은 평가에 선행한다. 평가와 결정은 정확히 이해한 다음에 따라 나온다. 내담자를 공감적으로 이해하고 있음이 전달되면 내담자는 자신이 이해받고 있다는 느낌을 갖게 되며, 상담자를 보다 신뢰하게 되어 자신을 깊이 드러내 보이게 된다. 공감적 이해는 상담자와 내담자 사이의 신뢰를 구축하여, 내담자로 하여금 자기 자신과 다른 사람과 하나님과의 관계에서 자신의 감정, 지각, 가치 등을 탐색하며 명료케 한다.

'정중함(reverence)'은 목회상담에서 좋은 관계를 형성하는 데 필요한 또 하나의 태도다. 다른 사람들에 대한 정중함을 가질 때 상담자들은 다른 사람들의 삶의 의미를 존중해 주고 진정으로 긍휼함으로 그들을 돌볼 수 있다. 이 정중함은 내담자의 깊이 있는 감정을 표현하는 분위기를 형성하는 효과가 있어 죄스럽거나 수치스러워서 말하지 못했던 감정들, 부모에 대한 증오, 성적인 충동에 대한 갈등의 감정들, 과거 행동들에 대한 양심의 가책, 상담자에 대한 적대감과 분노 등 모든 것이 표현될 수 있다(문희경 역, 2004: 97-99).

'진실성(genuineness)'은 좋은 상담관계를 형성하는 데 도움이 되는 상담자의 세 번째 태도다. 이러한 태도는 신실함과 성실함, 신뢰할 수 있음, 통합성, 일관성, 의존할 수 있음, 투명성, 일치성 등이 결합된 것이다. 상담자들의 진정성은 내담자에게 있는 진실을 불러내는 데 도움이 된다(문희경 역, 2004: 99).

'구체성' 혹은 '특정성'은 특정한 감정들과 경험들에 대해 거침없이, 직접적으로, 구체적으로 표현하는 것이며 상담자의 네 번째 반응 조건이다. 그것은 상담자가 막연함과 모호함, 일반화를 피하고 정서들과 행동을 구분하기 위해서 노력함을 의미한다(문희경 역, 2004: 100).

2. 목회상담에서의 이중적 관계

원래 전문적 상담의 의미는 전혀 모르는 사람을 처음 만났다고 전제하고 상담을 전개해 나가는 것을 가정하는 것이다. 그러나 목회상담은 가까이서 오랫동안 아는 사람을 상담해 주는 경우가 대다수일 것이다. 사실상 전문적인 상담자라도 자기 집안 식구들을 상담해 주는 것이 오히려 쉽지 않은 것처럼, 목회상담에서도 상담자와 내담자의 관계에 진지하고 충실하기보다는 목회자와 교인, 설교자와 청중, 성경교사와 학생의 관계구도에서 상담이 진행되어 버릴 위험성이 크다. 목회자와 교인 양쪽 다 자신이 오래 머물고 있는 교회사역의 분위기와 습관에 자신들도 모르게 압도되어 버리기가 쉬운 것이다. 목회자의 입장에서 자신에게 익숙하고 편한 목회기능으로 상담을 대치시켜 버리는 것을 자주 볼 수 있고, 한국 교회의 목회실정에서 보면 한 교인에게 목회자가 개인적인 시간을 충분히 내주면서 장기간 전문적인 상담을 하기는 어려운 것이다. 그 밖에도 한 교회에서 목회자가 자신의 교인들을 대상으로 유료상담을 할 경우 여러 가지 갈등과 부적절한 잡음이 따를 수 있기 때문에 대개 무료상담을 하게 되는데, 이런 한계도 목회상담에서 극복해야 할 과제일 것이다. 이렇게 전문적인 상담에서 볼 때 부족하거나 부적절한 면이 있음에도 불구하고 목회상담의 강점도 있다고 보는 것은 목회자의 위치와 역할로 인해 친숙하고 신뢰적인 관계를 쉽게 형성해 나갈 수가 있고, 목회자의 진정한 권위와 건강하고 성숙한 인격은 치료적 변화를 불러일으키는 데 큰 힘이 될 수가 있다는 점 때문이다.

일반적으로 상담자가 내담자와 이중적 관계를 맺는 경우, 다시 말해서 상담자가 상담관계 이외에 다른 종류의 전문적 관계를 맺는 경우 내담자의 복지를 우선으로 하기 어렵고, 상담 이외의 관계로 인해 상담과정 자체가 침해받을 가능성이 많아진다(정원식, 박성수, 김창대, 1999: 219). 상담자는 문제가 일어날 여지가 있는지 파악하기 위해 내담자와의 이중적 관계를 관찰할 필요가 있다. 잠재적으로 해로운 관계는 힘을 가진 누군가가 힘이 덜 강한 개인과의 상호작용에 다른 역할을 부가할 때 그리고 상호작용이 덜 강한 사람에게 해로움과 착취를 끌어낼 때 발생한다. 예를 들어 학교 선생님이 학생의 평가자가 되는 것은 특별하지도 문제가 되지도 않는다. 그러나 만일 선생님이 치료자의 역할상에서 행동한다면 폭로된 비밀의 정보가 잠재적으로 학생에게 손해를 입힐 수도 있기 때문에 그 두 사람의 관계는 해로울 수가 있다. 상담자는 다른 사람과 작업할 때, 이런 차별적인 힘을 자각하고, 상호작용으로 인해 내담자가 해를 입지 않도록 조심해야 한다(주은선 역, 2001: 100-101).

교회의 목회자로서의 역할과 교인들을 위한 목회상담자로서의 역할을 모두 하는 목사에게 해로운 이중관계를 초래할 수 있는 세 가지 요소가 있다. 첫째, 경계선을 세우기가 어렵다는 점이다. 둘째, 다른 사람들의 칭찬과 동경을 은밀히 요구한다는 점이다. 셋째, 목회자라는 직업적 이미지를 통해 내담자들을 이용하려 든다는 점이다(문희경 역, 2004: 190).

3. 목회상담에서의 고백 문제

내담자들이 상담자가 섬기는 교회에 나온다 할지라도, 어떤 경우 목회상담자들은 상담에 참여한 교인들을 잃는다. 이것은 모든 것을 고백한 내담자들이 나중에 상담자를 마주 볼 수 없기 때문일 수 있다. 부분적으로 이러한 이유 때문에 로마 가톨릭에서는 고해소에서 고해성사를 할 때 사제가 보이지 않도록 했다. 마찬가지 이유로 목회상담자들은 내담자들이 너무 많은 것을 고백하도록 허용해서는 안 된다. 때때로 상담자가 내담자로 하여금 스스로 의도했던 것보다 더 많은 것을 말하도록 하는 지나치게 비지시적인 태도와 직면에 의해 내담자들에게는 불안이 생겨나게 된다. 이 과정에서 상담하려는 내담자의 동기는 고갈되고, 이어지는 상담자에 대한 불신을 경험하기에 내담자들은 목회자를 만나거나 또 다른 만남을 위해서 다시 오는 것을 어려워하게 되는 것이다.

또한 내담자의 고백에 상담자는 충격을 받거나 기분이 상해서는 안 된다. 대부분의 사례에서 충분히 깊이 있게 치료를 하려고 하면 그것을 듣기만 해도 대부분의 사람에게 충격을 줄 수 있는 재료가 나타난다. 그러나 만일 상담자가 충격을 받거나 감정이 상하면 그 순간부터 그는 상담자로서의 자격을 상실하게 된다. 왜냐하면 그러한 반응은 상담자 자신의 자아가 모르는 사이에 그 상황에 말려 들어간 표시이기 때문이다. 감정이 상하는 것은 실제로 움츠리고 자기를 보호하는 방법이다. 어떤 성적 용어나 성관계의 진술을 듣고 충격을 받는 사람은 이런 분야에서 상담자로서의 자격이 부족한 것이다. 많은 내담자는 의식적 또는 무의식적으로 이야기하는 상대에게 충격을 주려고 하는데, 이것은 내담자가 지니고 있는 신경증의 한 표현이다. 그러므로 만일 듣는 사람이 충격을 받으면 내담자의 신경증은 보다 악화되고 그 면접은 의미가 없어지고 만다. 인간적인 것으로 이해할 가치가 없는 것은 아무것도 없다는 이해에 바탕을 둔, 조용한 객관적 태도야말로 상담자의 태도인 것이다(이봉우 역, 1987: 134-135).

4. 상담관계에서 나타나는 저항

치료관계가 형성되었다는 것은 상담자가 내담자의 저항을 어느 정도 인식할 수 있다는 것을 의미한다. 내담자의 저항을 이해하고 저항을 치료의 장애가 아닌 과정으로 해석하는 것이 중요하다. 내담자가 저항할 때 상담자가 자신을 방어하기에 급급하다면 내담자가 자신의 저항이 가진 의미를 탐색할 기회를 박탈하는 것이다(현명호, 유제민 역, 2002: 24). 저항이란 내담자가 상담에 협조하지 않는 모든 행위를 말한다. 정해진 시간에 상담에 오지 않거나, 상담과정에서 아무런 의미도 없는 말만 되풀이하거나, 중요한 내용은 빠뜨리고 사소한 이야기만 하는 것 등이 그 예다. 현재 상태를 유지하고 변화를 방해하려는 의식적 또는 무의식적인 생각, 태도, 감정, 행동 등이 저항이다. 이것은 자신의 무의식 속에 억압되어 있던 충동이나 감정이 드러나고 이를 자신이 알아차리게 되었을 때 느낄 불안으로부터 자기를 보호하려는 것이다.

저항의 양태는 다양할 수 있다. 상담자의 지적 · 정서적 능력을 의심하거나, 화를 내거나, 애정 표현을 비롯한 엉뚱한 요구를 하거나, 심하면 상담을 중단하기도 한다. 즉, 내담자는 상담자가 더 이상 자신의 무의식에 접근하지 못하도록 여러 유형의 저항을 통해 상담의 진행을 방해한다. 프로이트는 내담자가 저항을 시작하는 시점에서 다루고 있던 주제가 바로 그 사람의 중요한 문제(콤플렉스)와 관련될 가능성이 높다는 점에 주목한다(이창재, 2003: 56).

저항의 범주는 변화에 대한 일반적인 두려움, 신경증적 고통을 지속시킴으로써 자신을 벌주고자 하는 지나치게 엄격한 양심, 그리고 정서장애의 일부를 이루고 있는 유아기적 충동의 충족에 대한 집착 등 매우 다양하다. 저항은 내담자가 상담을 받을 마음의 준비가 부족할 때 생기기도 하며, 상담의 목표가 불분명하거나 상담자가 내담자에게 일방적인 목표를 강요할 때 일어나기도 한다(현명호, 유제민 역, 2002: 25).

상담자는 내담자의 감정에 기민하게 반응해야 하지만 한편 표현한 감정만을 말로 인지하여 주어야 한다. 흔히 내담자의 언동을 주의 깊게 관찰하면 말로 표현하지 않았던 감정이나 태도를 짐작할 수 있는 경우가 많다. 만약 이 같은 감정이나 태도가 지나치게 마음속에 억압되어 있지 않은 경우, 그것을 상담자가 인지하고 지적하면 치료가 촉진된다. 반면에 마음속 깊이 억압되어 있는 경우, 그것을 인지하거나 지적하면 내담자는 위협을 느끼게 되고 따라서 원망과 저항을 야기하며 때로 상담을 중단하기에 이른다(이일남 역, 2001: 88-89).

내담자의 우상숭배적 세계관과 신앙 체계는 대체로 끈질기고 고집스러운 것이다. 사람들은 그들의 문제와 증상을 악착같이 붙들려고 한다. 그들의 한 손은 도움을 받으려고 외부로 내뻗고 있지만, 다른 손은 흔히 그들의 등 뒤에서 문제를 불러일으키는 상황을 꽉 붙들고 있다. 목회상담자는 내담자들이 현재 그들의 모습대로 남아 있기로 결심한 채로 상담에 올 때가 많다는 사실을 잘 인식해야 한다. 내담자들은 상담을 받고자 하더라도 현재의 어려운 상황에 대한 애착심을 가지는 경우가 종종 있다(Jordan, 1986: 42). 사람들은 흔히 그들의 관점과 신앙 체계에 대해 친숙함을 발전시키고 그것들을 포기하기 어렵게 만든다. 출애굽 이야기는 변화에 대한 저항의 은유를 제공해 준다. 버지니아 사티어(Virginia Satir)는 저항이란 주로 가 보지 않은 어떤 곳을 가야 하는 것에 대한 두려움이라고 주장한다. 저항은 유일하게 구원을 필요하게 만드시는 놀랍고 주도적인 사랑을 신뢰하기보다는 자신의 구원을 이루기 위해서 보기 흉하고 부재중인 신에 대해 우상숭배적인 태도를 붙드는 것이다. 이것은 자기애적인 도전과 좌절의 요소를 갖고 있고, 은혜의 가능성에 대해 열려 있는 것이 아니라, '나는 차라리 나 혼자서 하겠다.' 는 의사소통 방식이다(Jordan, 1986: 57).

내담자를 인정하고 이해하려고 하지 않고 변화시키려고 고집스럽게 압박하는 상담자들은 왜 변화에 대한 그런 압력을 가하는지 자신의 역전이 문제를 탐색해 볼 필요가 있을 것이다. 때때로 상담자는 실패에 대한 두려움 때문에 그런 강요적인 태도로 상담하는 것이 아닌지 생각해 볼 필요가 있다(Jordan, 1986: 47). 내담자에게 변화를 요구하는 상담방식은 대개의 경우 더 큰 저항과 방어심리만 낳게 할 뿐이다. 그런 경우 상담자는 저항을 꺾으려 하기보다는 편들어 주어야 할지도 모른다. 이런 문제에 대한 좋은 예화가 있다. 농촌에서 어느 날 나이 든 아버지가 고집 센 송아지를 외양간에 집어넣으려고 하고 있었는데, 그 아버지가 송아지를 더 힘껏 외양간에 밀어 넣으려고 할수록 송아지는 더 고집스럽게 말을 안 듣고 있었다. 어린 아들은 아버지에게 송아지가 저항하는 것을 지켜보다가 크게 웃고 말았다. 그러자 난처해진 아버지는 아들에게 더 좋은 방법이 있으면 이리 와서 송아지를 외양간에 집어넣어 보라고 했다. 그러자 어린 아들은 쏜살같이 송아지 뒤로 가서 외양간과 반대 방향으로 꼬리를 잡아당겼다. 그러자 송아지는 즉시 외양간 안으로 움직이기 시작했다. 만약 고집 센 소나 내담자가 합리적인 방향으로 나갈 수 있다면 분명히 그런 방향으로 나가야 할 것이다. 그러나 합리적인 방향으로 나가기를 거부하는 저항이 있다면 역설적인 사고방식의 사용을 포함하는 다른 방식을 써 봐야 할 것이다. 합리적인 방식이 효과가 없을 때는 사람들을 비합리적인 쪽으로 연결시키는 것이 보다 중요하다. 때로 우리는 우리 자신 속에 있는 비합리성을 다른 어떤 사람에 의해서 거울처럼 비추어 보기 전까지는 깨닫지 못할지도 모른다(Jordan, 1986: 48-49).

5. 상담관계에서의 전이[1)]

전이란 내담자가 과거에 어떤 다른 사람에게 느꼈던 감정을 현재의 상담자에게서 느끼는 것을 의미한다. 상담자는 이러한 전이를 분석하고 해석함으로써 내담자의 무의식적 갈등과 문제의 의미를 통찰하도록 돕는다. 따라서 상담자는 내담자가 상담자에게 보이는 태도나 행동을 그냥 지나쳐 버려서는 안 된다. 내담자가 상담자를 어떻게 대하는지, 상담자에 관해 어떠한 생각을 품고 있는지를 주의 깊게 관찰하여 그것이 어떤 의미를 지니는지를

1) 전이와 역전이의 문제는 8~9장에서 더욱 깊이 있게 다루고 있다.

이해하고 대처해 나가야 한다. 전이를 해석하고 전이감정이 해소되면 상담은 효과를 거둔 것이다. 그것은 바로 내담자가 과거의 영향으로부터 벗어난 것을 의미하며, 정신적으로 건강해질 수 있음을 보여 주는 것이다.

상담과정에서 내담자와 상담자는 내밀한 정서적 유대관계를 맺게 된다. 이런 상황으로 인해 내담자는 어느 순간부터 자신도 모르게 상담자를 과거의 중요한 인물인 양 착각하게 된다. 가령 상담자가 아버지나 어머니 혹은 애인처럼 내담자의 인생에 막대한 영향을 미쳤던 과거의 특정 인물과 동일시되는 경우가 있다. 그 결과 내담자는 과거의 인물에 대해 품어 온 무의식적 정서와 생각을 무심코 상담자를 향해 표출하기에 이른다. 이런 엉뚱한 모습들을 보고 '아, 저 사람이 내게 저런 불합리한 말과 행동을 표출하는 것을 보니, 과거의 중요 인물에 대해 바로 그러한 생각과 정서를 무의식적으로 품고 있는 모양이구나. 이것은 저 사람의 신경증 원인과 중요한 연관이 있겠구나…….' 라고 해석해야지, 당황하거나 내담자를 비난하며 그의 행동을 저지해서는 안 된다. 이 경우 상담자는 내담자의 무의식을 관찰할 소중한 기회를 상실하는 것이다. 상담자는 자신을 향한 내담자의 비합리적인 행동을 정신분석적 전이관점에서 해석할 줄 알아야 한다(이창재, 2003: 57).

6. 상담관계에서의 역전이

상담기간 중에 상담자는 내담자의 이야기에 공정하게 주의를 기울이며 듣지만, 상담자도 인간이기 때문에 내담자가 이야기하는 내용과 토로하는 감정 또는 기대 등에 전혀 영향을 받지 않을 수는 없다. 내담자에게 관심을 갖거나 동정하거나, 좋고 나쁜 감정이 생기는 것은 오히려 당연한 일이다. 그러나 상담자가 자신의 감정에 치우쳐서는 내담자의 문제를 보지 못한다. 그렇기 때문에 상담자는 감정을 주의 깊게 통제해야 하는데, 통제를 위해서는 먼저 그것을 잘 인식해야만 한다. 문제가 되는 것은 의식되지 않은 감정과 통제가 불가능한 감정이다.

프로이트는 내담자의 전이에 대한 상담자의 무의식적인 반응의 총체를 역전이라고 불렀는데, 상담자는 이를 인식하고 극복해야만 한다. 이를 위해 상담자는 감독자로부터 슈퍼비전을 받아서 자신의 콤플렉스나 저항을 해결해야 하며, 동시에 내담자에 대한 경험을 쌓으면서도 계속 자기분석을 해야 한다(고은진 역, 2003: 40-41). 상담자의 자기이해는 전이와 역전이를 효과적으로 다루기 위한 가장 중요한 전제다. 만일 상담자가 자신의 문제를 직면하기를 꺼리거나 이에 관한 이해가 부족하다면 내담자의 전이와 저항에 대해서도 효과적으로 대처하기가 어려울 것이다. 자신의 해결되지 않은 문제가 내담자와의 치료관계나 그 질에 얼마나 영향을 줄 수 있는지를 아는 것은 매우 중요하다. 훌륭한 상담자는 자기반성과 성찰의 시간을 많이 가지며 자기에 관한 정보를 얻기 위해 부단히 노력한다(현명호, 유제민 역, 2002: 48).

상담관계에서의 역전이는 다양한 모습으로 나타난다. 내담자와 지나치게 동일시함으로써 내담자 문제를 객관적으로 보지 못하고 내담자의 주위 인물들을 지나치게 비판하는 경우, 반대로 내담자와 정서적 거리를 너무 두어 내담자의 역동을 제대로 파악하지 못하는 경우 등이 모두 역전이의 표현이라 볼 수 있다. 치료적인 포부가 너무 커서 비현실적으로 높은 목표를 설정하는 것과 포부가 너무 작아서 목표를 부당하게 제한하는 것도 역전이의 한 모습이라 할 수 있다(정방자, 1998: 159-160). 역전이는 무의식적 현상이기 때문에 상담자가 간파하기 어렵다. 많은 정신분석가들이 역전이의 신호들을 열거하였는데, 다음은 상담자가 역전이의 경우에 경험할 수 있는 태도나 감정의 예다(문희경 역, 2004: 145-146).

• 상담시간을 기다리거나 두려워함

- 치료하는 동안 지루해하고, 조는 듯하고, 부주의함
- 내담자와 지나치게 동일시함
- 내담자에게 화를 내거나 질투를 느낌
- 상담시간의 결과로 개인적인 즐거움이나 혐오감, 우울감을 느낌
- 내담자를 두려워함
- 내담자에게 좋은 인상을 받거나 내담자를 싫어함
- 내담자를 보호하거나 난폭하게 다룸
- 내담자를 거부하거나 내담자에게 화를 냄
- 내담자에게 부모님의 사랑을 느낌
- 내담자에 대해 환상을 갖거나 마음을 빼앗김
- 내담자에 대해 꿈을 꿈
- 내담자에 대해 긍정적이거나 부정적인 감정을 강하게 느낌
- 내담자를 부적절하게 만지거나 쓰다듬음
- 간헐적으로 좌절감이나 성가심을 느낌
- 내담자와 가외의 치료를 하는 것에 어려움을 경험함
- 상담시간 동안 불안해함
- 내담자에게 사랑이나 증오로 반응함
- 합의한 것에 대해 부주의함: 약속을 잊어버리거나 일찍 혹은 늦게 도착하거나 필요 이상으로 연장함
- 내담자의 의존성을 조장함
- 내담자와 논쟁하거나 방어적이 됨
- 시종일관 반영만 하거나 너무 빨리 혹은 부정확하게 해석함
- 치료의 종결을 후회하거나 바람

남성 상담자는 상담 중에 여성 내담자와 자신도 모르게 친밀한 관계를 가질 수 있기 때문에 다음과 같은 위험신호를 미리 숙지하는 것이 중요하다(김

창대 역, 2000: 140-141).

- 여성 내담자에게 끌린다는 것을 암시해 주는 첫 번째 신호는 상담자가 그 여성과의 상담을 고대하기 시작한다는 것이다. 약속시간을 항상 마음에 두고 그녀가 오기를 기다린다. 그래서 그녀가 마침내 도착하면 그의 맥박수는 증가하고, 손에는 식은땀이 흐르며, 목소리도 떨리게 된다.
- 그 다음에는 상담시간을 연장하기 시작한다. 그리고 심지어 정해진 횟수보다 더 많이 상담하기도 한다. 그는 그녀를 기쁘게 하기 위해서 다른 선약들을 취소할 때도 있다(그러나 종종 자신의 행동을 의식하지 못한다).
- 서로에게 은밀한 메시지를 보낸다. 그 메시지는 표면적으로는 해가 없는 것처럼 보이지만 뚜껑을 열어 놓고 보면 매우 개인적인 것이다.
- 상담시간 중 지나치게 많은 부분을 성적인 문제에 할당하게 된다. 여성 내담자는 상담자에게 당면한 상담 문제와는 관계없는 이전의 남자관계나 성적 경력에 대해서 이야기할 수도 있다.
- 상담자는 자신의 결혼생활에서 더욱 좌절을 느끼게 된다. 그는 사소한 것에 대해서도 불평하기 시작한다. 자신이 느끼는 죄책감을 분노로 위장하기 위해서다.
- 상담자는 여성 내담자를 지나치게 상상하기 시작한다. 그리고 그런 상상은 전적으로 그녀를 상대로 한 성적 공상이다.
- 상담자는 일부러 용건을 만들어 내담자에게 전화를 하고 함께 이야기한다. 그리고 외진 곳에서 점심 약속을 하기도 한다. 그리고 그런 것들을 '추가적인 상담'이라고 합리화한다.
- 자연스럽게 신체적으로 접촉하는 횟수가 늘어난다. 그리고 상담을 끝낼 때면 오랫동안 격렬한 포옹을 하고 헤어진다.

특히 목회자가 상담을 할 때 내담자가 히스테리적인 성격을 가진 사람이면 매우 위험하다. 오랫동안 정신의학계에서는 유능한 정신과 의사와 그렇지 못한 정신과 의사의 차이가 전자는 히스테리적 성격의 소유자를 분별하고 빨리 만남을 끝내는 반면 후자는 그렇지 못하는 데 있다고 지적해 왔다. 이 같은 사실은 목회자들에게도 적용된다. 히스테리적 성격을 가진 사람은 전형적으로 성격이 가볍고, 과도하게 반응하며, 심지어 거침없는 성적 표현을 할 때도 있다. 또한 희롱과 함께 아양을 부리면서 낭만적 환상에 젖기도 한다. 이런 사람은 또한 감수성이 예민해서 흥분하기를 좋아한다. 그러면서도 순진하고 고지식한 면을 가지고 있다. 이런 성격의 여성은 자신이 타인의 동경의 대상이라고 착각한다(김창대 역, 2000: 142).

만일 상담자와 내담자 사이의 에로틱한 행위가 비윤리적인 행위로 여겨지며, 또 그렇게 해로운 것이라면 왜 이것이 성행하고 심지어는 기독교인 사이에서까지 발생하는가? 그 대답은 간단하지 않지만, 취약한 상담자와 취약한 내담자라는 두 가지 범주에서 살펴볼 수 있다. 상담을 위해 찾아오는 사람들은 낮은 자존감과 다른 사람들과의 깨어진 관계 그리고 어떤 방향 제시를 받고자 하는 소망을 가지고 있다. 많은 사람들은 불안하거나 외롭다. 치료를 위한 대화에서 성적인 문제를 포함하여 종종 은밀한 문제들이 다루어지고, 상담자와 내담자 간에 신뢰감과 친밀감을 형성하는 문제들에 대한 이야기가 오가기도 한다. 이런 상담과정 가운데서 내담자들은 때때로 쉽게 조종되고 인도된다. 그들은 상담자들의 따뜻한 온정과 이해, 격려와 지원에 의해 움직이게 된다. 또 어떤 내담자들은 다른 사람들과의 애정과 친밀감에 매우 굶주려 있을지도 모른다. 이들은 껴안아 주는 것이나 다른 관심의 표현에 기꺼이 반응하며 조만간 성적인 친밀감으로 이동할 가능성이 있다. 이것은 상담자가 약할 때 더욱 그렇다. 만일 상담자가 내담자에게 끌리고 결혼생활이 불만족스럽거나 외로움을 느낀다면 성적인 행위는 더욱 이루어지기 쉽다. 특히 내담자가 생활이 어렵거나 유혹적이고 다루기 쉬운 성향일 때는 특히 그렇다. 내담자의 삶의 세부적인 사항이 치료과정에서 친밀하게 다루어질 때 어떤 상담자는 성적 충동을 일으킬 수 있다. 대부분 상담실에서 일어나는 이런 사건들은 어떤 사전계획 없이 점진적으로 일어나는 경우가 많다. 한 상담자는 "나는 내 자신이 유혹에 강하다고 생각했으며, 이런 사건이 나에게 일어나리라고는 생각지도 못했다."라고 말했다. 또 다른 상담자는 "우리는 단지 좋은 친구였다."라고 말했다. 상담자들은 모든 사람들은 유혹에 약하다는 것과 책임감을 유지해야 함을 자기 스스로에게뿐 아니라 서로에게 상기시켜 줄 필요가 있다. 또한 상담자들은 그들의 상담시간과 상담관계에 있어서 제한을 두어야 하며, 그들 자신의 결혼생활을 올바로 꾸려 나가기 위해 관심을 갖고, 상담 외의 다른 부분에서 친밀한 관계를 맺기 위해 노력해야 하며, 잠재적으로 의심받는 상황을 피해야 한다. 그리고 유혹에 빠지기 쉽다는 것을 알리는 경고의 표시를 인식해야만 한다. 경고 표시에는 가족들과의 접촉을 피하기 위해 늦게까지 일에 몰두하는 것, 몇 명의 특별한 내담자에 대해 생각하는 것, 자신의 배우자로부터 떨어져서 지적이고 사회적인 자극을 찾는 것 그리고 개인적으로 헌신적인 삶을 지속적으로 유지하지 못하는 것 등이 포함된다(오윤선 역, 1997: 66-67).

7. 상담관계에서 촉진적 관계를 평가하는 질문의 예

- 나는 내담자가 기대하는 인간관계의 특성에 대해 알고 있는가?
- 나는 내담자에게 호감을 주고 있는가?
- 나는 내담자에게 안전감을 주고 있는가?
- 내담자는 상담관계를 편안하게 느끼고 있는가?
- 나는 관계를 세우고 유지하는 것에서 무엇을 가장 잘하는가?
- 나는 내담자와의 관계 형성에서 어떤 실수를 하는가?

- 나는 실수를 극복하기 위해서 무엇을 하는가?
- 관계를 세워 나가고 유지하기 위해 나는 무엇을 해야 하는가?
- 나는 내담자가 말한 것을 이해했는가?
- 내가 이해했다는 것을 내담자가 알았는가?
- 나는 내담자의 문제를 내담자의 관점에서 보았는가?
- 내담자는 내가 수용적으로 대하고 있었음을 아는가?
- 나는 내담자에게 따뜻하고 관심 있게 대했으며 그것을 행동으로 나타냈는가?
- 내담자는 내가 따뜻한 관심을 나타낸 것을 전달받았는가?
- 나는 내담자를 진실한 자세로 일관성 있게 대하고 있는가?
- 내담자에게 말하기를 꺼리는 것이 있는가? 있다면 그것이 상담관계에서 무엇을 의미하는가?
- 어떤 측면에서 내담자의 가치관, 신념, 의견 등이 나와 다른가? 그러한 차이 때문에 내가 수용적으로 대하는 데에 지장이 있었는가?
- 상담하는 동안 나 자신에게 솔직했고 내담자를 성실하게 대했다고 볼 수 있는가?
- 나는 적절한 때에 전문적인 태도로 내담자에게 도움을 주었는가? 그리고 내담자는 자기를 도울 수 있는 전문적인 상담자로서 나를 받아들였는가?
- 나는 상담관계를 스스로 성장할 수 있는 기회로 활용하고 있는가?
- 내담자들과 연결되고 분리되는 과정에서 나의 리듬은 어떠한가?
- 종종 타인을 돕는 상담자들은 자기 배려보다는 타인을 돌보는 일을 더 지향한다. 어느 정도의 불균형은 괜찮을 수 있다. 그러나 이러한 태도가 나에게 과도한 때는 언제인가?

참고문헌

고은진 역(2003). 정신분석이라는 이름의 인간 드라마(원저: 福島章). 서울: 이손.

김예식 역(2000). 치유나무(원저: R. Hurding). 서울: 한국장로교출판사.

김창대 역(2000). 상담과 치유를 통한 30가지 양육전략(원저: E. H. Peterson et al.). 서울: 기독신문사.

김형태(2000). 상담의 이론과 실제. 서울: 동문사.

김환, 이장호(2006). 상담면접의 기초. 서울: 학지사.

문희경 역(2004). 관계중심 목회상담(원저: R. Dayringer). 서울: 솔로몬.

박성희, 이동렬(2001). 상담의 실제. 서울: 학지사.

박태수, 고기홍(2007). 개인상담의 실제(2판). 서울: 학지사.

오윤선 역(1997). 기독교와 상담윤리(원저: G. Collins). 서울: 두란노.

이봉우 역(1987). 카운슬링의 기술(원저: R. May). 서울: 분도출판사.

이일남 역(2001). 유능한 카운슬러, 성공하는 카운슬링(원저: E. Kennedy). 고양: 인간사랑.

이정기 역(2002). 상담신학(원저: D. Atkinson, & F. Bridger). 서울: 예영미디어.

이창재(2003). 프로이트와의 대화. 서울: 민음사.

정방자(1998). 정신역동적 상담. 서울: 학지사.

정원식, 박성수, 김창대(1999). 카운슬링의 원리. 파주: 교육과학사.

주은선 역(2001). 상담의 기술(원저: C. E. Hill & K. M. O' Brien). 서울: 학지사.

현명호, 유제민 역(2002). 상담 및 심리치료의 통합적 접근 워크북(원저: G. Corey). 서울: 시그마프레스.

Jordan, M. R. (1986). *Taking on the gods*. Nashville: Abingdon Press.

Schlauch, C. R. (1995). *Faithful Companioning*. Minneapolis: Fortress Press.

Stone, H. W., & Clements, W. M. (Eds.). (1991). *Handbook of Basic Types of Pastoral Care & Counseling*. Nashville: Abingdon Press.

2부

목회상담의 공감과 직면

제3장_ 공감과 직면의 이론적 이해

교인들은 목회자나 목회상담자들에게 찾아와 그들의 삶의 문제에 대해 상담을 요청한다. 목회상담자들은 도와줄 준비가 미처 되어 있지 않은 문제에 대해 도와달라는 요청을 받고 당혹스러울 때가 한두 번이 아닐 것이다. 따라서 그들은 신학교에서 받은 기초적인 교육을 바탕으로 실제 상황에서 행한 돌봄과 상담이 얼마나 효과가 있을지에 대해 한 번쯤은 고민해 봤을 것이다. 다시 말하면 '나의 목회적 활동이 이들의 삶에 얼마나 도움을 줄 수 있을까?' 라고 말이다. 자신의 목회적 활동이 단순한 돌봄의 영역에 머물러 실제 호소하는 문제에 대한 어떤 직접적 해결과 연결되지 않는다고 여겨질 때는 당혹감이 들 때가 많을 것이다. 그래서 많은 목회자들이 인간의 문제에 실천적 해결의 실마리를 제공하는 듯이 보이는 세속적 방안들을 진지하게 생각지 않고 무비판적으로 적용하게 되는 현실을 자주 바라보게 된다.

이러한 현상은 목회자 자신이나 돌봄의 대상인 교인들에게도 바람직하지 않다. 왜냐하면 교회에는 교회가 추구하는 가치가 있으며, 교회공동체에 속한 목회자가 사용하는 돌봄의 도구들인 특정 방편들이나 나름대로의 지향성과 방법이 기독교의 본질과 어긋나지 않고 별 문제없이 타당해야 한다고 보기 때문이다. 이러한 현실에서 안수받은 목회자나 평신도 목회자들이 그들이 맡은 목회적 돌봄(pastoral care)이나 목회상담(pastoral counseling)의 교역을 수행할 때, 일차적으로 사용하게 되는 개념적 도구가 공감(empathy)과 직면(confrontation)이다. 왜냐하면 무엇보다 돌봄의 일차적 행위가 언어의 형태를 띠고 있기 때문이다. 따라서 목회적 돌봄과 목회상담에 사용되는 두 가지 중요한 도구인 공감과 직면이 어떤 이론적 의미가 있는지, 다시 말해 공감과 직면의 심리학적, 생리학적, 신학적 의미를 고찰하고자 한다.

1. 공감과 직면의 의미 이해

공감과 직면에 대한 논의를 진행하기 위해 공감과 직면이란 단어의 뜻을 살펴본다. 공감은 사전적 의미로 '내담자의 느낌이나 아이디어에 참여하는 능력'이라고 정의할 수 있다.[1] 영어 'empathy'를 문자적으로 '감정이입'이라고 번역할 수 있다. 감정이입은 상대방의 마음속에 들어가 그 사람의 입장에서 세상을 보고 반응하는 것이다. 다른 말로 하면, 상대의 마음을 읽고 거기에 적절하게 행하는 반응을 말한다. 공감이란 말은 목회와 상담 분야에서 감정이입이란 말보다 일반적으로 통용되고 있다. 그래서 저자는 영어 'empathy'에 대한 한국어 번역을 '공감'이란 말로 통일하려고 한다.

공감이란 내담자의 내면세계에 대해 목회자의 의식이 집중하여 내담자의 지적인 틀(frame of referece) 속에서 내담자의 문제와 삶을 이해하려는 시도다. 이러한 내담자를 이해하려는 적극적 행위인 공감은 동정과 구별된다(Tubesing & Tubesing, 1973: 14-15; 이기춘, 1998: 98에서 재인용). 동정(sympathy)은 다른 사람의 감정을 경청하면서 그 감정에 의해서 만들어진 경청자의 감정에 초점이 있다. 동정은 '내가 느끼기에는……'이라는 말로 자신의 감정(feeling for another)을 앞세워 표현한다. 이에 비해 공감은 '다른 사람과 함께 느끼는 것(feeling with another)'이다. 공감은 다른 사람의 감정에 집중하여 '당신이 느끼기에는……'이라는 말로 시작하여 상대방의 느낌이나

1) Webster's New Collegiate Dictionary, 1981, 'empathy'.

생각을 표현한다.

동정은 투사와 혼동하기 쉽다. 투사(projection)는 다른 사람에 대한 자신의 감정을 주관적이고 자아중심적(ego-centric)으로 처리하는 행위다. 이는 타인의 감정을 자신의 자아개념과 경험에 견주어서 경청하고 느끼는 것이다. 투사는 동정처럼 다른 사람의 감정을 차용하여 나의 감정에다 초점을 맞추게 된다. '과부심정은 과부가 안다.'는 것은 투사의 전형적 예다. 공감은 과부의 고통을 겪어 보지 않았음에도 불구하고, 과부의 고통과 처지를 같은 입장에서 느끼는 것이다.

공감과 유사한 개념으로 동일시(identification)가 있다. 동일시는 면담과정에서 상대가 노출하는 강한 감정에 몰입되거나 또는 매료되어 경청자의 감정과 상대방의 감정이 구별되지 않는 상태를 지칭한다. 이러한 상태에서는 내담자의 감정과 동일시되어 경청자가 중요하게 견지해야 할 객관적 자세를 잃어버리게 될 수 있다. 또한 이와 같은 상태는 지나치게 내담자와 자신을 동일시하게 될 때 일어날 수 있으므로, 남의 말을 경청하는 상담자는 항상 경계해야 한다.

공감이란 상담자가 심리내적 구조를 내담자의 그것과 비교하여 독립적 방향감각을 유지하는 상태를 말한다. 크래머(L. M. Crammer)는 상담자와 내담자와의 공감 문제를 도식적으로 잘 설명하고 있다(이윤상, 1987: 212). [그림 3-1]에서 상담자는 자신을 내담자 속에 몰입시키는 감정이입적 상태를 보여 주고 있다. 상담자가 내담자와 심리적으로 가까운 거리에 있지만, 완전히 하나가 된 동일시의 상태는 아니다. 그러나 상대 속에 자신의 지각과 주의력의 에너지의 2/3가 들어가 상대를 깊이 이해하는 형태다. 이와 같은 심리구조 상태를 유지할 때 상담자가 내담자 속에 깊이 몰입하면서도 상대에게 몰입되어 자기를 잃어버리는 동일시가 일어나지 않고, 상담 진행 시 방향감각을 잃지 않아 상담의 목표 중의 하나인 '객관성'을 유지할 수 있게 된다. 따라서 공감은 상담자의 심리구조의 일부가 내담자 속에 들어가 있으

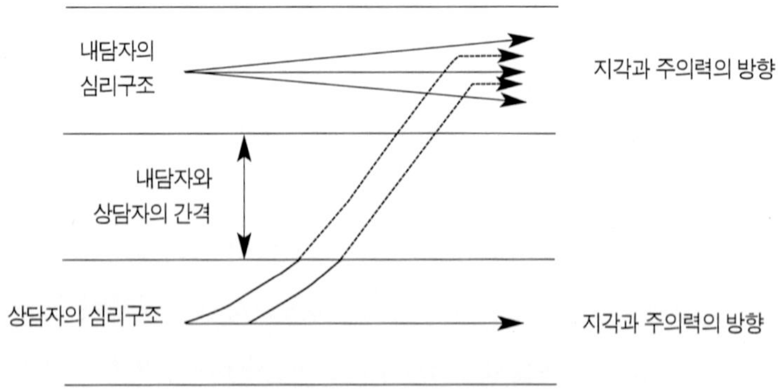

[그림 3-1] 내적, 외적 심리구조

면서도 자신을 잃어버리지 않고 자신의 지각과 주의력을 유지하는 상태라고 정의할 수 있다. 결론적으로 공감은 내담자가 나누기를 원하는 세계에 관한 의미와 느낌에 대해 깊은 관심을 가지고 반영해 주는 것이다. 공감에 대해 길게 다룬 것은 공감이 돌봄과 상담에 있어 본질적인 요소를 담지하고 있기 때문이다.

이와 반대로 직면은 상담의 분위기를 공감의 분위기와 다른 국면으로 인도한다. 즉, 내담자의 인식에 반대되는 관점이나 문제를 고려하도록 구체적으로 도전하는 것을 의미한다. 따라서 만약 내담자가 이를 다룰 준비가 되어 있지 않거나 상담자와 신뢰관계가 충분하게 성숙되어 있지 않으면 상담자와 내담자의 관계가 위협받게 될 가능성이 높다. 이는 면담의 효과에 가장 중요하다고 할 면담관계 자체가 깨질 위험성이 있기에 조심해야 한다. 그래서 직면의 실천은 내담자와의 관계가 어느 정도 형성된 후에 조심스럽게 고려해 보고 실천하는 것이 바람직하다.

공감과 직면, 이 두 가지 개념이 실제 현장에서 사용될 때 가장 기본적으로 활용되는 것은 공감이다. 직면이 갖고 있는 도전적 · 공격적 성격 때문에, 안수받은 목회자나 평신도 목회자 중 면담에 대한 전문적 훈련이 부족한 사람에게는 공감이 목회의 실천과정에서 저지를 수 있는 실수나 위험을 방지할 수 있는 안전한 방법이기도 하다. 왜냐하면 내담자를 깊이 이해하지도 못하고 행하는 섣부른 충고나 조언은 문제의 핵심을 놓친 행위가 될 수 있기 때문이다. 뿐만 아니라 그러한 시기상조의 조언은 목회상담에서 가장 중요한 목회자와 내담자와의 관계에 치명적 손상을 입힐 수 있기 때문이다. 그래서 내담자가 호소하는 문제를 깊이 경청하고 공감할 수 있어야만 내담자에게 지금 무엇이 일어나고 있고 무엇이 문제인가를 인식할 수 있음을 주지해야 한다.

또한 공감은 직면의 재료를 제공해 준다. 깊이 경청하는 공감을 통해 내담자도 인식하지 못하는 내담자의 말이나 행동 속에 드러나는 미묘한 불일치(discrepancy)를 점점 분명하게 드러나도록 인도함으로써 직면의 재료를 파악할 수 있게 된다. 그렇기 때문에 교인을 면담하는 목회자나 목회상담자에게는 공감에 대한 깊은 이해와 실천적 기술의 습득이 우선적으로 요청된다. 이 장에서는 공감과 직면 중에 두 요소를 가능한 한 균형 있게 다루려고 노력하겠으나, 결과적으로 공감에 더 무게를 두어 다루게 될 것이다.

2. 공감과 직면의 심리학적 이해

내담자의 내면세계에 몰입하여 그의 입장에서 세계를 함께 바라보는 경험인 공감을 통해 여러 가지 긍정적 경험을 얻을 수 있다. 무엇보다 내담자에게 존중받는 경험을 얻게 될 것이다. 수용적 존중 경험으로서의 공감은 상대의 감정, 경험, 잠재력에 대한 가치를 인정하고 수용해 주며, 상대가 가지고 있는 노력과 잠재성을 존중하는 발언을 해 주는 것을 말한다.

공감은 또한 내담자와 상담자 간의 관계를 밀착시켜 결속감을 높여 준다. 이 결속감은 상담과 면담의 효과를 위해 매우 중요하다. 왜냐하면 많은 경우 상담의 효과나 면담의 효과는 서로 간의 친밀과 신뢰, 결속의 정도에 따라 좌우되기 때문이다. 이러한 긍정적 효과가 있는 공감에 대해 로저스와 코헛의 이해를 살펴본다.

칼 로저스의 이해

공감 하면 심리학자 칼 로저스(Carl Rogers)를 떠올리게 된다. 상담자의 3대 자질인 '일치성(congruence, genuiness)', '무조건적인 긍정적 존중(unconditional positive regard)', '공감(empathy)'은 로저스로부터 시작된 인격중심요법의 기본 개념이다. '일치성'은 상담자의 생각과 언행 사이의 일치를 이루는 것을 의미한다. 즉, 상담자가 전문가인 척하거나 다른 개인적 가면을 쓰지 않고, 상담자의 내면의 심리상태와 외부의 언행의 표현에 차이가 없도록 노력하여 일치되도록 하는 것을 말한다. 또한 상담자는 내담자를 위해 '무조건적인 긍정적 존중'을 할 수 있어야 한다. 목회자나 상담자에게 찾아오는 내담자의 말수가 많고 적음 또는 외모 등을 판단하기보다는 그 사람 자체를 인격적으로 대하는 자세가 중요하다. 죄는 미워하되 사람은 미워하지 말라는 금언처럼 말이다. 첫째와 둘째 요소가 실제적으로 면담 현장에서 표현되는 것은 마지막 세 번째 요소인 공감에서 이루어진다(Raskin & Rogers, 1989: 157). 그렇기에 상담자에게 상담의 실제 수행에 있어 다른 무엇보다 먼저 공감에 대한 철저한 공부와 훈련이 필요함은 아무리 강조해도 지나치지 않다.

로저스는 공감을 자신의 이론 전개의 중심에 배치하고 있다. 공감적인 태도는 내담자가 나누기를 원하는 세계에 관한 의미와 느낌에 대한 깊은 관심을 반영한다. 그러므로 상담자가 내담자에게 공감적인 태도를 표명함을 통해 내담자를 존중하고 이해하며 내담자에게 자신의 문제를 이해하고 탐구하는 데 있어 더욱더 앞으로 전진해 갈 수 있도록 격려하게 된다. 이와 같은 공감의 실천에 있어 감정에 우선적 초점을 맞추어야 한다. 감정이 인간의 심리적 영역에서 중요한 위치를 차지하고 있기에 일차적 주의를 기울이는 것이다. 사람은 생각이나 말의 소재에 초점을 맞추지 않고 감정에 자신의 일차적으로 중요한 에너지를 집중적으로 공급하기 때문이다.

로저스는 위에서 논의한 상담자 자질의 세 가지 요소를 통해 내담자가 상담자를 진심으로 신뢰하여 받아들이게 되면, 내담자에게 긍정적인 변화가 일어날 수 있는 환경이 조성된다고 주장한다. 즉, 내담자는 세 가지 요소가 포함된 면담을 통해 새로운 경험을 하게 된다. 내담자는 낮았던 자기 개념이 긍정적으로 변해 가는 분위기 속에서 더욱 자신감을 갖고 자기를 노출하게 되고 결국에는 자기주도적으로 바뀌게 된다. 이런 면담을 통해 내담자는 더욱 성숙하게 되어 스트레스 상황에 더 건강한 방식으로 적응하며 극복해 가는 성숙된 모습을 보일 수 있다(Rogers, 1986).

이상의 논의는 로저스의 인격중심요법의 발달 이론에 근거하고 있다. 로저스는 인간의 개성이 잘 발달하지 못한 것은 외적 환경이 열악하여 어린아이 같은 내면이 자라지 못했기 때문으로 이해한다. 그러므로 상담자로부터 세 가지 자질이 담긴 따뜻한 배려를 받게 되면, 내담자의 내면에 성장하기에 좋은 환경이 조성되어 해당 개인이나 해당 집단을 성장지향으로 나아가도록 추동한다는 것이다.

반대로 상담자가 내담자의 말에 경청과 적절한 반응을 보이지 않으면 이는 내담자에게 치명적인 악영향을 끼친다. 로저스의 제자인 유진 젠들린(Eugene Gendlin)은 로저스 이론을 경시하는 사람들에 대해 안타까워하고 있다. 그는 로저스 이론의 핵심을 실천하는 사람들이 경청능력을 충분히 학습하지 않고, 또 적절하게 전달하지 않았기 때문이라고 주장한다(Patton, 1993: 33). 그는 "자신의 느낌을 털어놓는 사람의 말을 경청하고 이해하고 정확하게 반응하고 도와줄 능력이 없는 치료사는 내담자를 혼자 내버려두는 것과 같다. 이런 치료사와 이야기하는 사람의 내면 의식은 확장되지 않으며, 이는 홀로 내버려둘 뿐만 아니라 침묵(dumb)하게 만드는 것이다."(Gendlin,

1974: 215; Patton, 1993: 33에서 재인용)라고 주장하며, 경청과 반응의 정확성은 다른 모든 반응방식의 '선행조건' 이라고 강조하고 있다.

로저스는 자신의 생애 후기에 공감훈련에 집중하였다. 그가 공감훈련에 집중하게 된 것은 경험적 연구로 발견한 사실에 기인한다. 그는 신학대학원 과정의 학생들을 상대로 조사를 실시하였다. 심리학 배경이 전혀 없는 학생들로 이루어진 두 집단 중 한 집단은 심리학 세미나 다섯 과목을 수강하게 하고, 다른 한 집단은 공감훈련의 일종인 반응훈련(reflective training) 수업을 한 과목 실시하였다. 그리고 이후에 각 집단원들이 수행한 실제 면담 장면을 비디오로 찍어, 심리치료 전문가집단으로 하여금 어느 쪽이 더 치유적인 면담을 실천했는가를 정밀 분석하게 하였다. 놀랍게도 학부에서 심리학 과목을 배우지 못했어도, 단 한 과목의 반응적 대화훈련 수업을 받은 집단이 수행한 면담이 심리학 관련 다섯 과목을 수강한 집단의 면담보다 더욱 치유적 효과가 있는 것으로 밝혀졌다(Rogers, 1951). 그 후 로저스는 목회자를 중심으로 한 집단에게 이론적 수업보다는 실제적 공부와 훈련인 반영적 대화법을 집중적으로 훈련시키게 되었다.

공감을 깊이 있게 실천하게 되면 그 자체가 직면의 효과를 지니게 된다. 로저스는 한 명의 내담자와 각각 다른 이론적 접근을 가진 세 명의 심리치료자가 면담을 행하는 실험적 연구를 진행하였다. 저자는 그와 다른 두 명의 심리학적 이론가와 함께 한 사람의 내담자와의 면담을 녹음한 교육용 16mm 필름을 시청한 적이 있다. 내담자의 이름은 글로리아였다. 그녀의 솔직한 평가에 의하면, 그녀에게 유익한 면담은 로저스의 인격중심요법에서 일어났다고 보고했다. 이 필름에서 그녀는 로저스와의 면담에서 자신의 문제에 대해 계속해서 '어떻게 해야 좋을지' 조언을 구하고 있었다. 그러나 로저스는 "당신은 나에게 조언을 구하고 있습니다."라는 말만 하지, 답을 주지 않고 있었다. 이와 같은 공감적 방식의 면담은 직면의 측면을 훌륭하게 수행하고 있다. 면담 중에 결국 내담자는 자신의 의존적 성향을 벗어나야 한다는 것을 깨닫게 되었다. 이와 같이 용의주도하고 철저하게 내담자에게 공감을 실천하게 되면 상담자는 내담자에게 부드럽게 자신이 취하고 있는 입장을 보여 줌으로써, 내담자가 어떻게 행하고 있는지 또는 어떻게 행해야 할지를 완곡하게 촉구하는, 효과적인 직면의 요소를 담지하게 된다.

코헛의 공감 이해

하인즈 코헛(Heinz Kohut)에게 있어서 공감은 그의 이론의 중요한 일면을 차지하고 있다. 코헛은 프로이트 학파 출신으로서, 시카고 정신분석연구소의 연구교수였고 그의 프로이트 이론 강의는 매우 인기가 있었다. 그러나 그는 학자로서의 양심에서 정신분석학의 발전에 프로이트의 환자였던 안나 오(Anna O.)의 기여도가 컸다는 취지의 연구를 발표하였다. 그러나 프로이트에 대해 교조적인 입장이었던 당대의 미국 정신분석학자들은 그를 용납하지 못했다. 하지만 코헛은 임상 현장에서 만나는 내담자와의 경험을 통해 점점 자신의 견해에 대해 확신이 커 가는 것에 비례해 전통적인 프로이트 이론과는 거리를 두게 되었다. 저자는 코헛이 프로이트와 거리를 두게 되는 동기가 공감에 대한 이해의 차이였다고 본다. 프로이트는 공감을 경시하진 않았지만, 정신분석의 치료에 있어 공감보다 중요한 것이 방어에 대한 해석에 있다고 보았다.

코헛은 공감을 내담자의 심리적 세계를 이해하고 파악할 수 있는 연구 도구로 보았다. 그는 1959년의 논문에서 '공감적 침잠(empathic immersion)'을 '대리적 성찰(vicarious introspection)'이라고 명명하였다(이재훈, 이해리 역, 2000: 272). 그러나 후에는 공감이란 단어를 독립적으로 사용하였다. 그는 공감을 정신적 내용의 자료들을 수집하는 자료수집 도구로 이해하였으며, 이를 통해 내담자의 내면세계를 이해하고 내담자와의 관계를 촉진시켜 갈 수 있다고 보았다(권명수 역, 2002: 81-85). 그러나 이를 공격하는 프로이트 계열의 분석가들은 코헛이 내담자에게 잘 보여 그들의 환심을 사서 치료하려고 한다고 비판하였다. 이에 대해 코헛은 자신을 오해한 것이라고 반박하며, 공감은 치유적 효과가 있을 뿐 공감 자체가 치료를 야기하는 것은 아니라고 설명하였다(Kohut, 1984).

그럼 코헛은 무엇이 치료를 야기한다고 보는가? 코헛에게 있어 치료적 기법은 '이해의 단계'와 '설명의 단계' 두 가지다(권명수 역, 2002: 296-297). 이해의 단계에서 공감을 통해 내담자의 내면세계에 몰입하여 그를 깊이 이해하고, 이를 말로 표현하여 상담자가 내담자를 이해하였다는 것을 보여 준다. 코헛은 치료는 설명의 단계를 통해서 직접적으로 일어난다고 주장한다. 왜냐하면 공감을 통해 내담자를 깊이 이해한 것을 표현해 주면 상담자와의 신뢰관계를 촉진시키게 된다고 보았기 때문이다. 신뢰관계와 이해를 통해서 상담자는 내담자의 현재의 내면세계의 정서적 경험에 대한 내면의 출처, 역동성, 과정에 대해 설명을 해 주어야 한다. 이런 과정을 통해서 내담자는 자신의 현 경험을 보다 깊이 이해하고, 이를 통해 자신에 대한 지식을 증가시키면서 자신의 내면을 관리할 수 있는 능력이 점차 증가하게 된다.

이를 심리학 용어로 '심리에 구조(structure)가 생기게 되었다.'고 말한다. 물론 이런 구조의 형성은 무수히 많은 이해의 단계와 설명의 단계를 반복하는 가운데 결과로서 야기되는 것이다. 코헛은 '이런 구조가 없는 데서 생기느냐?' 아니면 '구조는 존재하고 있는데, 구조에 하자가 있는 것을 재생하도록 하는 것이냐?'는 물음에서 후자 쪽에 무게를 더 두고 있다(권명수 역, 2002: 245-247). 존재하지만 제대로 기능하지 못하는 구조를 보완하는 작업이 상담자나 심리치료사가 하는 일이라는 것이다.

코헛은 직면이란 단어를 사용하지 않았지만, 그가 말하는 설명의 국면은 내담자를 직면케 하는 역할을 하게 한다. 왜냐하면 내담자의 내면의 정서 경험의 출처, 동기, 과정을 설명해 주는 작업은 내면의 세계를 직면하도록 인도하며, 자기 자신을 보다 분명하게 이해하게 된다는 것은 자기 자신을 좀 더 현실에서 덜 도피하도록 하는 작업이기 때문이다.

로저스는 상담자의 내면 상태의 질적 측면인 진지성과 무조건적인 긍정적 존중이 치유 효과에 중요하다고 보았다. 이에 비해 코헛의 공감은 상담자 역할의 중요성에 동의하면서도 이해 단계인 공감에서 한 걸음 더 나아가 설명 단계로 세분하고 있다. 설명 단계에서는 내담자의 현재 상태뿐만 아니라 현재의 내적 상태와 관계된 과거의 사건, 내적 역동성에 대한 상담자의 이해를 곁들인다. 이를 통해 내담자의 자기 내면의 이해, 그리고 의식의 확장과 통합을 촉진시키게 된다.

3. 공감의 생리적 이해

사람들의 감정은 대체적으로 말로서 표현되기보다는 비언어적으로 표현된다. 따라서 사람들의 감정을 해독하는 능력이 요구되지만, 감정의 비언어적 요소로 말미암아 해독에 어려움을 겪는 사람들이 주변에 많이 있다(황태호 역, 1997: 205). 특별히 감정의 비언어적 요소는 해석자 자신의 경험을 통해 숙지되지 않으면 파악하기 힘들다. 다니엘 골먼(Daniel Goleman)은 자신의 책, 『감성지능 EQ』에서 감정과 관련된 다양한 연구 결과를 통해서 과학적으로 설명하고 있다. 공감과 관련된 유아기 연구는 공감의 뿌리가 유아 초기로까지 거슬러 올라간다고 주장한다. 유아기에는 자신이 다른 사람들과 분리된 존재라는 사실을 깨닫지 못하는 시기에도 공감과 관계된 고통을 느낀다는 것이다. 그는 한 살짜리 아기는 다른 아기가 울면 그 우는 아기가 같은 방에 있음에도 불구하고 자기 엄마에게 위로해 달라고 데리고 온다는 사실을 통해서 아기에게 공감적 능력이 있음을 관찰하였다(황태호 역, 1997: 208). 유아 연구 전문가인 다니엘 스턴(Daniel Stern)은 어머니와 아이 사이에서 발생하는 작지만 꾸준한 정서교환을 세밀하게 관찰한 결과, 아이들이 부모를 통해서 자신의 감정이 타인에게 수용되고 있음을 경험한다고 하였다(Stern, 1987: 30; 황태호 역, 1997: 212에서 재인용). 그는 이를 '조율'이라고 지칭하였다. 조율은 단순한 모방과는 다른 것으로, 아기가 자신이 이해받고 있음을 알기 위해서는 어머니가 아기의 내적 감정을 재생하여 교류가 일어나야 한다. 즉, 어머니는 아기의 감성적 메시지를 받아 아기의 감정의 흥분 정도에 맞춰 줌으로써 조율이라는 공감적 상태가 발생하고 아기는 자신이 이해받고 있음을 경험적으로 느낀다. 그러나 이와 반대로 잘못된 조율의 결과는 아기에게 심각한 혼란을 야기한다. 스턴은 아기가 보이는 즐거움이나 눈물 등의 특정 영역의 감정에 대해 공감이 표시되지 않으면 아기는 그러한 감정을 표현하거나 느끼는 것조차 회피하는 것을 발견하였다(황태호 역, 1997: 214).

같은 원리로 자신의 감정에 과소한 공감반응으로 야기된 부정적 태도는 '회복적 인간관계'를 겪으면 고칠 수 있다. 가족, 친구나 친척, 목회자, 상담자와 같이 돌봄을 베푸는 사람들과의 따뜻한 인간관계가 반복적으로 재형성되는 조율 경험이 있으면 고칠 수 있는 것이다. 즉, 목회자나 상담자의 민감한 공감을 적절하게 전달하여 내담자가 이해받고 있다는 느낌과 따뜻한 인간관계를 경험하면 가능하다는 것이다.

이와 같이 아기의 감정에 대한 양육자의 긍정적 또는 부정적 반응은 특정 두뇌 조직과 관련되어 있음이 보고되고 있다. 브러더스(L. Brothers)는 동물을 대상으로 한 실험에서 공감의 바탕이 되는 두뇌 부분은 편도와 이와 관련된 시각 피질 영역에 연결된 부위라는 사실을 지적하고 있다(황태호 역, 1997: 217). 공감을 적절하게 받는다고 경험한 아기들은 이 부위의 두뇌가 적절하게 발달하여 공감의 수용과 다른 이에 대한 공감적 반응에 민감하게 반응할 것이라고 예상할 수 있다. 마찬가지로 상대의 감정을 지각하고 이에 대해 반응하기 위해서는 두뇌의 정상적 활동이 보장되어야 한다. 따라서 골

먼은 미묘한 외부의 감정신호를 수용하고 이를 느끼려면 이런 기능이 작동할 수 있을 정도의 평정과 수용성이 필요하다고 주장하고 있다(황태호 역, 1997: 220).

4. 공감의 신학적 이해

목회적 돌봄 활동의 하나인 공감과 직면을 신학적으로 표현한다면 그것은 무슨 의미를 담고 있을까? 그것은 말씀의 교역(ministry)이라고 볼 수 있다. 언더우드(R. L. Underwood)는 복음을, 의사소통한다는 의미에서, 말씀의 교역이라고 비유적으로 표현하고 있다(Underwood, 1985: 25). 이 목회의 교역은 설교나 예언적 설교 또는 의식문보다 더 광범위한 교역으로서 말씀(Word)에 봉사한다. 인간의 언어를 통해 의사소통하면서 궁극적으로는 교역의 비전을 표현하는 것이다. 이것은 예수님의 예언자적 교역을 능가하며, 우리에게 그리고 우리를 통해 말씀하시는 그리스도(Christ)의 교역의 한 부분을 반영한다.

이러한 이해는 복음주의적 견해를 갖고 있는 투르나이젠(E. Thurneysen)의 목회(Seelsorge) 이해와는 어떤 차이가 있는가? 금세기 개신교 교회의 대표적 신학자인 스위스의 투르나이젠은 목회란 설교의 강단에서 선포된 말씀이 "각 개인에게 대화를 통하여 하나님의 말씀을 세우는 것" 이라 했다(박근원 역, 1997: 10). 투르나이젠은 하나님의 말씀의 신학인 신학적 입장을 통해 모든 목회적 활동은 하나님의 말씀을 전하고 받아들이게 하는 대화에 초점이 있다는 입장을 취한다. 언더우드는 이런 목회적 돌봄 이해에서는 대화가 일어날 가능성이 없다고 비판한다(Underwood, 1985: 40). 선포된 말씀에 강조점이 있는 투르나이젠의 목회교역 이해는 양방향적인 대화가 되기보다는 일방적인 복음의 선포적 입장이 강조될 위험이 있다는 것이다. 이런 점에서 기인하였는지 모르겠지만, 그의 저서에는 고통 가운데 있는 사람에 대한 목회적 돌봄의 편지나 실례들이 충분하게 제공되지 않고 있다.

목회적 돌봄과 목회상담의 현장에서 상처받은 개인을 면담하는 행위는 성육신적인 의미를 지니고 있다. 권수영은 상처입은 인간을 이해하기 위해 내담자의 신발 속에 들어가려는 상담자의 감정이입적 언어 행위는 '성육신적 태도'라고 이해한다. 즉, 상담자가 공감을 통해 상처받은 인간을 감싸고 이해하려는 작업은 "그리스도가 인간의 몸을 입고 인간의 자리에까지 내려와 인간의 고통을 안으로부터 함께 느끼는 성육신적인 과정"과 같다고 본다(권수영, 2005: 117). 왜냐하면 타인을 이해하려는(to understand) 행위는 타인의 내면에 들어가 그의 밑자리에 서는 것(under-stand)과 같기 때문이다. 이와 같은 주장은, 타인을 이해하려는 상담자의 공감적 태도가 인간이 되신 하나님께서 인간의 가장 아래인 고통의 자리, 죽음의 자리에 서신 모습을 닮고 있음을 드러낸다.

공감은 성육신적 의미에서뿐만 아니라 신학적으로 구원의 과정이라고 이해할 수 있다. 고르디(Peter Gordy)는 관계를 맺어 공감을 제공하는 자기 대상(selfobject)은 내담자의 구원에 관한 이야기를 담지하고 있다고 보았다(Gordy, 2000: 441). 왜냐하면 코헛이 이해하는 현대인의 모습은 공감이 자신의 영혼의 생기를 유지시켜 주는 '정신적 산소(psychological oxygen)'와 같은 것이기는 하나, 인간의 심리적 생존에 절대적으로 필요한 반응을 받지 못해 영혼에 깊은 상처를 입고 이를 치료하기 위해 자기에게 공감해 주는 사람들을 무의식적으로 찾아 헤매고 있다고 보았다. 그래서 고르디는 생기를 잃어가는 영혼을 활기 있게 해 주는 산소를 공급해 주는 작업인 공감은 다른 말로 표현하면 내담자의 내면세계의 중심인 자기(self)를 재구성시켜 주는 구원의 과정을 향해 나아감을 드러내고 있다고 주장한다. 이런 시각에서 고르디는 공감이란 "얇게 베일을 드리운 종교적 종말론적 유토피아주의의 한 형태"라고 주장하고 있다(Gordy, 2000: 461). 그래서 공감을 제공해 줄 수 있는 자기 대상, 곧 목회자나 상담자는 인간 참살이(웰빙)의 궁극적 차원을 실현하는 전위대적 역할을 하고 있다고 말할 수 있다.

5. 공감과 직면의 내용

공감은 상대방의 느낌과 생각에 참여하는 능력이라고 정의했다. 이러한 행위를 수행하는 데 여러 가지 요소가 함께 동반된다. 여기서는 그런 내용을 간략하게 일별하면서 공감을 수행하는 데 필요한 요소들을 다루려고 한다(Underwood, 1985: 35). 무엇보다 먼저 '적절한 공감(empathy proper)'이 필요하다. 이는 실제적 훈련이 요구되는 부분이다. 저자의 경험에 의하면, 공감능력과 이를 표현하는 능력은 훈련하면 할수록, 경험이 많아지면 많아질수록 점점 더 갈고 닦이는 기술이다. 이 능력을 갈고 닦는 데 관심을 가져야 한다. 이에 대해서는 다음 장에서 집중적으로 다루게 될 것이다.

다음으로 요구되는 부분은 참여적인 '몸의 자세(physical attending)'다. 공감은 상대에 대한 존중(regard)를 담고 있는 의사소통이다. 그러므로 몸의 언어적 표현인 몸의 자세를 고려해야 할 것이다. 공감을 위한 몸의 자세로는 눈맞춤(eye contact), 손과 발이 상대를 향해서 자리하고 있는 개방적 자세, 몸의 상체를 상대 쪽으로 약간 기울인 자세, 상대를 향한 몸의 방향 등이 있다.

내담자가 현실적인 내용을 이야기할 수 있는 것은 상담자가 구체성(concreteness)에 초점을 두고 면담을 진행할 경우다. 단순히 공감만 가지고는 내담자가 현실적으로 구체적인 내용을 이야기하게 하는 데 어려움이 있다. 현실적이며 구체적인 실제의 예를 듣기 위해서는 내담자의 말에 주의를 기울이며 반응하는 자세가 필요하다.

공감은 상담자의 생각이나 관점을 드러내지 않는다. 그러나 직면에서는 내담자의 관점이 아닌 다른 관점이 도입되며 내담자에게 검토해 보도록 요청한다. 일상적인 목회적 돌봄에서는 따뜻하게 대함이 주를 이루겠으나, 도덕적 관점이 필요할 경우, 또는 행동의 원칙이나 신앙의 관점에 대해 논의를 할 때는 원칙을 제공해 주며, 자신의 현재의 처지와 관계를 성찰할 수 있는 직면이 필요하다. 적절한 직면을 행할 때, 무엇보다 고려할 것은 상대에 대한 진정한 의미의 존중(respect)을 밑바탕으로 행해야 한다는 것이다. 내담자의 저항의 가능성을 최소화하고, 상담자의 의도를 십분 수용하여 행해졌을 때만이 직면의 좋은 결과를 예상할 수 있다. 따라서 직면은 적절한 관계가 형성된 후에 시도하길 추천한다. 다시 말하면 직면을 시도하여 좋은 결과가 산출되지 못했을 경우를 예상해서라도, 그리고 추후의 생산적인 목회적 돌봄과 상담을 위해서라도, 목회상담에 필수적인 내담자와의 관계만은 유지할 수 있어야 한다. 그렇기 때문에 상대에 대한 존중이 직면의 어떤 상황에서도 유지되어야 함을 숙지해야 한다.

공감과 직면의 실천에서 상담자가 조심해야 부분 중의 하나가 자기노출(Self-disclosure)이다. 자기노출에서는 단순히 상담자의 개인 신상을 노출시키는 것이 아니라 무슨 의도를 가지고 자기노출을 하느냐가 중요하다. 즉, 상담에서 자기노출을 간략한 모델로 보여 주고 난 후 질문을 하면 효과적일 수도 있다. 자기노출은 목회적 관계의 상호성을 높이는 효과를 줄 수 있기 때문이다. 그러나 일반적으로 면담 상황에서 자기노출은 지양해야 한다. 왜냐하면 면담이 일반적인 사교적 대화의 시간은 아니기 때문이다. 즉, 이 시간은 내담자를 위해 서로가 약속을 하고 만났기 때문이다. 특별히 면담에 대한 대가가 어떤 형태로든 예상되고 있는 상황에서는 더욱 그러하다. 이 시간은 내담자를 위해서 시간과 유용 자원 모두를 최대한 활용하는 시간이어야 하기 때문이다. 상담자는 자기노출이 이러한 면담의 의도에 장애가 될 가능성이 높다는 것을 인지해야 할 것이다.

참고문헌

권명수 역(2002). 하인즈 코헛과 자기 심리학(원저: A. M. Siegel). 서울: 한국심리치료연구소.

권명수(2002). 영성적 인간 형성을 위한 자기 심리학적 모색: 코헛과 프로이트의 인간 이해 비교 분석 연구. 신학연구, 43, 169-208.

권수영(2005). 기독(목회)상담에서의 공감(Empathy): 성육신의 목회신학적 성찰. 한국기독교상담학회지, 10, 107-140.

박근원 역(1997). 목회학원론(원저: E. Thurneysen). 서울: 성서교재간행사.

이기춘(1998). 제4장 목회임상교육: 공감의 현상과 과정. 이기춘 외 편, 목회임상교육. 서울: 감리교 목회상담센터 출판부.

이기춘, 김성민 역(1983). 케리그마와 상담: 바르트 신학과 로저스 심리학의 대화(원저: T. C. Oden). 서울: 전망사.

이윤상(1987). 상담심리학. 서울: 성광문화사.

이재훈, 이해리 역(2000). 프로이트 이후: 현대 정신분석(원저: S. Mitchell & M. Black). 서울: 한국심리치료연구소.

황태호 역(1997). 감성지능 EQ(원저: D. Goleman). 서울: 비전 코리아.

Gordy, P. J. (2000). The Self Psychology of Heinz Kohut: What's It All About Theologically? *Pastoral Psychology, 48*(6), 445-467.

Kohut, H. (1984). *How Does Analysis Cure?* Chicago and London: The University of Chicago Press.

Patton, J. (1993). *Pastoral Care in Context: An Introduction to Pastoral Care*. Louisville: Westminster/John Knox Press.

Raskin, N. J., & Rogers, C. (1989). Person-centered therapy. In R. J. Corsini & D. Wedding (Eds.), *Current Psychotherapies* (4th ed.) (pp. 154-194). Itasca, Illinois: F. E. Peacock Pub. Inc.

Rogers, C. (1951). *Client-Centered Therapy*. Boston: Houghton Mifflin Company.

Rogers, C. (1986). Client-centered therapy. In I. L. Kutash & A. Wolf (Eds.),

Psychotherapist's Casebook: Therapy and technique in practice (pp. 197–208). San Francisco: Jossey–Bass.

Underwood, R. L. (1985). *Empathy and Confrontation in Pastoral Care*. Eugene, Oregon: Wipf and Stock Pub.

제4장_ 공감과 직면의 효과적 활용방안

목회상담에서는 인간이 하나님의 형상으로 창조된 전인적인 존재이지만 죄로 인해 타락하였으며 그 영향으로 인격적인 문제를 가진 존재이기도 하다고 본다. 그러나 인간은 예수 그리스도의 구속으로 말미암아 하나님의 형상을 회복하기 시작하였으며 성화의 과정에서 회복되어 가는 존재이기도 하다. 타락한 인간 안에는 여전히 '하나님의 형상'이 남아 있다. 즉, 좁은 의미의 하나님의 형상 개념으로서 하나님에 대한 지식과 의와 거룩함(골 3: 10)을 상실했어도 도덕적이고 이성적인 측면의 하나님의 형상은 여전히 남아 있다(심수명, 2004: 28-30). 목회상담에서 공감이 차지하는 자리는 바로 인간이 하나님의 형상이라는 것에서 그 의의를 찾을 수 있을 것이다. 그렇다면 직면의 자리는 어디일까? 그것은 타락한 인간의 본질상 부패한 악의 구조, 즉 하나님과 사람들을 이용하며 자기 스스로를 보호하려는 자기중심적인 모습일 것이다.

공감은 내담자의 내면에 있는 선한 모습을 발견하여 일깨움으로써 그 안에 있는 긍정적인 면에 초점을 두고 그를 세워 주는 것이며, 직면은 내담자가 미처 보지 못한 자신의 문제를 볼 수 있도록 깨우침을 주는 것이다. 따라서 공감을 통해서는 상대방의 상처를 이해하고 감싸 주며 하나님의 아름다운 형상으로 회복될 수 있도록 도우며, 직면을 통해서는 그의 연약함과 악을 보게 함으로 자신의 이기성과 자기중심성을 고쳐 나갈 수 있도록 하는 것이다. 그런 점에서 공감과 직면은 상담에서 너무도 중요하며 효과적으로 사람을 도울 수 있는 기술이 된다. 그 효과가 큰 만큼 기술을 온전히 익히기 위해서는 많은 시간과 노력이 요구된다. 이런 점에서 공감과 직면 기술을 익히기 위한 효과적인 활용을 위해서는 어떤 것들이 필요하며, 상담자를 위한 실습 내용으로는 어떤 것들이 제시될 수 있는지 실제적인 방안을 모색해 보고자 한다.

1. 수준 높은 공감을 위한 준비

수준 높은 공감을 하기 위해서는 공감의 개념에 대한 명확한 이해가 필요하다. 공감이란 '즐거워하는 자들로 함께 즐거워하고 우는 자들로 함께 우는(롬 12: 15) 것'으로서 말하는 사람과 듣는 사람이 같은 수준에서 느끼는 것을 의미한다. 즉, 상대방의 눈으로 보고 그가 느끼는 대로 느끼며 그 사람 속으로 들어가 그의 생각이나 말하는 구조로 세계를 보는 것이다. 뿐만 아니라 그가 깨달은 대로 이해할 수 있는 의사소통 방법이며 그의 감정과 행동을 알게 되는 능력이다(Wright, 1977: 32).

일반적 공감이 감정을 정확하게 파악하거나 정서적 의도를 지각하는 수준이라면, 수준 높은 공감은 인간의 마음속에서 샛별처럼 빛나는 긍정적이고 가능성 있는 내면적 동기를 찾아내어 그 동기가 현실세계에서 발휘될 수 있도록 그의 마음에 임재하여 격려 또는 자극하는 것이다. 이러한 공감은 인간의 생존을 위한 심리적 영양소이며 심리적 산소로서(Kohut, 1978: 705), 사람은 공감이 있는 곳에서 자유롭게 숨쉴 수 있다.

공감의 개념을 요약하여 정리하면 다음의 세 가지를 들 수 있으며 상담자는 이에 대하여 명확하게 알고 있어야 수준 높은 공감을 할 수 있다(심수명, 2007: 84). 첫째, 공감은 내담자의 마음속에 숨어 있는 긍정적 동기(1%라도)를 찾는 것이다. 둘째, 공감은 내담자의 가슴 깊이 숨어 있는 선한 마음을 만나 그 마음을 일깨워 주는 것이다. 셋째, 공감은 내담자에게서 부정적인 동기가 보인다 할지라도 치유적 만남으로 돌보고 격려와 지지를 하는 것이다. 이런 마음과 자세로 내면 깊은 곳에 있는 감정으로 들어가서 그의 문제 상황에 주의를 집중하고, 그 상황과 관련된 경험, 감정, 행동을 구체적으로 이해해 줄 때 진정한 공감이 일어난다(오성춘, 1993: 387). 이것이 바로 상담자가 지녀야 하는 공감적 이해의 능력인 것이다. 공감적 이해를 통하여 내담자의 문제 상황을 명료화하면 할수록 상담자는 내담자의 필요에 어떻게 대처할 것인지 더 분명하게 파악할 수 있게 된다.

수준 높은 공감을 위해서는 공감이 아닌 것이 무엇인지 명확하게 알 필요가 있는데, 많은 경우 가장 혼동하기 쉬운 것이 동정과의 차이를 구분하지 못하는 것이다. 따라서 수준 높은 공감을 위해 동정과 공감을 명확히 구분해야 한다.

동정

동정(sympathy)이란 객관적인 성찰 없이 상대방 속에 감정적으로 몰입되어 아무런 방향 없이 함께 울고 웃으며 그의 세계 속에 깊이 빠져버리는 것이다. 이는 내담자를 단순히 불쌍히 여기는 것이며, 내담자와 심리적으로 공모를 하는 것이다(제석봉, 유계식, 박은영 역, 1999: 148). 이럴 때 상대방의 감정에 사로잡혀 방향을 잃어버리게 된다. 이 경우 더욱 문제가 되는 것은 상담자가 내담자의 감정에 동화되어 자기의 감정을 조절할 수 없게 되는 것이다. 따라서 이런 경우에 나타나는 실수는 내담자와의 대화 중 거론되는 사람이나 사건에 초점을 두어 그를 비난하거나 두둔함으로써 내담자의 마음을 만나지 못하게 되는 것이다.

공감

공감(empathy)은 자기 안에 있는 자아의 객관적 기능과 주관적 기능을 잘 구분하여 자아의 객관적 기능은 자기와 상대방의 감정을 성찰하고 분별하여 치료적 방향으로 이끌어 주고, 주관적 기능은 상대방의 마음속에 들어가서 함께 울고 웃는 관계를 가지는 것이다. 자아의 객관적 기능과 주관적 기능이 균형을 이룰 때, 내담자의 감정을 읽으면서도 상담자의 감정을 조절하여 치료에 도움을 줄 수 있는 관계가 형성된다. 이러한 공감적 기법은 대화 중 내담자의 삶(감정)에 초점을 두어 그가 대화 가운데 사람이나 사건을 거론해도 오직 내담자의 심정에만 관심을 가지는 것이다. 이때 내담자와 깊은 만남이 일어나며 치료적 관계뿐 아니라 문제 해결이 일어나는 것이다. 동정과 공감을 구분하여 정리하면 〈표 4-1〉과 같다(심수명, 2007: 79-84).

표 4-1 동정과 공감의 차이

	동정	공감
관심	상대방의 마음보다는 배경에 더 많은 관심을 가짐	대화의 배경보다는 상대방 심정에 관심 가짐
몰입 경향	객관과 주관의 구분이나 성찰 없이 상대방 속에 감정적으로 몰입	자아의 객관적 기능과 주관적 기능을 구분하면서 주관적 기능으로 상대방의 마음에 몰입
방향	상황이나 문제에 대한 성찰이나 분별 없이 상대방을 단순히 불쌍히 여기고, 때로 상대방의 감정에 빠져서 방향을 상실하고 자기의 감정을 조절하지 못함	객관적 기능으로 자기와 상대방의 감정을 성찰하고 분별하여 치료적 방향으로 이끌어 줌

2. 공감 전략 익히기

공감을 효과적으로 사용하기 위해서는 다음과 같은 공감 전략을 염두에 두고 있어야 한다(제석봉 외 역, 1999: 149).

- 내담자가 이야기하는 구체적인 내용은 물론 손짓, 몸짓, 신체적인 접촉, 시선의 접촉 그리고 얼굴표정 등과 같은 비언어적 표현에도 최대한 주의를 기울인다. 비언어적 요소가 자신을 더 진실하게 나타내는 경우가 많기 때문이다.
- 내담자가 알아듣기 쉬운 말로 이야기한다. 예를 들면 초등학교 1학년 어린이와 이야기를 할 때는 초등학교 1학년 어린이가 알아들을 수 있거나, 그들의 경험세계를 나타내는 쉬운 말로 이야기를 한다.
- 내담자가 말할 때의 목소리와 비슷한 목소리로 말한다. 내담자가 작은 목소리로 부끄러운 사실을 이야기하고 있는데 너무 큰 소리로 이야기한다면 내담자는 불안하게 되어 더 이상 이야기하고 싶은 마음이 생기지 않을 수도 있다.
- 내담자가 말할 때는 물론이고 그 외에 어떤 행동의 변화가 있을 때마다 반응한다. 내담자가 말을 하거나 비언어적 표현이 있는데도 즉각적으로 반응하지 않으면 자신이 무시당하거나 거부당하고 있다고 생각하여 더 이상 자신에 관한 이야기를 하지 않을 수 있다.
- 내담자가 표현하지 않은 내용, 즉 속마음을 알아내려고 주의를 기울인다. 실제 말로 표현한 내용보다도 말로 표현하지 않은 내용이 더 중요할 수 있기 때문에 그 내용을 알려 주면 내담자는 자신이 깊이 이해받고 있다고 생각하여 마음속 깊은 곳에 있는 내용까지도 이야기할 수 있다.

- 생각할 시간을 가져야 한다. 상담에 처음 임하는 사람들은 내담자가 말을 멈출 때 지나치게 빨리 공감적 반응을 하려고 덤빈다. '지나치게 빨리' 한다는 것은 핵심 메시지를 찾기 위해 내담자가 한 말을 생각해 볼 시간을 가지지 않는다는 뜻이다.
- 반응은 짧게 한다. 처음 상담에 임하는 사람은 정확하게 지각해야 한다는 생각 때문에 반응이 더디거나 뜸을 많이 들인다. 그러나 '이 사람이 내게 말하려고 하는 핵심이 무엇인가?'를 생각하면 짧고 구체적이며 정확한 반응을 하는 데 도움이 될 것이다.
- 내담자에 맞게 반응을 하되 자기 자신을 지켜야 한다. 이것은 내담자가 자기 삶에서의 실패와 성공을 말할 때, 상담자는 내담자의 반응에 휘둘리지 않으면서 합리적인 방법으로 내담자와 정서적인 느낌을 나누어야 함을 의미한다.

공감을 사용할 때는 다음 사항을 유념해야 효과적이다(제석봉 외 역, 1999: 137-143).

- 이해하는 척하지 말아야 한다. 내담자들은 흥분하면 혼란을 느끼고 격정적이 되며 주의가 산만해질 때가 있다. 이때 상담자는 내담자가 무슨 말을 하고 있는지 제대로 파악하지 못할 수 있다. 그러나 어떤 경우든지 상담자는 내담자의 이야기를 이해하는 척해서는 안 된다. 진실한 상담자는 이를 인정하고 "내가 제대로 듣지 못한 것 같네요. 다시 한 번 이야기해 주실래요." 하고 진솔하게 말해야 한다.
- 무반응을 보이지 않아야 한다. 문화권에 따라 침묵에 대한 반응이 다를 수 있겠지만(Sue, 1990: 424-433), 상담자가 반응을 보이지 않을 때 내담자는 자기가 한 말이 반응을 얻을 만한 가치가 없다고 여기기 쉽다.
- 주의를 분산시키는 질문을 삼가야 한다. 이것은 상담자가 단지 정보를

얻기 위해 던지는 질문이다.

- 빈말처럼 여겨지는 상투적 어구는 피해야 한다. 이러한 어투는 상담자를 지시하는 사람처럼 보이게 하고 내담자의 문제를 하찮게 여긴다는 인상을 줄 수 있다. 이 외에도 해석, 충고, 의미 없이 되뇌는 것 등은 공감이 아니다.
- 상담과정 중에는 항상 공감을 사용해야 한다. 공감은 치유관계를 형성하고 대화의 윤활유 역할을 하며, 자기를 볼 수 있는 깨달음을 주기 때문이다.
- 핵심 메시지에 대한 선별적 반응이 필요하다. 내담자가 하는 모든 말에 공감할 필요는 없다. 내담자의 말을 들으면서 핵심 메시지를 찾아 거기에 반응해야 한다.
- 말보다 상황에 대해 반응해야 한다. 좋은 공감적 반응은 내담자의 말보다 내담자가 놓인 상황, 즉 내담자를 '둘러싸고' 있는 환경을 고려하는 것이다.
- 상담의 촉진을 위한 공감이어야 한다. 공감은 상담의 목표를 달성하는 데에도 매우 유용한 도구다.
- 상담자의 공감이 정확한 것인지 아니면 부정확한 것인지에 대해서는 내담자의 확인을 통해 알 수 있는데, 부정확한 경우엔 수정이 필요하다. [그림 4-1]은 상담자의 공감적 반응에 따라 상담의 진행 경로가 어떠해야 하는지 보여 주는 것이다. 그림은 다음과 같은 두 가지 경로를 보여 주는데, 하나는 상담자의 공감적 반응이 정확했을 때이고 하나는 부정확했을 때 수정한 경우다.

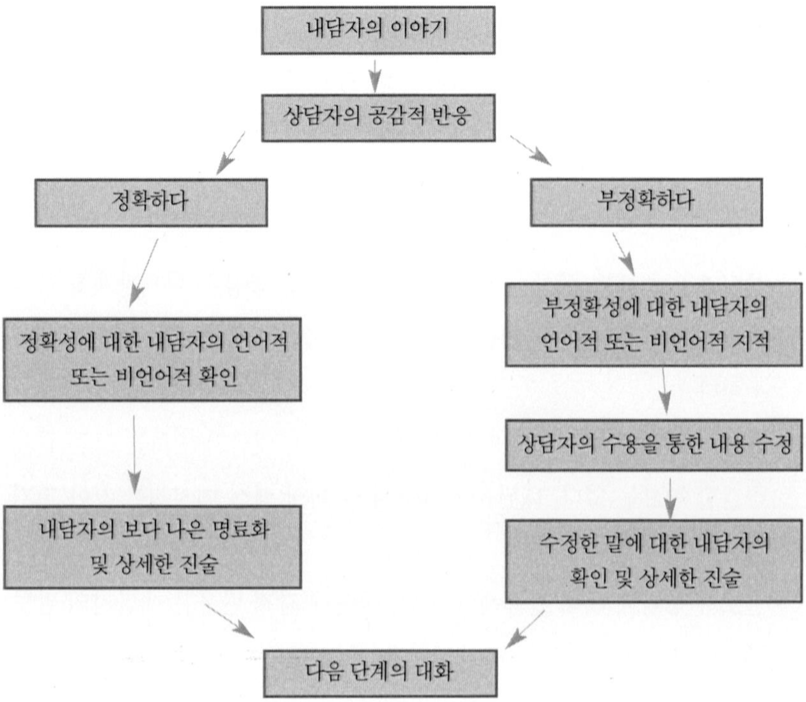

출처: 제석봉 외 역, 1992: 144.

[그림 4-1] 정확한 공감 및 부정확한 공감에 의한 진행

3. 상담자를 위한 공감실습

카커프(R. R. Carkhuff)는 공감적 이해의 반응을 다섯 가지 수준으로 구분하고 각각의 수준을 측정하는 척도를 제시하였다(Carkhuff, 1969: 315-317). 그러나 저자는 좀 더 쉽고 명확한 구분을 위해 카커프의 척도에서 네 번째 수준을 빼고 전체를 네 단계로 하여 공감연습을 할 것을 제안한다.[1] 먼저 네

1) 카커프의 수준 4: 상담자가 내담자의 표현에 중요한 내용을 보태어 반응함으로써 내담자가 자신을 표현한 것보다 더 깊은 수준에서 감정을 표현해 주는 경우.

가지 수준의 내용을 제시하고 실례를 들은 다음에 세 사람이 한 조가 된다. 그러고 나서 상담자, 내담자, 관찰자 역할을 번갈아가며 맡아 역할연습을 한다. 한 번의 역할이 끝나면 시계방향으로 역할을 차례로 바꾸어 실시하고 서로 공감점수를 평가한다. 이렇게 공감연습을 한 후 그 가운데 잘된 것과 아쉬운 것을 지도자가 이야기해 줌으로써 공감을 어떻게 하는 것인지 보여 준다.

수준 1

내담자의 느낌과는 전혀 무관하거나 상반되어서 내담자의 느낌을 전혀 이해하지 못하거나 이해하지 않으려고 하는 행동 또는 반응이다. 상담자가 지루하다거나 관심이 없거나 내담자를 전적으로 제쳐놓은 채 미리 판단한 준거 체계를 바탕으로 기능하는 것이 여기에 해당한다고 볼 수 있다. 이런 경우 상담자는 가장 분명히 드러나는 내담자의 느낌조차 경청하지 않거나 이해하지 못하여 내담자가 표현한 내용과 완전히 동떨어진 의사소통을 하는 것이다(박성희, 이동렬, 2003: 160).

수준 2

상담자가 내담자의 표현된 느낌에 대해 반응할 때 내담자가 의사소통한 내용 중 주목해야 할 정서를 빠뜨렸을 경우다. 즉, 상담자가 의사소통하기는 하지만 그 내용이 내담자의 정서 수준에 못 미친 채 의미 수준을 왜곡시킬 때를 말한다. 상담자가 내담자가 표현하거나 암시하는 내용에 대해 적절히 반응하지 못하는 수준이다.

수준 3

내담자의 표현에 대한 상담자의 반응 표현이 본질적으로 일치하며 양자가 기본적으로 동일한 정서와 의미를 주고받는 경우다. 예를 들어 상담자가 내담자가 표현한 것에 대해 아무것도 보태거나 빼지 않고 그의 심정을 만나는 수준을 말한다.

수준 4

상담자가 내담자가 표현한 느낌과 의미에 대해 중요한 내용을 보태는 반응을 함으로써 내담자 자신이 표현할 수 있었던 수준보다 더 깊은 수준의 느낌을 정확하게 표현해 주거나 혹은 대화가 진행 중인 상황에서 내담자의 가장 깊은 정서에 온전히 함께함으로써 내담자의 자기탐색이 심도 깊게 이루어지도록 하는 경우다.

상담자는 내담자의 심층느낌과 표면느낌 모두에 대해 정확하게 반응하며 내담자가 느끼는 감정의 파고에 정확하게 조율하고 있다. 상담자와 내담자는 이전에 탐색하지 않았던 인간존재의 영역을 탐색하기 위하여 나아갈 수도 있다. 요약하면, 상담자는 그 내담자가 누구인지에 대한 완전한 인식과 그 사람의 가장 깊은 느낌에 대한 넓고 정확한 공감적 이해를 바탕으로 반응한다.

사례

"엄마, 나가요. 남의 방에 노크도 없이 막 들어오면 어떡해요. 여긴 내 방이란 말이에요."

수준 1: 부모한테 소리 지르는 못된 녀석 같으니라구!

수준 2: 왜 화를 내고 그러니? 집안에서 꼭 노크를 해야 하니?

수준 3: 네 방에 노크도 없이 불쑥 들어와서 화가 났구나.

수준 4: 너도 이제 컸으니 너만의 세계를 가지고 싶은데, 엄마가 방해를 해서 화가 났구나.

이처럼 가장 높은 수준의 공감은 내담자가 겉으로 드러낸 감정은 물론이고 마음속 감정이나 더 나아가 내담자 자신도 미처 자각하지 못했던 감정까지 이해하는 반응이다. 그렇게 되면 내담자는 그때까지 두려움 때문에 표현할 수 없었던 마음속 깊은 곳에 있는 내용도 표현할 수 있게 될 뿐 아니라 자신이 미처 몰랐던 감정을 이해받음으로써 자신을 더욱 개방하게 되고 그 결과 의사소통은 최고 수준으로 촉진될 수 있다. 이러한 공감이 몸에 익을 수 있도록 끊임없이 공감을 연습하도록 한다. 아래에 나와 있는 진술문을 가지고 세 명이 한 조가 되어 연습하도록 한다.

사 례

(기숙사에서 살고 있는 한 남학생이) "내 방 친구는 정말 이기적인 사람이에요. 그 친구는 자기의 생활에서 그 어느 누구도 고려하지 않는 것 같아요. 그 애는 우리 방의 모든 일을 모두 자기 방식대로 처리해 버려요."

수준 1: 그럴 수도 있지, 뭘 그런 것 같고 기분나빠 하고 그러는지 모르겠네요.

수준 2: 같은 방 친구하고 같이 사는 문제를 이야기하고 계시는데 인간은 혼자 살 수 없는 존재이지요.

수준 3: 같은 방 친구가 자신만 생각하고 옆의 사람은 생각하지 않으니 화도 나고 불편한 마음이 많으시군요.

수준 4: 한 방을 쓰는 룸메이트가 옆의 사람을 고려하지 않고 자기 방식대로 일 처리를 하니 얼마나 힘들고 괴로우시겠어요? 그런데 이렇게 괴로워하시는 것을 보니 ○○님은 남을 먼저 배려하시는 섬세한 분이라는 생각이 드는군요.

사 례

(한 내담자가) "선생님의 충고는 정말 엉터리예요. 전 저의 과장님에게 가서 생산성을 더 높일 수 있는 방법에 대해 제 생각을 얘기했어요. 그런데 과장님은 저에게 '당신은 자기 일이나 충실히 해. 건방 떨지 마.' 라고 말했단 말이예요."

수준 1: 아니, 저는 지난주에 그렇게 하라고 말하지 않았는데요.

수준 2: 저 때문에 굉장히 화가 나신 것 같은데 그만 진정하시고 더 좋은 방법이 있나 대안을 생각해 봐야 할 것 같네요. 이미 엎질러진 물이니 앞으로 과장님하고 문제를 어떻게 하면 좋을지 생각해 봅시다.

수준 3: 제가 지난 주에 한 말을 가지고 과장님하고 대화를 나누셨는데 그것이 생각대로 되지 않고 오히려 핀잔을 들으셔서 저한테 화가 많이 나셨군요.

수준 4: 저의 충고를 깊이 생각하시고는 과장님께 가서 생산성을 높일 수 있는 방법에 대하여 말씀드렸더니 과장님께서 건방지다고 책망을 하셔서 정말로 무안하시고 어찌할 바를 모르셨겠어요. 그래서 저한테 이렇게 화를 내시지만 진심으로는 그분하고 잘되었으면 하는 마음이 있었고 저에게도 좋은 결과를 알려 주고 싶으셨을 텐데, 예상과 다른 반응을 겪고 나니 얼마나 상심이 크셨겠어요.

공감연습의 실제

다음의 진술문은 공감을 연습하기에 좋은 예들이다. 아래의 예들을 보고 세 명이 한 조가 되어 연습하도록 한다.

사례

(문병을 하고 돌아온 한 부인이) “나는 어제 병원에 입원해 계신 어떤 연세 많으신 분을 문병하러 갔었어. 우린 정말 서로 반가워했었지. 헤어질 때 우리는 서로 손을 잡았고 그분은 눈물까지 흘렸었어. 나는 내가 그분에게 필요한 일을 했다고 생각해. 우리의 만남은 그분에게 평소와는 다른 그 어떤 것이었다는 것이 내 생각이야.”

공감연습:

사례

(한 청년이) “직업의 가치를 결정하는 것은 정말 어렵습니다. 전 자부심을 느낄 수 있고 다른 사람들에게도 기여할 수 있는 일을 하면서 잘 살고 싶어요. 그러나 가르치는 일이나 사회사업 같은 일은 저에게는 너무 많은 희생을 요구하는 것 같군요.”

공감연습:

사례

(중년의 여성이) "남편과 저는 이혼하기로 합의했어요. (목소리는 아주 가냘프고 어두우며 더듬거린다.) 나는 정말 법적인 절차에 맡기고 싶지 않아요……. (사이를 두고) …… 정말 그 어느 것도, 무엇을 기대할 수 있는지 모르겠어요. (깊은 한숨을 내쉬며) 중년까지는 잘 지내 왔어요. 이제 재혼은 가능하다고 생각하지도 않구요. 무얼 어찌해야 좋을지 알 수가 없어요."

공감연습:

효과적인 공감훈련 프로그램은 인지적 요소, 표현적 요소 그리고 정서적 요소를 충족시키며 지시적 방식에 의해 피훈련자에게 관련된 기초 지식을 제공한 후에, 배운 기술들을 경험하도록 하는 방식이 가장 효과적이라고 할 수 있다. 또한 집단상담 방식이 대인 간 경험을 학습하는 데 긍정적인 영향을 미친다는 선행연구 결과에 따라 집단을 구성하여 공감훈련을 하는 것이 가장 효과적인 훈련방법 중의 하나일 것이다.

이선자는 공감훈련 프로그램을 10회기로 구성하여 도입 단계, 공감이해 단계, 공감준비 단계, 공감실제 단계 그리고 정리 단계로 구분하여 공감훈련 프로그램을 제시하였으며 공감이해 단계에서는 공감의 개념을, 공감준비 단계에서는 주의집중 훈련과 감정 표현하기 훈련을, 공감실제 단계에서는 느낌 지각과 표현, 공감변별반응 훈련, 영화를 이용한 공감훈련, 공감게임, 빈의자기법을 통한 공감훈련 등을 제시하였다(이선자, 2006: 34). 이러한 훈련 프로그램들은 공감능력을 향상시키는 데 도움이 된다.

4. 수준 높은 직면을 위한 준비

내담자에게 직면하는 것은 그들을 지지하는 것만큼이나 중요하다. 왜냐하면 적절한 시기에 이루어지는 직면은 지금까지 그들이 보지 않으려고 피해 왔던 자신의 면들을 맞닥뜨리도록 내담자를 고무시킬 수 있기 때문이다. 직면은 내담자를 돕고자 하는 선한 동기를 가지고 내담자가 미처 보지 못하고 있는 문제를 볼 수 있도록 도와주는 것이다(심수명, 2008: 69). 즉, 정직한 일깨움을 통해 자기의 문제 상황에 묶여 성숙한 삶을 살지 못하게 하는 기존의 문제 사고와 행동양식을 변화시킬 수 있도록 하는 것이다. 이것은 자신에게 도전하게 하는 것으로(제석봉 외 역, 1999: 213) 하나님의 자녀로서 온전하신 예수님의 모습을 닮도록 돕는 과정이라 할 수 있다. 성경적 관점에서의 직면은 내담자가 자신의 문제 상황에 대해 더욱 객관적인 시각을 가지도록 서로 권하며(롬 15: 14) 지혜로 피차 가르치며 권면하는 것이다(골 3: 16). 그래서 자신의 일관성 없거나 불일치한 행동을 교정하여 스스로 자기 삶을 책임지고 살아가도록 돕는 것이다.

그런데 비효과적인 직면은 내담자를 방어적으로 만들면서 그들의 마음을 닫는 결과를 초래하는 반면, 효과적인 직면은 자신의 문제를 깊이 통찰하도록 도와주므로 효과적인 직면 기술이 필요하다. 효과적인 직면방법으로는 어떤 것이 있는지 살펴보고자 한다.

직면이 아닌 것을 정확히 알고 사용하기

무엇이 직면이고 무엇이 직면이 아닌지 그리고 다른 사람의 생각이나 태도에 대해 건설적으로 도전하는 방법을 가르치는 것은 상담자의 책임이다. 직면에 대한 가장 바람직한 이해는 직면을 '일종의 교정적 피드백(내담자가 자신이 원할 때 그들의 대인관계 양식이나 삶의 방식에 대해 돌아볼 기회를 주는 것)'으로 이해하는 것이다(김명권, 김창대, 박애선, 전종국, 천성문 역, 2000: 221-222). 김명권과 그의 동료들은 다음과 같은 것은 직면이 아니라고 하였다. ① 배려하는 마음 없이 다른 사람에게 상처를 주는 것, ② 부정적인 피드백을 던져버린 후 숨는 것, ③ 다른 사람에게 상처를 주려는 목적으로 적대적 행동을 하는 것, ④ 다른 사람에게 그들의 무엇이 근본적으로 잘못되었다고 알려 주는 것 등이다. 저자는 그 밖에 비판 그리고 훈계와 충고 역시 직면이 아니므로 이에 대하여 분명히 알고 있어야 한다고 생각한다. 비판이 직면이 아닌 이유는 비판하는 사람은 심리 저변에 자기 의와 우월감을 가지고 사람을 대하기 때문이다. 이것은 율법(도덕)주의로 사람을 대하는 것이다. 율법주의는 평가하고 판단하고 비판하고 지적하며 모든 것을 옳고 그름의 이원론적 시각으로 정죄한다.[2] 그리고 판단의 기준이 자기 자신이 되어 자기 생각이나 기분에 합당하면 수용하고 자기 기분에 합당하지 아니하면 배척해 버린다. 기독교는 도덕과 규범 그 자체도 중요하게 생각하지만, 사랑을 더 중요하게 생각하는 사랑의 종교이기에 주님께서도 비판을 책망하셨다(마 7: 1-5). 비판은 어떤 기준을 가지고 판단하는 것이기에 직면이 아니다. 또한 훈계와 충고는 위에 서서 내려다보며 가르치고 지적하는 것으로서

2) 율법(도덕성)과 율법(도덕)주의는 다르다. 율법(도덕성)은 선과 악에 대해 객관적이며 절대적 기준이지만 율법(도덕)주의는 선과 악의 기준이 자기 자신이다. 율법(도덕)주의는 자기를 스스로 높이고 자기의 판단만이 옳다고 생각하면서 자기 나름의 도덕절대주의에 빠지기 때문에 여기에 사랑과 긍휼이 있을 수 없다(심수명, 2008: 92).

이것은 내담자를 존경하고 섬기는 태도가 아니다. 직면은 상담자와 내담자가 인격적으로 평등한 가운데 이루어지는 사랑의 말과 사랑의 태도여야 하므로(심수명, 2008: 75), 이런 점에서 훈계와 충고는 직면이 아니다.

공감적으로 직면하기

직면은 사랑이 담긴 부드럽고 무비판적인 방법으로 하는 것이 가장 효과적이다. 직면을 받으면 내담자는 저항하고 죄책감을 느끼고 때로 화를 내기도 한다. 그러므로 상담자는 직면을 받은 내담자의 마음에 공감해 주면서 스스로 자신의 행동에 대해 생각해 보는 시간을 갖는 것이 필요하다. 공감적으로 직면하는 것은 고백과 용서의 경험으로 이끌어 주기도 한다(피현희, 이혜련 역, 1980: 39). 따라서 가장 좋은 직면은 무엇보다 깊은 배려 속에서 이루어져야 한다. 직면을 하기 전에 내담자의 느낌과 경험 그리고 행동에 대해 깊이 공감해 주면 그는 자신의 왜곡된 행동에 대해 직면받을 수 있는 용기를 갖게 된다. 따라서 공감이 충분히 이루어진 다음에 직면해야 한다. 상담자는 공감이 없는 직면은 지혜롭지도 못하고 내담자를 돕는 것이 아님을 염두에 두면서 직면과정에서 사랑으로 말하는 것이 내담자에게 느껴지고 있는지 살펴야 한다.

내담자의 가능성에 초점 두기

내담자가 자기 문제와 기회를 활용하지 못한 것에 대해 책임을 지지 않으려 하는 것은 공통적인 현상이다. 그러므로 내담자가 자신의 문제 상황을 인정하도록 직면하는 것이 필요한데(Carkhuff, 1987), 이때 내담자는, 자신의 문제를 해결할 수 없는 것으로 여기면서, 해 봤자 소용이 없다는 식으로 자신의 무능을 합리화하는 경향성이 있다. 과거의 문제는 지나간 것이기에 해결할 수 없다 하더라도 과거에 대한 그의 태도는 바꿀 수 있다. 그러므로 상담자는 내담자에게 현재에 일어나는 문제에 대해 대처해 나갈 수 있는 가능성이 있음을 알게 하고 찾게 해야 한다. 예를 들어 부모는 바꿀 수 없지만 내담자가 부모를 비난하는 것을 중지하게 할 수 있다. 또한 내담자가 자신이 저지른 실수에 대해서 돌이킬 수는 없으나 앞으로 건설적인 행동을 통하여 자기존중감을 높일 수 있고, 또 자신이 불행하다는 느낌도 지울 수 있으며, 다른 사람들과 효율적인 관계를 할 수 있도록 대인관계 기술을 발달시켜 나갈 수 있다. 이처럼 변화 가능한 것에 초점을 두고 직면하는 것이 효과적인 직면이다.

도피할 수 있는 가능성을 알고 직면하기

직면이 내담자로 하여금 보다 효율적으로 살게 하는 기술이라 하더라도 어느 정도의 혼란이 있을 수 있다. 이때 상담자가 정확하고 조심스럽게 직면해도 내담자들은 교묘하게 피해갈 수 있다. 이러한 불편한 상태에서 벗어나기 위해 내담자가 취하는 다섯 가지 방식은 다음과 같다. 첫째, 직면시키는 사람을 불신하면서 직면시키는 사람도 다른 사람보다 나을 것이 없다는 사실을 부각시키려 한다. 둘째, 직면시키는 사람의 입장을 바꾸도록 종용한다. 이 경우엔 직면시키는 사람이 잘못되었다는 사실을 입증하기 위해 논리적으로 따진다. 셋째, 문제를 무시한다. 이것은 합리화의 한 형태인데, 예를 들면 어떤 내담자가 다른 사람들에게 빈정대고 있다가 직면을 받으면 자신은 결코 빈정댄 일이 없으며, '다른 사람들을 놀린 것은 단지 재미 때문에 한 것이다. 다른 사람들도 다 그런 농담을 하고 있다.' 고 말하는 것과 같은 경우다. 넷째, 직면하고 있는 견해에 대한 지지를 다른 곳에서 찾는다. 이러한 예로는 상담자가 자신을 이해하지 못한다고 하면서 상담자를 바꾸거나, 반대로 상담자를 떠나지 않고 상담자와 상반되는 주장을 들이대면서 자기 전략을 고수하는 것이다. 다섯째, 상담 장면에서 인정해 놓고 밖에 나가서는 외면하는 것으로, 일단 벗어나기 위해 상담자의 말에 수긍을 하는 것이다. 상담자는 내담자에게 다양한 방법으로 도피할 수 있는 경향성이 있음을 알려 주고 직면의 목적은 건설적인 행동으로 새로운 시각을 가지게 하는 데 있음을 알려 주어 직면을 받을 수 있는 힘을 키워 주도록 해야 한다.

5. 직면 전략 익히기

효과적인 직면을 위해서는 다음과 같은 전략이 필요하다.

효과적인 직면의 내용

직면이 필요한 인간의 행동에는 대체적으로 세 가지 영역이 있는데, 그것은 역기능적 정신 자세, 자기제한적인 내적 행동 그리고 외적인 문제 행동 등이다. 이러한 것을 맹점이라고 하는데, 맹점이란 내담자가 보지 못하거나 보려고 하지 않는 자기제한적인 사고 및 행동양식을 말한다(제석봉 외 역, 1999: 217-218). 그리고 상담자는 다음과 같은 상황에서 내담자를 직면할 수 있다(조현춘, 조현재 역, 1999: 337-338). 내담자 스스로는 깨닫지 못하고 있지만 그의 말이나 행동에서 어떤 불일치가 발견될 때 상담자는 이 불일치를 지적하고 직면을 요구할 수 있다. 불일치의 모습에는 다음의 세 가지가 있다.

첫째, 내담자가 과거에 한 말과 지금 하는 말의 내용이 다를 때다. 내담자는 첫 회기나 초기에는 자기 발전을 위해 노력하겠다고 약속을 하지만 도중에 마음이 바뀌거나 불편한 일이 생기면 약속과는 다른 방향의 발언을 할 때가 있다. 이럴 때 상담자는 그 말의 차이를 보여 줌으로써 내담자의 진정한 의도나 속마음을 노출시킬 수 있다.

직면의 예

내담자: 이번 주에는 모임에 오고 싶지 않았어요. 모임에 와서 도움받는 것이 하나도 없는 것 같고 내 기대에 미치지도 않는 것 같아서요. 이렇게 한다고 해서 뭐 뾰족한 수가 있겠어요?

상담자: 이 모임에서 도움받은 것이 하나도 없는 것 같아서 오고 싶지가 않으셨군요. 이렇게 해서 무슨 뾰족한 수가 있나 하는 마음으로 불편한 마음이 있으시구요. 그런데 지난 주에 모임을 끝내면서 이 모임을 통해 자신의 문제를 발견해서 매우 기쁘고, 한 번 참석했는데도 이렇게 많은 것을 배우니 앞으로 기대가 된다고 하면서 기뻐하셨던 것이 기억나는데, 이 점에 대해서는 어떻게 생각하세요?

둘째, 내담자의 말과 행동이 불일치할 때다. 누구나 그러하듯이 자신의 말과 행동이 일치하기란 쉽지 않다. 그래서 상담회기 중에 언행이 불일치하는 사례들에 대해 직면하는 것이다. 이는 대수롭지 않은 것으로 무시될 수도 있지만 문제 해결이나 그의 발전을 위해서 중요하다. 왜냐하면 '지금-여기' 에서의 모습이 그의 참된 모습일 가능성이 높기 때문이다.

직면의 예

내담자: 나는 현재 동생 일로 너무 걱정이 됩니다. 대학생이 된 동생을 언제까지나 데리고 살아야 할지 막막합니다. 그리고 동생을 하루 속히 이런 상담훈련에 데리고 와서 훈련에 참석하도록 하고 싶습니다. 제 자신이 이번 훈련을 통해 너무 많은 변화가 있었거든요.

상담자: 동생 때문에 걱정하시는 것을 보니 참으로 힘드시겠어요.

내담자: 아니요, 별로 걱정되지는 않습니다.

상담자: 조금 전에 동생 때문에 너무 걱정이 되고 내가 언제까지 동생 뒷바라지를 해야 하나 힘드시다고 이야기하셨는데, 지금은 자신의 말에 대해 웃으시며 아니라고 부인하면서 별로 걱정되지 않는다고 말씀하

시니 진짜 심정이 무엇인지 알기가 어렵네요. 지금 저의 말을 듣고 심정이 어떠신지요?

내담자: (깜짝 놀라는 표정을 지으면서) 제가 그랬습니까? 지금 저의 심정은 그저 놀라울 따름입니다. 그리고 제가 힘들 때 아무도 나의 마음을 몰라주어 너무 외롭고 아내조차도 내가 힘든지 전혀 몰라줄 때가 많아서, 당신은 왜 내가 힘든지 모르는 거라고 투정을 부리곤 했습니다. 그때는 아내에게 속상한 마음이 많았는데, 지금 하시는 말씀을 듣고 보니 실은 제가 힘들다는 말을 안 해서 그런 것이 아닌가 하는 생각이 처음으로 들었습니다. 그래서 놀랍기만 합니다.

셋째, 내용과 그것에 대한 느낌이 다를 때가 있다. 즉, 내담자가 어떤 의도를 갖고 말하는 내용과 그가 한 말에 대한 느낌은 서로 다를 수 있다. 여기에 대한 직면에 있어 내담자가 자신의 심리적 상태를 제대로 각성하지 못할 때, 세상을 있는 그대로 보지 않고 자기 시각으로 왜곡해서 볼 때, 게임, 책략 및 연막 전술을 필 때, 변명을 함으로 문제를 회피하려 할 때 유능한 상담자는 여기에 속아 주어서는 안 되며 따뜻하고 공감적인 태도로 이러한 사실을 직면해야 한다.

직면의 예

(상황: 내담자가 자신의 문제가 드러났을 때 표정이 어두워짐)

상담자: 지금 심정이 어떠신지요?

내담자: 아, 네, 아무렇지 않습니다.

상담자: 당신의 얼굴은 별로 편해 보이지 않고 짜증스러운 음성으로 말을 하고 있는 것을 보니 제가 보기엔 긴장하고 있고 불편한 감정이 많이 있는 것 같아요. 그런데 아무렇지 않다고 말씀하시는데 그 점에 대해서 궁금하군요.

효과적인 피드백 기술

직면을 촉진할 수 있는 피드백 기술에는 다음과 같은 것들이 있다(제석봉 외 역, 1999: 271).

- 보다 깊은 공감이다. 예를 들어 다음과 같다. "감정을 말하려고 하니까 두려운 마음이 들지요? 누구나 자기 감정을 노출하는 것은 어렵습니다. 그러나 당신은 결심하고 이 자리에 오셨죠? 지금 이 자리에서 자신의 감정을 당당하게 이야기하는 것이 자신의 삶에 도움이 됩니다."
- 내담자의 감정과 생각을 질문이나 대화 기법을 통해 직면할 수 있다. "지금 하는 말이 무엇을 의미하는지 말해 주실 수 있겠어요?"
- 정보의 나눔이다. 내담자가 문제 상황을 새로운 각도에서 보고 행동할 토대를 마련해 주기 위해 내담자에게 필요한 정보를 제공하거나 정보를 찾게 한다.
- 상담자의 자기개방이다. 방어를 하지 않는 자기개방의 모범을 보여 주고 내담자가 자기의 맹점을 극복해 나가도록 상담자의 경험을 내담자와 함께 나눈다.
- 관계 점검이다. 내담자와의 작업 동맹을 개선하기 위해 현재 내담자와 맺고 있는 관계에 대해 토의한다.
- 권고와 제안이다. 내담자가 자기의 문제를 보다 잘 처리하고 또 상담과정의 각 단계에 더욱 생산적으로 참여할 수 있는 방법을 지적한다. "장점이라고만 생각하고 있는데 혹시 그게 단점이라고 생각해 보신 적은 없나요?"
- 내담자로 하여금 자신에게 직면하게 하고 그럴 수 있는 적절한 기회를 제공해 주어야 한다. "스스로를 비난하는 그 모습이 자신과 어떤 관련이 있는지 생각해 보신 적이 있나요?"

- 성공적인 상담자는 내담자의 약점보다는 강점에 직면한다. 실패한 경험에 초점을 맞추는 사람들은 자기의 행동을 변화시키기가 어렵다.
- 구체적으로 직면해야 성공할 수 있다. 직면해야 할 대상이 모호하다면 성공할 수 없다. 내담자가 어떻게 해야 할지 알 수 없기 때문이다(심수명, 2008: 79−83).

효과적인 대화 기술을 통한 피드백의 예를 돕기 위해서 예시문을 제시하고자 한다. 각 항목마다 두 가지 방식의 직면방법이 제시되어 있는데, 비효과적인 직면이 제시되고 그 뒤에 효과적인 직면이 제시되어 있다(조현춘, 조현재 역, 1999: 223−224).

- (비효과적) 당신은 너무 판단적입니다. 그래서 당신을 만나면 제가 불편합니다.

⇨(효과적) 저는 당신과 함께 있는 것이 불편합니다. 왜냐하면 저는 당신이 저에 대해 어떻게 생각할지 염려되기 때문입니다. 당신의 견해는 제게 매우 중요합니다. 저는 당신과 함께 있을 때 불편함을 느끼고 싶지 않습니다.

- (비효과적) 당신은 가식적입니다! 당신은 항상 웃고 있고 그것은 진실해 보이지 않습니다.

⇨(효과적) 당신을 신뢰하기가 어렵습니다. 왜냐하면 당신이 화났다고 이야기하면서도 당신은 웃고 있기 때문입니다. 그래서 저는 당신과 더 친하게 되는 것이 어렵습니다.

- (비효과적) 당신은 이 집단에서 아무것도 얻지 못하고 있습니다. 당신은 지금까지 그저 앉아서 관찰만 할 뿐이었습니다.

⇨(효과적) 저는 당신을 더 잘 알고 싶습니다. 저는 당신이 어떤 생각을 하는지, 무엇을 느끼는지에 대해 관심이 있습니다. 때때로 저는 당신이 저

를 그저 재미있는 사례로만 보게 될까 봐 염려됩니다. 저는 당신에 대한 이런 느낌이 바뀔 수 있으면 좋겠습니다.

- (비효과적) 만약 제가 당신의 남편이라면 당신 곁을 떠날 것 같습니다. 당신은 독기로 가득 찼고 당신이 맺고 있는 모든 관계를 악화시킬 것 같습니다.

⇨(효과적) 저는 당신에게 제 마음을 열기가 어렵습니다. 당신이 말하는 많은 것들이 제게 상처가 되고 저 또한 그에 대해 복수하고 싶은 마음이 듭니다. 저는 당신과 절친한 관계를 맺기가 참 어려운 것 같습니다.

- (비효과적) 당신은 단지 게임을 즐길 뿐입니다.

⇨(효과적) 당신이 울 때 저는 맘이 불편합니다. 왜냐하면 당신의 울음에 공감하기 어렵기 때문입니다. 이것에 대해 좀 더 이야기를 나누어 보면 좋겠습니다.

직면 사용 시 유의해야 할 점

직면은 단순히 내담자의 부정적 측면에 초점을 맞추거나 내담자 자신의 한계를 깨닫도록 하는 것이 아니고, 내담자가 미처 깨닫지 못했거나 사용하지 않는 내적인 잠재력과 능력을 발견케 하여 스스로 깨달을 수 있도록 돕기 위한 것이다. 그러므로 직면은 상담의 강력한 도구가 될 수 있으며 내담자의 변화와 성장을 증진시킬 수 있는 반면에 내담자에게 심리적인 위협과 함께 상처도 줄 수 있다(안창일, 2003: 350-351). 따라서 상담자는 직면반응을 사용할 때 내담자가 그것을 받아들일 준비가 되어 있는지를 면밀히 고려하여 사용해야 한다. 또한 상담자의 직면반응은 내담자를 배려하는 상호 신뢰의 맥락에서 행해져야 하며, 내담자에 대한 상담자의 좌절과 분노를 표현하는 수단으로 사용해서는 안 된다(이장호, 정남운, 조성호, 2005: 165). 적절하고 책임 있는 직면을 하기 위해 필요한 지침으로는 다음과 같은 것들이 있다(조현춘, 조현재 역, 1999: 222-223).

- 집단원이나 상담자는 그들이 왜 직면하고 있는지 알아야 한다.
- 직면은 그 대상이 누구이고 어떤 성격을 가진 사람인지에 대해 권위적인 태도로 말하는 것이 아니다.
- 직면의 대상에게 어떤 이름을 붙이거나 판단하기보다는 직면하는 사람이 그 대상에 대해 어떤 느낌과 생각이 드는지를 말하면 직면의 대상이 되는 사람은 훨씬 덜 방어적이 될 수 있다.
- 직면은 대상에 대해 전체적이고 일반적인 용어로 말하기보다 구체적이고 관찰 가능한 행동에 초점을 맞추는 편이 더 효과적이다.
- 직면의 목표 중 하나는 다른 사람들과 한결 가깝고 진실한 관계를 형성하는 것이다.
- 직면을 효과적으로 하기 위해서는 민감성이 매우 중요하다. 직면하는 사람이 직면의 대상이 되는 사람의 입장에서 직면의 내용을 들었을 때 무엇을 느낄지 상상해 보는 것은 매우 유용하다.
- 직면을 통해 피드백을 받은 사람은 그것에 대해 즉각적으로 반응하거나 행동하기 전에 충분히 숙고하는 기회를 가져야 한다.
- 직면을 하는 사람은 자신이라면 대상에게 요구하는 행동을 할 용의가 있는지 자문해 보는 것이 현명하다.

6. 상담자를 위한 직면실습

직면반응의 수준과 관련하여 이장호 등은 상담실습 자료들을 제공하면서 다섯 가지 수준을 제시하였다(이장호, 금명자, 2006: 109-116). 저자는 1수준과 2수준을 합하여 1수준으로 다시 재구조화하여 전체를 네 수준으로 구분하여 연습할 것을 제안한다.[3] 여기에 나오는 수준을 기초로 하여 자신의 직면 반응 수준은 어디에 해당하는지 점검하고 연습하면 수준 높은 직면을 하는데 도움이 될 것이다. 공감연습과 같은 방법으로 세 사람이 한 조가 되어 상담자, 내담자, 관찰자 역할을 번갈아가며 역할연습을 한다.

- 수준 1: 언어 및 행동 표현에 있어서 내담자의 모순된 행동을 상당히 무시하는 수준
  실제: 내담자의 모순된 행동을 분명히 인식하지도 못하고 그나마 인식하는 부분에 관해서도 언급하지 않고 단순히 넘어가는 경우다. 즉, 내담자의 행동에서 나타나는 모순을 등한시하여 잠재적인 중요한 탐색 분야를 놓치게 된다.
- 수준 2: 내담자의 행동에서 나타나는 모순에 접근되어 있기는 하나 자신의 언어 및 행동 표현에 있어서는 직접적으로 또는 구체적으로 표현되어 있지 않은 수준
  실제: 가능한 여러 대답의 방향을 알려 주지 않으면서 단순히 질문을 던지는 경우다. 즉, 내담자의 행동에 나타나는 모순을 무시하지는 않으나 모순의 방향을 지적하지도 않는다.
- 수준 3: 언어 및 행동 표현에서 내담자의 모순된 행동에 직접적으로 명확하게 주의를 기울이는 수준
  실제: 내담자의 모순된 행동을 직접적으로 분명하게 직면시키는 경우다. 즉, 내담자가 자신의 모순된 행동을 스스로 명확하게 알도록 한다.
- 수준 4: 언어 및 행동 표현에서 내담자의 모순된 행동을 날카롭게 계속

3) 이장호 등은 수준 1을 '언어 및 행동 표현에 있어서 내담자의 모순된 행동을 전부 무시하는 수준'으로 수준 2를 '언어 및 행동 표현에 있어서 내담자의 모순된 행동을 상당히 무시하는 수준'으로 구분하였다.

적으로 직면시키는 수준

실제: 내담자의 모순된 행동이 나타날 때마다 민감하게 지각하여 모순을 지적, 이해시키는 경우다. 즉, 내담자의 모순된 행동에 대해 가능한 한 효과적인 탐색을 게을리하지 않는다.

네 가지 수준에 따른 직면연습의 예

(조금 전 비싼 옷을 샀다고 자랑한 다음 얼마 지나지 않아서) 이번 달 식비가 모자라서 어떻게 지내야 할지 막막하네요.

수준 1: 참 기가 막히네요. 비싼 옷은 사면서 식비가 없다니 …… 쯧쯧.

수준 2: 아니, 좀 전에 비싼 옷을 사셨다고 자랑하시더니 의아하네요.

수준 3: 제가 좀 혼동이 되는데요. 좀 전에는 비싼 옷을 샀다고 하시더니 지금은 식비가 없다고 걱정을 하시니 말입니다. 지금 하시는 말씀으로 봐서는 평소에도 돈 관리하는 것에 의심이 가네요.

수준 4: 조금 전에는 비싼 옷을 샀다고 자랑을 하셨는데 지금은 식비가 없다고 말씀하시니 것을 보니 삶을 규모 있게 꾸려 가고 있지는 않겠다는 생각이 드네요. 그리고 이러한 경향성으로 인해 다른 일에 있어서도 문제가 발생할 가능성이 있지 않을까 하는 염려가 드는데 이 말을 듣고 심정이 어떠신가요?

직면연습 실례(성숙진 역, 1998: 186-187)[4]

① (더듬거리면서 결혼생활에 문제가 없다고 주장하는 사람) "이번 주말에도 제 처가 또 어디 가요. 앞에서 말씀드렸지만 행복한 결혼생활을 하고 있어 전 정말 운이 좋아요."

4) 원저자인 에반스 등(D. R. Evans et al.)의 설명은 세 가지로 구분되어 있어 저자가 네 가지 수준으로 수정하여 재진술하였다.

수준 1: 제 경험으로 미루어 볼 때 매 주말마다 따로 지내는 게 행복한 결혼생활 같진 않은데요.

수준 2: 좋은 결혼생활을 하고 있다고 느끼시는군요.

수준 3: 행복한 결혼생활을 하고 계시다고 하지만 주말마다 아내가 집 비우는 게 별로 달갑지 않으신 것 같네요.

수준 4: 말씀하실 때 약간 머뭇거리면서 말씀하시면서 행복한 결혼생활을 하고 있다니 믿기가 어렵네요. 게다가 아내가 또 나간다고 하는 것은 매주 집을 비운다는 소리인데, 이것이 행복한 결혼생활이라고 하기에는 뭔가 석연치 않은 생각이 드는군요.

② (한 청년이 고개 숙인 채 낮고 단조롭고 무기력한 목소리로) "전 진짜 아주 행복하거든요. 여기 왜 앉아 있어야 되는지 모르겠어요. 모든 게 너무 잘 되어 가고 있는데 말이에요."

수준 1: 모든 게 너무 잘 되어 간다니 정말 좋네요. 대부분 그렇게 느끼기 힘든데 말예요.

수준 2: 난 그 말을 도저히 못 믿겠어요. 그런 우울한 모습을 하고 앉아 어떻게 행복하다는 말을 할 수가 있어요?

수준 3: 말로는 행복하다고 하는데 표정과 어조는 그렇지 않네요.

수준 4: 행복하다고 말씀은 하셨지만 표정과 어조는 상당히 힘이 없어 보이니 어느 것이 진심인지 알기가 어렵네요. 그리고 '진짜 아주 행복하다.' 고 하시고 '모든 게 너무 잘 돌아가고 있다.' 고 강조하시는 것이 오히려 그렇지 않다는 느낌을 주고 있다는 생각이 듭니다.

직면연습의 실제

① (한 부인이 눈물을 보이며) “빚진 것이 제 책임인 줄 알지만 받아들이기가 너무 힘들어요. 결혼에 실패한 후 그냥 나가서 아무 생각 없이 뭔가 샀어요. 쇼핑은 뭔가 할 일을 주더라구요.”

직면연습:

② (신혼 초의 부인이) “저도 다시 교육받고 원하는 직업을 구할 수 있다는 것 아는데요……. 하지만 그냥 집에 있으면서 남편한테 돈 받아쓰는 게 더 편한 것도 같아요.”

직면연습:

상담은 인간을 돕고 성장시키기 위한 한 방법으로서 인격의 발달을 자극한다. 즉, 개인들로 하여금 삶의 문제들, 내적인 갈등, 불안정한 정서 등을 보다 효과적으로 처리할 수 있도록 도움을 주고 상실이나 실망에 직면하고 있는 사람들을 격려하고 지도한다. 또한 삶의 형태가 자멸적이어서 불행하다고 느끼는 사람들에게 도움을 준다. 이런 점에서 목회상담자는 내담자의 문제를 해결하도록 도와서 그를 예수 그리스도와의 개인적인 관계 속으로 이끌려고 노력하는 사람이라고 할 수 있다. 이런 목표에 도달하기 위해서 상담자는 삶과 개인의 문제들을 이해하고 여러 가지 상담 기술들을 잘 구비할 필요가 있다. 치료 기법은 상담자에게 도움을 줄 수 있는 인격적 특성이 구비되어 있을 때에 더 효과적인데, 이런 점에서 우리의 모델은 예수 그리스도이시다. 분명히 예수 그리스도는 효과적이고 훌륭한 상담자로서 자신의 인격, 성품, 기술들을 가지고서 도움이 필요한 자들을 효과적으로 도울 수 있으셨다. 예수님은 때로는 지시적으로, 때로는 비지시적이며 내담자중심으로 상황과 내담자의 특성과 구체적인 문제 등에 따라 다양한 상담 기법을 사용하셨다. 때로는 주의깊게 경청만 하시고, 때로는 명백하게 지시하기도 하시며, 격려하시고 지지하셨으나, 대항도 하시고 직면도 하셨다. 그분은 죄지은 자들을 용납하셨지만 회개와 순종과 행동도 함께 요구하셨다(피현희, 이혜련 역, 1980: 19-21). 이런 점에서 우리도 경청하고 공감하며 위로하면서도 대항하고 도전하는 조력자로서 사람들을 도울 수 있는 효과적인 기술과 인격이 겸비된 상담자로 살기 위해 부단한 노력을 해야 한다. 그렇게 될 때 많은 사람들을 그리스도에게로 좀 더 잘 이끄는 상담자로서의 소임을 다한다고 말할 수 있을 것이다.

3부

목회상담의 진단과 평가

제5장_ 열린 시도로서의 목회임상진단

미국에서 임상훈련을 받기 위해 목회임상전문센터를 다닐 때 진단이란 과목을 수강하게 되었다. 임상에 오랜 경력을 가진 정신과 의사가 DSM-IV를 주 교재로 하여 가르쳤다.[1] 물론 대상은 기독교상담 혹은 목회상담에 관심 있는 목회자나 신학생들이었다. 추상적이고 현학적인 신학교에서의 학습과 달리, 내담자의 문제 상황에 대한 구체적 진단방법을 배울 수 있었다. 목회임상의 상황에서 자주 부딪히는 정신과 의사, 사회사업가, 상담심리학자들과 공통의 진단 언어를 갖게 된다는 만족감도 느꼈다. 그러나 한편 이 과정에 오기에 앞서 대부분의 학생들이 고민하고 씨름한 오랜 기간의 신학훈련이 내담자 문제 진단에서 거의 고려되지 않은 점은 내내 아쉬웠다. 목회상담에서 내담자의 문제를 규명하기 위해서는 이전의 신학학습을 모두 버리고 완전히 새로운 학문의 체계에 의존해야 하는 것일까?

목회상담에 관심 있는 많은 학자들 역시 바로 이 문제를 질문한다. DSM-IV를 비롯하여 일반 진단 체계가 나름대로 오랜 기간에 걸쳐 수정과 보완을 거듭하며 발달해 왔다.[2] 그렇지만 그렇다고 해서 목회상담의 진단이 일반

---

1) DSM-IV란 *Diagnostic and Stastical Manual of Mental Disorders Fourth Edition* (Washington, D. C.: American Psychiatric Association, 1994)의 약자다. 이근후 등이 1994년 이 책을 번역 출간하였다.

2) 미국에서 정신장애에 관한 최초의 공식적이고 통계적인 접근은 1840년에 시작되었다. 인구통계조사를 통해 백치/정신이상에 대한 연구가 수행된 것이었다. 1880년에는 조증,

진단 체계에 완전히 의존하는 것은 목회상담자를 찾는 내담자의 문제 진단에 적절하지 않다. 일반 진단 체계가 병이나 무질서, 죄 혹은 탈선과 같은 인간의 병, 결점에 관심을 가지는 반면, 목회적 진단 체계는 구체적인 인간, 즉 남자와 여자, 어린이의 인간 상호관계에 더 관심을 가지기 때문이다(이은규 역, 2000: 134). 실제 일반 진단 체계를 수업한 후 학생들에게 나름대로 자신의 문제나 내담자의 문제를 진단하고 그 의의 및 한계를 생각해 보라는 숙제를 내준 적이 있다. 대부분의 학생들은 일반 진단 체계에 압도되어 자신의 건강한 면보다 병리와의 연관성 속에 자신을 이해하려는 경향을 보였다.

이 장에서는 목회상담에 있어 필수적인 진단의 문제를 기독교적 관점에서 접근해 보고자 한다. 일반상담의 진단 체계가 기독교인 내담자의 문제를 규명하는 데 좋은 도구가 되어 온 것은 사실이다. 그러나 이의 영향 속에서 목회진단을 절대적이고 획일적인 체계로 이해하거나 일반 진단에 지나치게 종속시켜 이해할 필요도 없다. 목회진단은 기독교전통의 풍부한 자료들을 자유롭게 사용하여 내담자의 문제를 다양한 방법에서 이해하는 열린 시도라 할 수 있다. 목회진단에 유용한 자료를 주는 세 학자의 이론을 통해 위의 견해를 살펴보자.

우울질(melancholia), 단일조증, 부전마비, 주기성 음주광, 간질이 추가되어 7개의 정신장애 범주로 분리하였다. 이후 국가 수준에서 수용할 수 있는 정신의학적 진단분류체계에 대한 논의가 진행되어 오며 1952년 DSM-I이 출판되었다. DSM-I은 정신장애가 심리적, 사회적, 생물학적 요인에 대한 성격적 반응이라는 심리생물학적 견해를 포함한 아돌프 메이어(Adolf Meyer)의 견해를 반영하였다. DSM-II는 반응이란 용어를 제외하고 다시 구성되었다. DSM-III는 1980년 출판되었는데 명백한 진단 기준, 다축 체계, 원인론 등에 대해 종합적 입장을 취하는 혁신적 방법론을 소개하였다. 그러나 이를 사용해 본 결과 진단 기준이 명백하지 않고, 진단 체계가 불일치한다는 점이 드러나, 다시 DSM-III-R이 1987년에 출판되었다. 이후 DSM은 이에 더 상세한 검토를 거쳐 1994년 DSM-IV까지 편찬되었고 현재까지 정신치료에 관심하는 전문가집단 사이에서 가장 활발하게 사용되고 있다(이근후 외 역, 1994: ix-xii).

1. 폴 프루이저의 목회진단

종교적 배경을 가진 내담자의 상담에 많은 관심을 표명해 온 정신의학자 폴 프루이저(Paul W. Pruyser, 1916-1987)는 임상의 상황에서 목회자들은 자신의 학문 분야에 기초한 용어와 개념 사용에 보다 자신감을 가져야 할 것이라 주장한다. 그는 임상의 현장에서 목회상담자들이 심리학적 용어를 지나치게 선호하여 내담자의 문제 진단에 자신의 전공을 제대로 활용하지 못하는 경향이 있음을 지적한다. 그래서 심리학 역시 인간 경험에 대한 오용 가능성이 있는 하나의 학문적 접근임을 인식하고 목회상담자 자신의 전문성과 특성에 대한 자각을 해야 할 것이라고 한다(이은규 역, 2000: 11-18). 아래의 주장처럼 신학 역시 심리학이나 정신의학과 마찬가지로 임상의 문제에 있어서도 나름대로 고유한 관점을 가지기 때문이다.

> 모든 학문은 각자의 독특한 실재를 다룬다. …… 여러 학문과 다양한 치유 전문 분야들은 문제를 이해하는 데 여러 가지 다른 전문적인 관점을 제시하기 때문에 각 분야의 관점은 부분적이며 제한적이고 특별한 것이다. 어떤 관점도 다른 관점보다 더욱 실제적인 것은 아니다(이은규 역, 2000: 14).

이 같은 주장은 역사 속에서 신학이 내담자의 문제를 진단하는 역할을 해왔음을 프루이저가 파악했기 때문이다. 그는 교회전통의 여러 글들이 목회진단에 유용한 자료였다고 본다. 예를 들면 1480년 도미니카 수도사들의 『마레우스 마레피카럼(Malleus Maleficarum)』이 목회진단의 방법과 기술을 교육하기 위해 쓰여졌다고 본다(이은규 역, 2000: 30). 1746년 조나단 에드워즈(Jonathan Edwards)의 『종교적 감정에 관한 소고』 역시 영혼을 치료하기 위해 면밀한 신학적 분별력과 심리학적 분석이 필요함을 역설하고 좋은 진단과 나쁜 진단에 대한 구별을 논한다(Edwards, 1959). 특별히 키르케고르(S. Kierkegaard)의 글들은 고도로 훈련된 신학적 수고가 세심한 자기진단의 과정과 매우 유사하다는 것을 보여 준다고 해석하였다(김윤섭 역, 1974a, 1974b; 임춘갑 역, 1981). 프루이저는 이 같은 신학적 저작들이 교리적 확신에 의존하기 때문에 개인의 문제에 적용할 때 무리가 있기는 하지만, 신학적 관점과 진단의 깊은 연관성을 보여 주는 좋은 예임에는 틀림없다고 한다.

한편 프루이저가 목회적 진단에 관심을 가지는 주요한 이유는 진단은 치료와 필수불가결한 관계에 있다고 보기 때문이다. 사려 깊은 치료작업이란 초기 진단을 보강하거나 보다 적절한 것으로 바꾸는 과정이다. 내담자의 문제는 이 같은 효과적 진단이나 평가를 통해 더욱 해결 가능한 방법에 접근할 수 있게 되므로 평가 자체가 치료의 효과를 가지기도 한다. 그러나 대부분의 목회상담자들은 자신들의 학문적 토대를 정신의학적 체계에 두어 목회진단의 상황에 아무런 영향을 미칠 수 없다고 생각한다. 이에 프루이저는 목회상담자의 도움을 받으려는 내담자들의 경우, 자신의 문제를 보다 신학적 관점에서 이해하려 한다는 점을 지적한다. 따라서 목회자는 진단이 의학적 특권이라는 생각을 수정하고 보다 신학적이고 목회적인 언어로 진단에 참여하여 내담자의 문제 해결을 적극 추구하라고 주장한다(이은규 역, 2000: 39).

내담자의 경험을 충분히 반영하면서도 신학적 진단에서 사용될 수 있는 평가 기준은 거룩함, 섭리, 믿음, 은혜, 회개, 친교, 소명감이라고 프루이저는 주장한다(이은규 역, 2000: 57-78). 그런데 진단 기준으로서 이 일곱 가지는 추상적이고 교리적 관점에서가 아니라 인간의 경험에 의미를 부여하여, 특히 개인의 경험과 구체적으로 연관하여 이해하는 것이 좋다. 가령 거룩함을 진단 기준으로 본다는 것은 내담자가 자기 스스로에 사로잡혀 있는 사람인가 아닌가, 혹은 내담자가 자신의 피조물성을 어느 정도 인정하느냐에 관한 질문이다. 섭리 역시 내담자가 왜 자신에게 이런 일이 일어나는 것인가와 같은 질문을 하는 것과 연관되어 있다. 자신을 향한 하나님의 목적을 어떻게 받아들이느냐, 자신의 인생 속에 드러나는 선악의 혼합 비율을 어떻게 이해하는가, 얼마나 자신 혹은 상담자를 신뢰하는가, 얼마나 자신의 미래에 대해 낙관적인가와 같은 것이다. 진단 기준으로서 믿음 역시 자신의 삶에 대해 어떤 태도를 가지냐에 관한 것이다. 내담자가 이상과 현실에 대해 긍정적인 사람인지, 아니면 비판적이고 조심성이 많고 부정적 경향의 사람인지와 연관된다.

진단 기준으로서의 은혜 혹은 감사는 어떤 것을 무료로 얻게 되는 것에 관계된다. 즉, '누구의 용서도 나는 필요 없다.' 라거나 '누가 내게 신세를 졌으면 졌지 나는 부탁해 본 적이 없다.' 와 같은 표현으로 자존심이라는 이름 아래 숨어 있는 자기부정, 강력한 자기도취의 문제를 다룬다. 진단 기준으로서 회개는 불만족이나 고뇌의 상태를 넘어서서 보다 큰 행복의 상태에 도달하려는 자기주도성에 관한 문제다. 이는 문제 상황에 대한 자신의 책임성 여부를 질문하는 것과 관련되어 자신이 전적으로 희생자인지, 환경에 책임이 없는지, 과잉회개를 하고 있는지의 여부와 관련된다.

진단 기준으로서의 친교란 주변 사람과 친밀한 관계를 형성하려는 감정을 비롯하여 세계와 이웃에 대해 얼마나 개방되어 있느냐에 관련된다. 내담자가 자신이 속한 가족이나 공동체 속에서 소속감이나 소외감을 느끼는가, 혹은 자신의 주변 세계에 대해 폐쇄적인지, 고립되어 있는지, 분리감을 느끼는지의 여부를 평가하는 것이다. 마지막으로, 진단 기준으로서의 소명감이란 내담자가 자신의 삶에 있어 창조의 섭리에 얼마나 기꺼이 참여하고자 하는가의 여부다. 이는 열정이나 활력, 생동감과 같은 단어와 연관된 것으로 현재 내담자가 처한 문제나 위기 상황에 얼마나 적극적이며 건설적으로 참여하고자 하는가를 의미한다.

이와 같은 프루이저의 진단 체계가 실제 사례에 어떻게 적용될 수 있는지 아래의 사례를 통해 살펴보자.

> 내담자 A는 22세로 대학 3학년에 재학 중인 여학생이다. A는 끊임없이 자신을 사로잡는 이상한 생각에서 벗어나고 싶어 상담자를 찾아왔다. 가령 A는 수업을 하다가 교실에서 갑자기 소리를 크게 지르고 싶다고 생각하거나, TV에서 잔인한 장면을 보면 그 일이 자신에게도 일어날 것 같다고 반복하여 생각한다. 또한 문을 잘 잠갔는지, 가스를 잘 잠갔는지와 같은 걱정에 끊임없이 사로잡혀 있다. 누가 자신의 앞에 있으면 자기가 그를 때리거나 목을 조르거나 죽일 것만 같은 생각, 미친 할아버지가 길거리에서 설교하는 것을 보면 '막 소리 지르고 때리고' 싶은 생각이 든다. 자살이나 살인, 정신질환과 같은 관계되는 이야기를 보거나 읽으면 더욱 그런 생각이 충동적으로 일어난다. 고등학교 2학년 때에도 속옷을 입고 잠든 어머니의 목을 보고 뾰족한 칼로 찌를 것 같다는 생각을 하기도 했고, 오빠나 여동생을 보며 이들의 성기가 어떻게 생겼을까와 같은 추잡한 생각을 하기도 하였다(사례의 내용과 지도방법에 관하여 이장호, 최윤미, 1992: 100-125 참고하였음).

일반심리학의 접근을 통해 A는 다면적 심리검사, 면접, 가족상황에 대한 조사를 받은 후 불안장애, 우울, 특히 강박장애라고 진단받았다. 그래서 A에게는 불안으로 인한 긴장 경감을 위한 이완훈련, 객관적 진단을 위한 MMPI 검사, 그리고 어머니의 완벽함의 기대를 채울 수 없는 것에 대한 A의 감정분석 등이 시도되었다. 또한 내담자의 단점보다 장점을 인지하고 대인관계의 집단을 구체화하는 것, 대학교 3학년인 현재 상황에서 이 문제가 더욱 악화된 이유 및 촉발요인, 내담자의 성적 내용에 대한 의미를 추후 탐구하도록 하였다.

그러나 만약 A가 프루이저를 찾아왔거나 프루이저의 관점에서 기독교상담에 관심하는 목회상담자를 찾아왔다면 다른 진단과정을 거칠 것이다. 먼저 목회상담자는 프루이저의 이론에 근거하여 〈표 5-1〉과 같이 간단한 체크리스트를 만들고 이에 기초하여 A의 상황을 체크할 수 있다.[3)]

3) 임상 상황에서 간단히 목회진단 체크리스트를 만들면 훨씬 쉽게 이론가들의 이론을 실

표 5-1 폴 프루이저의 이론에 따른 목회진단 체크리스트

진단 \ 정도	문제 정도 약함 1	2	중간 3	4	문제 정도 심함 5
거룩함					V
섭리					
믿음					
은혜					
회개					
친교					
소명감					

〈표 5-1〉를 보면, 내담자 A에게 가장 두드러지는 문제는 거룩함의 문제다. 진단으로서의 거룩함이란 앞서 간략히 살펴본 대로 내담자가 누구에게 사로잡혀 있는가의 문제다. A의 경우, A의 삶을 최종적으로 통제하는 것은 'A를 사로잡고 있는 생각'이라 할 수 있다. 프루이저는 이를 '우상화'라는 말로 표현하는데 A는 어머니의 목을 찌르고 싶은 생각, 성에 대한 생각, TV나 지나가는 사람, 연극 등을 통해 드는 부정적이고 엽기적인 생각이 생각에 그치지 않고 자신을 사로잡아 이 강박적 사고를 거의 우상화하고 그에 수반된 공포를 거의 신성화하는 상태에 이르렀다.

따라서 프루이저의 관점에서 A의 문제에 접근한다면 A의 치유를 위해 먼저 하나님의 거룩함과 현존이 강조될 것이다. 이는 구체적으로 여러 하나님의 이미지 중 모든 거짓된 신들 위에 있는 하나님을 상기시키고, A의 삶을 통제하는 여러 강박적 생각들은 하나님 앞에서 무너질 운명의 우상이라는 것을 상상하게 하는 것이다. 프루이저는 하나님은 자유, 우상은 노예 같은

제에 응용할 수 있을 것 같아 이론가별로 표를 구성해 보았다.

삶을 향하게 한다고 하였다(이은규 역, 2000: 123).[4] 따라서 평화와 자유로운 하나님의 현존의 능력을 A가 명상하고 몸으로 느끼게 함으로써 강박적 사고에 대한 A의 집착이 하나님의 능력으로 자연스럽게 사라지도록 도울 수 있다. A의 불안감 경감을 위해 긴장이완 훈련이나 A의 어머니에 대한 복잡한 감정, 성욕, 기괴한 생각을 A가 자유로운 분위기에서 표현하도록 돕고, 이의 실제 의미의 탐구 또한 시도해도 좋다. 프루이저 방식으로 진단한 후 A를 사로잡는 두려운 경험의 비우상화를 위해 제안된 기술이 앞서 간단히 살펴본 일반심리학적 접근의 기술과 유사함을 볼 수 있다.

2. 도널드 캡스의 목회진단

프루이저가 자신의 임상 경험을 기초로 목회임상진단의 주요 문제를 일곱 가지로 체계화하였다면, 목회신학자인 도널드 캡스(Donald E. Capps, 1938~)는 성서와 신학 그리고 교회전통에 관심을 두며 목회진단의 범주를 탐색한다. 캡스는 심리학자 에릭 에릭슨(Erik Erickson), 성서의 산상수훈 또 구약의 이야기를 통전적으로 꿰뚫으며 내담자 문제의 이해를 돕는 목회진단 체계는 어떻게 구현될 수 있는지에 관심을 가진다. 특별히 기독교전통 속에 전해져 온 일곱 가지 '치명적인 죄(the Deadly Sins)'라는 개념을 이용하여 이의 발굴을 시도한다.[5]

캡스에 의하면, 죄는 무엇보다도 삶에 대한 태도이며 경향이다. 캡스는 칼 메닝거(Karl Menninger)가 현대사회에서는 죄라는 용어를 사용하지 않는다

4) 위의 접근은 프루이저의 응용사례를 참고하여 구성하였다.

5) 교회전통에서 죄는 원래 여덟 개였다. 그러나 4세기에 이 중 하나가 삭제되어 일곱 개가 되었다. 7은 교회에 성스러운 숫자이고, 또 매일 하나씩 일주일 동안 나누어 기도할 수 있기 때문에 여덟 개에서 일곱 개로 줄어들었다고 한다(Capps, 1987: 12).

고 지적한 점에 주의한다. 과거 죄 혹은 죄책이라 불렸던 것들이 현대사회에서는 '행동상의 문제' 혹은 '정서적인 곤란'으로 불리며, 죄라는 용어는 '증상'이라는 용어로 대치되었다는 것이다.[6] 그래서 캡스는 죄에 대해 신학적 접근을 시도하여 죄란 사람과 공동체에 해가 되는 '삶에 대한 태도(orientation to life)'라고 정의한다. 다시 말하자면 죄란 인간공동체에 해가 될 뿐 아니라 세상을 향한 하나님의 의도를 곤란하게 하는 것이며 개인의 본질적 안녕을 파괴한다. 그러나 죄는 특정 행동의 문제라기보다 관계적이며 영속적인 특질을 가진다. 삶에 비교적 짧은 영향을 미치는 것에서부터 비교적 항구적인 영향을 미치는 것까지 다양하다. 특별히 기독교에서 '치명적 죄'로 분류된 것들은 그 성향이 인간의 삶의 방식을 죄로 향하게 하는 경향이 다른 죄보다 강하다는 것을 의미한다(Capps, 1987: 1-2).

그런데 죄가 삶에 대한 태도이며 경향이라는 것은 죄란 본질적으로 발달과정에 있다는 것이다. 심리학자 에릭 에릭슨은 출생부터 죽음에 거치는 인간의 발달과정에는 각 단계마다 위기가 있으며, 각 단계는 한 단계에서 다음 단계로 발전하며 넘어간다고 한다. 각 위기는 또한 삶에 대한 우리의 태도를 재고하게 하기도 하고, 주위 세계를 새롭고 다른 방식으로 관계시키기도 한다고 하였다.[7] 에릭슨과 유사하게 캡스는 치명적인 죄의 근본 성향은 인간의 생의 주기와 밀접하게 연관이 있다고 한다. 즉, 어떤 죄는 우리 존재의 초기부터 내포된 것일 수 있고 다른 죄는 삶의 특별한 단계에서 발생한 것일 수도 있다. 또 인간이 자라듯이 죄 역시 유아기, 아동기, 성인기를 거쳐 발달한다고 한다. 특정 인생 주기는 특정한 치명적 죄와 연결되며 죄의

6) 캡스는 메닝거(Menninger, 1973)에 기초하여 이 같은 주장을 한다(Capps, 1987: 13).

7) 지그문트 프로이트와 달리 에릭 에릭슨은 전 인생에 걸친 인간발달 이론을 주장하였다. 캡스는 특별히 에릭슨의 저술(Erikson, 1968, 1979, 1963, 1964, 1958)을 중심으로 에릭슨의 유아기에서 노인기 혹은 성숙한 성인기의 발달에 관한 이론과 연관된 자신의 이론을 전개한다.

본질은 각 삶의 시기에 따라 변화하는 성향이 있다고 한다(Capps, 1987: 2-4).

죄에 대한 심리학적 정의가 시도되고 죄에 대한 성차별적 인식이 강조되는 현대사회 속에서 기독교전통의 치명적 죄에 대한 논의는 어떤 의미를 지니는가? 쥬디스 슈크라(Judith N. Shklar)는 일상의 악은 전체 사회의 반영이라고 한다. 또 교회전통의 일곱 가지 죄 중 교만을 가장 치명적으로 보는 것이 현대사회에서 적당하지 않다고 본다. 그보다 현대사회에서는 잔인함이 더 강조되어야 한다고 한다. 따라서 선이나 악에 대한 목록을 단순하게 작성하는 것은 무의미하다고 한다(Shklar, 1984: 248). 한편 메리 데일리(Mary Daly)는 전통적인 죄의 나열이나 이해가 남성중심적이었다는 비판을 한다. 즉, 기독교전통에서 죄의 이해는 주로 남성들이 빠지기 쉬운 죄에 집중하였으며, 남성들의 죄가 여성들에게는 미덕으로 강조되는 경우 또한 많았다. 죄란 주로 남성들의 관점에서 이해된 남성 편견의 산물이기 때문이라는 것이다(Daly, 1978: 30-31). 이에 대해 캡스는 전통적인 죄의 목록이 남성 지배사회의 반영이라는 비판에 동의한다. 그러나 그렇다고 해서 전통적인 죄의 목록을 다 거절할 필요 또한 없다고 본다. 왜냐하면 왜곡된 죄의 목록이라 할지라도 이 목록이 현대사회에 만연한 죄를 지적하도록 자극하기 때문이다. 또한 남성이 힘을 가지고 있는 사회에서 남성의 지배 현실이 초래한 문제적 상황을 더욱 많이 드러내기 때문이다. 캡스는 '치명적인 죄'의 전통적인 목록을 통해 어떻게 개인이 희생되고 진리가 왜곡되었는지를 노출시킬 수 있다면 우리들의 도덕적 · 영적 상황에 대한 정확한 진단에 매우 긍정적 역할을 할 것이라고 본다(Capps, 1987: 19).

한편 캡스가 기독교전통의 '치명적인 죄'의 개념에 관심을 갖는 이유는 이 같은 관점의 이해를 통해 죄란 기적적인 치유를 통해서가 아니라 선을 계발하고 고취함으로써 극복될 수 있음을 제시하기 때문이다. 캡스에 의하면, 치명적인 죄와 대립되는 선은 모든 인간이 소유할 수 있는 본래적이며 자연적인 장점이다(Capps, 1987: 4). 다시 말하면 영적 선각자들에게만 부여된 특별한 능력이 아니라 인간 모두에게 주어진 하나님의 능력이다. 따라서 선의 성취란 인간에게 약속된 하나님의 계획의 일부로서 인간이 창조하거나 만들려고 애써 노력해야 하는 것이 아니며, 죄의 극복이란 하나님이 우리를 위해 우리 인간 안에 이미 있게 하신 것으로 이에 대한 효과적인 계발이 우리의 과제일 뿐이다.

위와 같은 이해에 기초하여 캡스는 치명적인 죄를 에릭슨의 발달단계와 연관하여 정의한다(Capps, 1987: 21-72). 먼저 에릭슨 발단단계의 유아기와 초기 아동기에 해당하는 치명적 죄는 탐욕과 분노다. 유아기의 치명적인 죄인 탐욕은 간단히 말하자면, 자신이 필요로 하는 것보다 더 많은 것을 원하는 욕구로 음식뿐 아니라 이와 같은 행동 및 성향에 대한 은유적 표현이다. 탐욕은 지나치게 먹고 마시는 문제가 아니다. 그보다는 신뢰와 불신 사이의 갈등 속에서 인간의 동반자됨에 대한 파괴적 태도, 인생과 아름다움에 대한 부적절한 태도를 보이는 것이다. 그리하여 인생의 여러 문제에 대해 부주의하거나 삶의 아름다움에 감사할 줄 모르는 것이다. 한편 초기 아동기에 해당하는 인간의 치명적 죄는 분노다. 분노는 상해, 부당한 대우 혹은 적대감에서 유래하며 누군가를 때리고 싶은 욕구이며 복수하고 싶은 감정이다. 캡스는 분노가 치명적인 죄인 이유는 복수의 원인이서가 아니라 후원과 사랑을 제공하려는 타인의 진정한 노력에 대한 거부이며, 다른 인간에 대한 거부는 곧 자기거부, 자기존중의 거부이기 때문이라고 한다.

에릭슨의 놀이기와 학령기에 해당하는 치명적인 죄는 욕심과 시기다. 놀이기는 아동이 보다 자유롭게 움직일 수 있으며 언어력과 상상력이 증가하는 때다. 이 시기의 치명적 죄는 욕심이다. 욕심이란 자만 속에서 자신을 위해 어떤 한계도 없이 과도하게 원하고 소유하는 것 그 자체다. 부와 소유에 대한 과도한 추구는 우리로 하여금 인생에서 중요한 것, 인간 본질의 영적 차원을 추구하지 못하게 한다. 한편 학령기는 근면의 문제를 가진다. 이 시기의 경우 치명적인 죄는 시기다. 시기는 다른 사람의 소유나 이익 때문에 불만족하거나 나쁘게 생각하는 감정으로, 그 대상이 사람이다. 시기는 인생의 부정의에 대해 저항하는 근거가 되기도 하지만, 시기가 가득할 때 진정한 노력이나 생산적인 상황에 기꺼이 참여할 수 없게 된다.

에릭슨의 사춘기와 젊은 성인기에 해당하는 치명적 죄는 교만과 정욕이다. 에릭슨에게 있어 사춘기란 정체성의 위기를 겪는 시기다. 이때의 치명적인 죄는 교만이다. 교만이란 자신에 대한 지나친 자만심, 과장된 자기존중으로 개인의 가치나 존중감 혹은 자신의 소유에 대한 만족감과 관련되어 있다. 자신과 자신의 성취에 대한 과도한 견해, 다른 사람에 의해 지나치게 인정받고자 하는 허영심, 극도의 오만감을 의미한다. 한편 젊은 성인기는 친밀감의 시기다. 진정한 친밀감은 정체성 형성이 잘 진행되었을 때 가능한데, 이 시기의 치명적 죄는 정욕이다. 정욕이란 감각을 만족시키려는 욕구 혹은 힘 또는 권력이나 성(性)을 과도하게 원하는 것이다. 이는 개인적인 죄가 아니라 사회적인 죄다. 인간이 사회적 역할을 수행하고 사회적 책임감을 수행하는 능력을 저하시키기 때문이다.

에릭슨의 중년기와 성숙한 성인기의 죄는 냉담과 우울이다. 중년기는 보다 생산성 있고 창조적인 작업을 하는 시기다. 냉담이란 게으름 혹은 태만과 유사하며 풀이 죽어 있거나 공허함을 말한다. 살아있지만 죽어있는 듯한 감정으로서 아무런 희망도 없이 절망에 이르는 영속적 지체에 빠지는 것이다. 한편 성숙한 성인기는 통합의 시기다. 이 시기는 인생 전체를 통해 질서와 의미를 찾는 시기다. 이 시기의 치명적 죄인 우울은 삶에 대해 정열이 없음을 의미한다. 애도가 대상에 대한 흥미 상실을 의미하는 것이라면 우울은 사랑하는 사람이나 대상이 떠남으로 인해 야기된 대상에 대한 자학적 사고와 감정이다. 대상을 사랑하는 마음과 해치고 싶은 마음이 함께 공존한다.

캡스의 이와 같은 분류가 어떻게 목회진단에 사용될 수 있는지 성경의 인물인 사울을 예로 들어 살펴보자. 일반심리학의 인격장애의 측면에서 볼 때 사울은 정신의학에서 분류하는 여러 유형의 인격장애를 복합적으로 가지고 있는 것으로 보인다(이관직, 1996a; 1996b 참고). 먼저 사울은 수동적-저돌적(공격적) 인격장애의 증후를 보인다. 그 예로 사울은 자신이 왕으로 제비 뽑혔을 때 가방 속에 숨어 있는 수동적 모습을 보인다. 또 40일 이상 대치하는 적 골리앗의 모욕에도 아무런 대책 없이 임하였다. 그러나 이와 대조적으로 블레셋과의 싸움을 앞두고 사무엘의 영역을 침범하여 번제를 집례한다든지, 여러 번에 걸쳐 정도가 지나친 맹세를 하는 등 비정상적으로 공격적인 면모를 보인다. 사울은 또한 편집적 인격장애를 드러낸다. 다윗은 골리앗과의 전투에서 승리하여 자신을 도운 공신이었으나 사울은 그를 끊임없이 자신의 정치적인 적으로 간주하였다. 그리하여 여러 번 군대를 동원하여 죽이려 하는 등 다윗에 대해 끊임없이 분노하였다. 또한 경쟁심과 열등의식으로 꽉 차 자신의 경쟁상대를 제거하려는 병리적 모습을 보인다. 그는 만성적이며 지속적으로 죄의식이 결여된 행동을 자행했던 것이다.

그러나 캡스의 이론은 사울의 문제를 다른 관점에서 바라볼 수 있음을 시사한다. 먼저 캡스에 따른 〈표 5-2〉의 목회진단 체크리스트를 만들고 사울

표 5-2 도널드 캡스의 이론에 따른 목회진단 체크리스트

정도 / 진단	문제 정도 약함 1	2	중간 3	4	문제 정도 심각 5
탐욕					
분노			V		
욕심					
시기					V
교만					
정욕					
냉담					
우울		V			

의 증상을 체크해 보자.

〈표 5-2〉에서 보듯이 캡스는 사울이 특히 시기의 죄에 몰두해 있다고 진단한다. 특히 사울은 다윗에 대해 시기하였다. 사울은 다윗이 군사들의 영웅이 되었을 때 시기심에 가득 차 다윗을 죽일 방법만 찾았으며, 그로 인해 불행히도 다윗 못지않게 훌륭한 전사였으며 왕인 자신의 능력을 간과하였다. 이런 시기심 때문에 사울은 다윗이 자신보다 더 능력 있고 훌륭하다는 점을 받아들일 수 없었고, 다윗에 대한 분노에 휩싸여 실성할 정도가 되었다(Capps, 1987: 94-95). 캡스는 사울이 시기심을 느끼는 것 그 자체를 죄로 보지는 않는다. 시기심이 사울의 삶에 치명적이었던 이유는 사울이 시기심 속에서 자신의 삶의 이유와 목적에 대해 보다 영적이며 자신감 있게 바라보지 못한 데 있다. 즉, 사울은 왕으로 하나님의 기름 부음을 받은 자였다. 따라서 뛰어난 능력을 가진 다윗과 힘을 합쳐 어떻게 이스라엘을 승리로 이끌까, 혹은 다윗의 뛰어난 재능에 도전받으며 어떻게 자신의 부족한 점을 단련시켜 보다 충실한 왕이 될 것인가 고민해야 했다. 그러나 시기심은 그의 삶을 지속적으로 갉아먹으며 그와 반대되는 삶의 방향으로 사울을 몰고 갔다.

캡스는 기독교의 치명적인 죄의 진단은 선 또한 제시하기 때문에 도움이 된다고 하였다. 사울처럼 시기라고 진단된다면 어떻게 이의 치유를 도울 수 있을까? 일반적으로 시기의 반대는 시기하지 않는 것 혹은 시기의 대상인 적에 대한 사랑이라고 이해하였다. 그러나 캡스는 이 같은 대립적인 접근은 우리를 시기의 문제 상황에서 빠져나오게 하는 데 충분하지 않다고 본다. 그보다 에릭슨의 인간발달 이론에 대한 통찰에 근거하여 시기의 특정 대상 혹은 특정 인물이 가지고 있는 것보다 더 나은 자신의 훈련과 능력 개발을 통해 극복해야 할 것이라고 주장한다(Capps, 1987: 95). 사울이 부대낀 시기의 문제도 바로 이와 같은 관점에서 극복되었어야 한다는 것이다.

마찬가지로 캡스는 다른 죄의 항목의 극복 역시 전통적 접근과는 다른 방식으로 이해하고자 한다. 캡스에 의하면 죄의 극복은 죄를 없애는 것, 예를 들면 탐욕의 죄에 대해 탐욕을 가지지 않는 것, 분노에 대해 분노하지 않는 것, 교만에 대해 교만하지 않는 것과 같은 방식으로 접근하는 것이 아니다. 그보다는 더욱 근원적인 이유를 규명하여 선한 삶의 방식 혹은 태도를 고양시키는 것이 중요하다고 한다(자세한 논의는 Capps, 1987: 73-118 참고). 다시 말하면 눈앞의 것에 탐을 내는 시기에 보다 먼 미래를 바라볼 수 있게 하는 것(희망), 분노의 시기에 용기를 가지는 것, 시기가 생길 때 능력을 배양하는 것, 교만의 시기에 신실함을 훈련하는 것, 육체의 정욕의 시기에 진정한 사랑의 의미를 깨닫고 사는 것, 냉담의 시기에 보살핌의 능력을 계발하는 것, 우울의 시기에 인생의 지혜를 알고 살아가는 것을 제시한다.

3. 찰스 거킨의 목회진단

프루이저와 캡스가 임상과 성서에 각기 관심을 가지며 목회진단을 시도하였다면, 찰스 거킨(Charles V. Gerkin, 1922~2004)은 목회적 진단을 하는 데 있어 자신의 경험, 신학과 철학전통 그리고 심리학에 고루 비중을 두며 그 셋을 관통하는 해석학적 관점을 임상목회진단의 기본 축으로 삼는다. 거킨은 목회신학이 기독교의 한 학문 영역으로 형성된 이후 여러 학자의 공헌이 있었지만, 여전히 문제로 남는 것은 신학과 심리학의 간격을 어떻게 메워야 하는가에 관한 것이라고 한다. 목회신학의 선구자인 시워드 힐트너(Seward Hiltner)는 목회상담의 표준화작업에 공헌하였다. 그는 목회상담을 교회와 일반목회 안에 둘 것을 심각하게 고려하고, 과정사상을 통해 심리학과 신학의 연결 가능성을 모색하였다(민경배 역, 1968). 하워드 클라인벨(Howard Clinebell)도 심리학적 용어인 성장을 신학의 해방이란 용어와 연결시켰다(Clinebell, 1966). 거킨은 웨인 오우츠(Wayne Oates)가 목회자 상담사역의 구조화와 영성뿐만 아니라 심리치료의 방식과 유대-기독교 전통과의 연관성에도 관심하였다고 이해한다.

거킨에 의하면, 캐럴 와이즈(Carol A. Wise)와 폴 존슨(Paul E. Johnson)도 로저스 이론에 입각하여 신학적 인격주의를 주창하며 목회심리치료라는 용어를 채택하였다고 한다(안석모 역, 1998: 12-13). 거킨은 목회신학에 있어 이들의 공헌을 인정하면서도 이 같은 목회신학적 움직임이 심리학적 지식이나 심리치료 기술뿐 아니라 성서적이며 신학적인 목회상을 통합하는지 질문한다(안석모 역, 1998: 16). 즉, 캐럴 와이즈와 폴 존슨은 심리학을 지나치게 강조하였으며, 클라인벨 역시 신학적 문제나 질문을 깊이 탐구하는 것 없이 심리학의 성장과 신학의 해방을 연결시켰다고 비판한다. 그래서 거킨은 임상목회 전통에서 심리학이나 고전을 지나치게 강조하는 극단적인 부류들의 틈을 조직적이며 심도 있게 연결시킬 수 있는 대안 모색에 고민한다.

목회신학이 어떻게 진정으로 신학적이며 심리학적일 수 있는가? 거킨은 목회상담을 인간 경험에 대한 해석과 재해석으로 보면 현대의 심리학적 해석방식들과 교류하면서도 기독교적 해석으로 나아갈 수 있는 근본적 방향을 찾을 수 있다고 한다. 그리고 이에 대한 근거로 자신의 경험, 신학과 철학의 경향 그리고 심리학의 해석학적 특징을 내세운다.

먼저 목회상담을 해석학으로 접근할 수 있는 첫 번째 근거는 거킨 자신의 경험에 기초한 다음의 이해다. 그는 자신의 경험으로 볼 때, 목회상담은 내담자가 제공하는 독특한 언어, 이미지, 상징을 이해하는 작업이며 자신 역시 나름대로의 해석의 틀을 가지고 참여한다는 것을 알 수 있었다고 한다. 그래서 결국 "목회상담이란 상담자와 내담자 모두 참여하며 두 사람의 언어세계를 넘나들며 교류하는 대화의 해석학적 과정이다."(안석모 역, 1998: 31)라고 하였다.

거킨은 목사였던 자기 아버지의 상담 경험을 회고하면서 내담자의 문제 해결은 내담자의 삶의 이야기 해석과 상담자 해석의 경계에 있다고 보았다.

다시 말하면 대부분의 위기와 문제들은 내담자가 자신의 인생에 있어 통일성의 감각을 상실하여 미래를 향해 희망과 믿음을 가지고 나아갈 수 없기 때문에 발생한다. 따라서 이때 상담자와 내담가의 협동 작업 속에서 내려지는 해석학적 시각은 내담자의 삶에 여러 가지 판단을 내릴 수 있게 하는 수단이 되기도 하며, 기독교적 용어로 말하는 영혼의 삶을 볼 수 있게 하는 수단이라고 한다. 그래서 거킨은 자기와 영혼의 삶이란 우선적으로 경험을 해석하는 삶이며, 경험된 사건과 해석된 의미가 함께 어울릴 때 영혼의 삶이 발생하게 된다고 이야기한다.

한편 거킨은 19세기 이후 철학전통 역시 목회신학의 해석학적 측면을 강조하는 근거가 된다고 본다. 거킨은 목회신학의 선구자인 안톤 보이슨이 인간의 내적 세계 이해는 내적 경험의 세계와 외적 사건을 연결하는 이해에 달려 있는 해석학적 과제라고 주장한 점에 관심을 보인다(Boisen, 1952: 11; 안석모 역, 1998: 45-48에서 재인용). 그런데 슐라이에르마허(F. Schleiermacher)도 이와 유사한 주장을 한다. 평범한 대화에는 화자와 청자가 공유하는 언어가 있는데, 이것은 일반적 약속과 규칙을 적용할 수 있는 보편적인 요소를 갖는다. 화자와 청자는 이를 통해 언어세계의 힘과 구조의 영향 속에 놓인다. 그러나 대화에는 개인적인 메시지 혹은 특수한 요소로 불리는 것도 있다. 이 특수한 의미를 이해하기 위해서는 해석의 다른 층위, 즉 심리적이며 직관적인 해석이 필요하다고 하였다(이한우 역, 1988: 129-147). 빌헬름 딜타이(Wilhelm Dilthey) 역시 자연과학은 힘에 의한 해석이지만, 인간은 의미에 기초한 해석으로 인간을 이해해야 한다고 하였다(이한우 역, 1988: 158).

또 한스-게오르크 가다머(Hans-Georg Gadamer)는 우리 인간은 언제나 역사적 과정 안에 있기 때문에 주객용어로 해석학적 과제를 고찰하는 것은 잘못이라고 한다. 가다머는 해석을 일종의 대화적 과정으로 보고 그 안에서 의미와 이해의 지평융합이 일어난다고 보았다. 따라서 변화란 내담자와 상담자가 열린 마음으로 상호 존중하는 태도 속에서 벌이는 일종의 게임에서 발생한다고 본다. 이 상호 주관적 게임은 다시 말해 해석학적 만남으로서 이 속에서 양자를 초월하는 새로운 변화가 생긴다는 것이다(Gadamer, 1975: 269-274). 이들의 이론에 기초하며 거킨은 목회상담이란 역사 안에 묻혀 있던 자기해석학이, 자신의 생애 속에 하나님이 역사하고 계심을 깨닫게 하는 영의 능력을 통해 일어나는 해석학적 변화라고 주장한다.

거킨은 심리학, 특히 자아심리학과 대상관계 이론이 이런 해석학적 측면을 강조한다고 본다. 프로이트에게 있어 자아란 한 개인의 삶을 여러 힘들 사이에서 조정하는 중심적 중재자라고 보았다. 이후 프로이트의 계승자들에게 있어 자아의 의미는 보다 심화되었는데, 안나 프로이트(Anna Freud)는 심리역동적 체험과 관념을 연결시키는 능력이 사람에게 있으며 이것이 자아의 가장 중요한 역할이라고 보았다(Freud, 1958: 178). 하인즈 하트만(Heinz Hartmann) 역시 갈등 부재의 영역이 자아의 기능 중 존재하며 갈등의 관계를 피해 성장 문제를 처리할 수 있다고 보았다(Hartmann, 1958: 8-10). 대상관계 이론가인 도널드 위니캇(Donald W. Winnicott)은 중심적 자기는 어머니와 분리되어 형성되며 자신의 체험을 해석하는 해석자로서 자신의 과정을 이야기한다고 하였다(Winnicott, 1965, 46; 안석모 역, 1998: 102). 컨버그(O. Kernberg) 역시 신생아가 맞닥뜨리는 인간 상황은 선과 악, 쾌와 고통이 가득하며 이런 상황에 대면하여 하나의 의미 있는 이야기로 자신을 엮어 가는 것이 과제라고 제시하였다(Kernberg, 1976). 하인즈 코헛(Heinz Kohut) 역시 한 사람의 생을 하나의 해석, 즉 자기의 해석학이라 하였다(Kohut, 1977: 132-133, 271). 거킨은 이 같은 심리학의 입장은 보이슨이 강조한 해석학적 이미지를 강조한다고 본다. 즉, 심리학 역시 인간의 인생은 하나의 해석이며 동시에 긴 이야기임을 지지한다는 것이다.

그럼 해석학의 관점에서 영혼의 삶을 진단하는 접근은 무엇일까? 먼저 거킨은 자기 해석의 변증법을 주장한다. 자기해석학의 변증법이란 몇 개의 힘/의미가 만나 변증법적 관계와 긴장 속에서 자기해석을 하는 것을 말한다(안석모 역, 1998: 127-133). 특별히 세 방향의 힘이 있는데, 첫째는 자기/자아 안에 있는 양극적 긴장이라 할 수 있다. 이는 컨버그가 강조하는 선하거나 악한 자기 및 대상 이미지와 어린 시절부터 누적된 갈등 혹은 에릭슨이 주장하는 자아의 갈등 축적 부분을 포함한다. 이런 자기/자아의 힘/의미는 내적이고 사적인 문제로 나타나기도 하고, 외부세계나 관계를 맺고 사는 삶에 충동적인 욕구로 작용하기도 한다.

다음으로 사회적 상황에서 영혼의 삶으로 흘러나오는 조합을 말할 수 있다. 이 사회적 상황은 중산층 백인사회라든지 혹은 흑인사회라든지와 같은 광범한 사회문화적 맥락을 지칭하지 않는다. 그보다는 한 개인이 속한 직접적인 공동체, 직업의 맥락, 또 확대된 가족 맥락 및 그와 친밀한 대인관계적 맥락을 포함한다. 이를 통해 개인은 주요 정체성을 부여받으며, 집단 안에서 행동규범이나 압박감이나 야망/이상을 형성한다.

마지막 힘/의미 조합은 신앙과 문화의 해석이다. 전통이나 신화적이고 상징적인 해석 패턴인 이 조합은 한 개인이 자기의 세계를 어떻게 지각할 수 있는가에 관한 힘을 제공한다. 가령 어떤 행동이나 생각은 비난이나 죄의식을 가져올 것이며, 어떤 행동은 칭찬을 받을 것이라 말해 준다. 또 관계가 어떠해야 하는지도 이 신앙과 문화를 통해 알게 된다. 이 각기의 세 힘/의미는 계속적으로 상호작용하며 한 개인의 영혼의 삶에 뿌리 내린다.

영혼의 삶을 진단하는 두 번째 방법은 세 차원의 시간과 관련된 개인의 경험이다. 인간의 삶은 이 세 차원의 시간에서 동시적으로 살아지고 해석되는데, 세 차원의 시간이란 인간 생애 주기 안에서의 시간, 인류의 역사과정 안에 있는 시간(사회문화적 혹은 역사적 시간), 창조와 관련된 하나님의 삶의 구조 안에서의 시간(종말론적 시간)을 말한다(안석모 역, 1998: 133-142). 인간 생애 주기 안에서의 시간은 나이에 따라 주어진 것을 구조화하고 동시에 자기 앞으로 다가올 생애 주기 안의 시간에 유의하도록 한다. 인간은 이 시간의 회고 속에서 항상성이나 자기동일성을 획득하는가 하면 미래를 예상함을 통해 변화나 자기활성화를 경험하기도 한다. 과거의 죄의식이나 분노, 미래의 불안과 걱정 사이에 연결고리를 형성하여 자기초월적 인간의 가능성과 소망이 생애 주기적 시간과 해석과 어떤 관련이 있는지 살필 수 있다. 한편 사회문화적 혹은 역사적 시간 이해를 통해 인간과 역사가 불가분의 관계가 있음을 알 수 있다. 20세기 후반을 살아가는 사람과 1세기 혹은 15세기를 살아가는 사람은 각기 다른 해석적 과제와 가능성을 갖는다. 다시 말하면 특정 사회적 시간과 장소가 부여하는 사회적 역동성은 개인의 자아 및 자기의 진행과정에 미세하면서도 강한 충격을 준다. 영혼의 삶의 세 번째 시간은 종말론적 시간이다. 종말론적 시간이란 각 개인의 삶과 공동의 역사를 내포하지만 신의 약속과 목적 속에 있음을 바라보는 것이다. 따라서 과거와 현재와 미래의 단순한 접촉이 아니라 예수 그리스도 의 사건 안에서 이루어지는 과거와 현재와 미래의 보다 근본적이며 통합적인 연관을 포함한다. 아직 아님과 이미 이루어진 것의 역동 속에서 인간의 삶은 모든 창조와 연관되어 하나님의 생명의 생태학 속에 있음을 말해 준다.

영혼의 삶의 세 번째 자기해석학은 환경(분위기), 플롯, 인물, 톤을 포함하는 이야기적 구조를 가진다(안석모 역, 1998: 142-149). 환경(분위기)이란 이야기 상황을 구성하는 힘이나 가능성, 상태를 총체적으로 일컬으며 어쩔 수 없이 주어진 상황이라고 할 수도 있다. 즉, 인간에 의한 변화가능성을 초월하여 존재하는 기존 구조, 특정한 힘, 특정 가치 등을 말한다. 플롯은 경험에 대한 자기해석의 누적이라 할 수 있다. 특정 이야기나 이미지를 과거의 사건과 연결시켜 단순하게 일어난 사건을 일련의 방향이나 의미를 지닌 사건으로 구성한다. 한 사람의 인생 속에서 플롯 감각을 상실하는 것은 자기존재의 상실을 의미한다. 인물 혹은 인물묘사란 개인의 자기묘사뿐 아니라 자신의 삶에 주요한 인물들에게 부여한 인물묘사를 포함한다. 자기가 가장 활발하게 해석기능을 수행하는 곳이 바로 인물묘사다. 이 묘사를 통해 의미 있는 타자와 신화적 이미지들이 상호 연관 속에서 경쟁하고 대안적 틀을 형성하기도 한다. 하나님에 대한 이미지 역시 이상적인 대상에 대한 궁극적인 자기해석의 결과다. 마지막으로, 톤은 재료와 언어의 선택, 이야기를 하는 태도 및 그 관점의 질을 말한다. 인생 경험에 관해 반복되는 특정 언어와 특정 스타일에 대한 주의로서, 특정 경험이 선택되고 배제되는 이유, 선택된 특정 언어가 비난의 언어인지, 희생자의 언어인지, 승리의 결의를 포함한 언어인지 등에 대한 탐구다. 적의 혹은 수치와 자기멸시의 태도에서 말해지는가에 관한 감정적이고 지적인 톤에 대한 관찰도 포함한다.

그러면 거킨의 목회진단을 실제 임상에 어떻게 적용할 수 있는지 살펴보자. 다음의 사례는 중보기도모임에 참석하는 C 집사의 자기 이야기 및 자기에 관한 글에 기초한다(이미영, 2001: 47-50에서 수정 인용함).

> C 집사는 47세의 여성으로 20세 된 딸, 고3 아들과 함께 살고 있다. 대학 졸업 후 경제적 어려움으로 명예퇴직을 하던 지난 4년 전까지 교사로 일하였다.
>
> C 집사의 어린 시절은 그런대로 평탄하였다. C 집사는 다섯 남매 중 둘째 딸로 태어났다. 부모님이 간절히 아들이길 원했으나 딸이었던 C 집사는 부모로부터 서운한 대접을 받기도 하였다. 그러나 본인 스스로 욕심도 많고 노력형이어서 열심히 공부하였고, 가족들로부터 인정을 받았다. 스스로도 학교와 직장 모두에서 남들이 부러워하는 단계를 밟았으므로 '이 정도면 괜찮다.' 고 생각했다. 결혼 전까지 이와 같은 삶이 지속되었다. 그러나 C 집사의 말에 의하면 결혼이 이 모든 것을 바꾸어 놓았다고 한다.
>
> 동료 교사의 소개로 만난 남편은 씀씀이가 컸고, C 집사가 직장을 다닌다는 이유로 월급도 가져다주지 않기 일쑤였다. 또 사업을 한다며 친정 부모에게서 돈을 가져다 쓰기도 했다. 남편은 착하고 온유한 사람이었지만, 매일 술을 마셨고 책임감도 없고, 무능력한 사람이었다. 결혼 기간 내내 남편은 '성공하면 갚는다.' 는 등의 감언이설로 힘들게 번 돈을 갖다 썼으며, 현재까지 생활비를 가져다준 적이 없다. 친정부모가 반대한 결혼이고 자식 때문에 참고 또 참았지만, 이제는 다 내려놓고 싶은 심정이다.

> 그래서 현재 C 집사는 자신의 인생은 '깨진 쪽박과 같다.' 고 생각한다. 남들보다 더 공부하고 더 열심히 산 자신의 현재가 이렇게 초라하고 볼품이 없을 수 있는가 생각하며 남편뿐 아니라 자기 자신한테도 매우 화가 난다고 한다. 끊임없이 잘살고 싶다고 생각하면서도 길은 보이지 않고 자꾸만 모두에게서 고립되어 가는 느낌이라고 한다. 친정 부모에게도 면목이 없고, 형제들 보기도 민망하고, 경제적으로 어려워 친구들도 자연히 안 만나게 되는 상황이라고 한다. 자식한테도 풍족히 해 주지 못해 미안한 마음뿐이라고 한다. '그때 결혼만 안 했더라면 이렇게 살지 않았을 텐데…….' 라는 생각도 하고, '살고 싶지 않다.' '초라하다.' '자신감이 없다.' '자꾸 움츠러들고 억울하다.' 고 하였다.

거킨의 관점에서 C 집사의 사례를 진단할 때 먼저 간략하나마 다음과 같은 목회진단 체크리스트를 만들어 표시할 수 있다.

거킨의 첫째 분류인 자아해석학의 변증법에서 보면, C 집사의 자아/자기는 심한 갈등 속에 있는 것으로 보인다. C 집사는 끊임없이 자기 내면으로부터 '살고 싶다, 아니 잘살고 싶다.' 고 외치는 소리를 듣는다고 한다. 그러나 현재의 삶은 남편으로 인한 좌절로 꽉 차 있어 지나간 세월이 원망스럽고, 친지 보기도 민망하고, 자신감이 없는 자신이 밉기까지 한 상황이다. 또한 C 집사는 최선을 다했음에도 불구하고 별 가능성 없는 현재의 결혼생활이 무척 괴롭게 느껴진다. 가족이나 시집식구, 남편에게 최선을 다했음에도 불구하고 벌어놓은 재산은 다 날리고 남편 몰래 모아둔 약간의 적금과 간단한 부업으로 살아가고 있는 자신의 처지가 초라하기 그지없을 뿐이다.

또한 C 집사의 사회적 상황은 가족, 친지 혹은 다른 이들로부터 현재 경제적인 지원은 물론 정서적인 지원을 받지 못하고 있는 상황이다. 이전에 친정 부모로부터 남편의 사업자금을 지원받았으나 현재는 그렇지 못한 상황으로 보인다. 또한 그 일로 인해 부모, 형제들과 소원해지고, 돈에 쪼들려 친구들도 자주 만나지 못해 고립되어 있는 느낌이라고 한다. 물론 남편으로부터는 어떤 정서적 지원도 받지 못하는 것으로 보인다. 자녀들과의 관계는

표 5-3 찰스 거킨의 이론에 따른 목회진단 체크리스트

<table>
<tr><th colspan="7">영혼의 삶의 진단 세부사항</th></tr>
<tr><td rowspan="2">자기해석학의 변증법</td><td colspan="2">자기/자아</td><td colspan="2">사회적 상황</td><td colspan="2">신앙과 문화의 해석</td></tr>
<tr><td colspan="2">• 내면의 요구: '잘살고 싶다' vs. 그렇지 못한 현실
⇨ 갈등, 괴로움</td><td colspan="2">• 가족, 친지 등 다른 식구들과 고립
• 남편과 전혀 정서적 교류 없는 듯
⇨ 고립되어 가는 느낌
• 자식들과의 관계: 추후 탐색</td><td colspan="2">• 한국전쟁 이후 경쟁을 거쳐 들어간 여중, 여고 세대
• 이 시기 한국 중산층 여성의 남성에 대한 기대
⇨ C 집사는 비교, 경쟁의식 강함</td></tr>
<tr><td rowspan="2">세 차원의 시간과 관련된 자기해석학</td><td colspan="2">개인적 삶의 주기</td><td colspan="2">사회/문화/역사적 시간</td><td colspan="2">종말론적 시간</td></tr>
<tr><td colspan="2">• 결혼 전까지의 경험에 근거하여 형성된 신념으로 현재 이해
⇨ 현재 상황을 도저히 이해할 수 없음. 자기해석의 변화가 필요한 상황</td><td colspan="2">• 한국 전쟁 전후 세대의 핵가족의 이데올로기: C 집사가 가족 경제의 유일한 책임자.
⇨ 경제적 궁핍, 자녀교육의 충분한 지원을 해 주지 못한 것에 대한 미안함
• 성에 대한 보수적 입장
• 폐경기의 위기?
⇨ 추후 탐구</td><td colspan="2">• 종교적 자기해석이 텅 비어 있음
⇨ 추후 탐색 필요</td></tr>
<tr><td rowspan="2">자기해석학의 이야기적 특성</td><td>환경 / 분위기</td><td colspan="2">플롯</td><td colspan="2">인물묘사</td><td>톤</td></tr>
<tr><td>• 반대에도 불구하고 한 결혼이라 참음
• 자식 때문에 참은 결혼
⇨ 원하지 않음에도 벗어날 수 없는 환경</td><td colspan="2">• 어린 시절: 희극
• 현재: 비극</td><td colspan="2">• C 집사: 희생자
• 남편: 전적인 가해자</td><td>• 어두움, 허무, 억울함, 고립, '깨진 쪽박 같은 내 인생'</td></tr>
</table>

어떠한지 알 수 없지만 이들과도 깊은 교류와 지원이 이루어지지 않고 있는 상황으로 보인다.

신앙과 문화의 측면에서 C 집사는 현재 자신의 상황을 받아들이기 어려울

수 있다. 현재 47세라면 한국전쟁 이후 태어난 베이비붐 시대에 태어난 사람으로 여중, 여고가 입시 체제일 때였을 것으로 추정된다. 이 시기 유달리 강한 학벌의식과 동창의식은 C 집사가 현재 자기의 모습을 더욱 받아들이기 힘든 상황을 야기할 법도 하다. C 집사의 진술을 보면 유난히 '지고 싶지 않아서'라거나, '남들이 부러워하는 단계를 밟았다.'거나, '남들보다 더 많이 공부한 내가 왜 이렇게 살아야 하는가?'와 같이 비교의식이 내포된 것이 많다. 남들과의 경쟁 속에서 이기는 삶을 주요 가치로 여기는 삶의 배경 속에서 남들보다 못사는 현재 자신의 모습을 그대로 인정하기 더욱 어려울 것이다. 한편 이런 배경의 중년 여성이 기대하는 남편이란 번듯한 직장에서 일하는 남편일 것이다. 이에 반해 착하고 온유하지만 무능력하고 책임감 없는 남편은 자존심 강한 C 집사가 받아들이기 어려운 남성상이라고 생각한 것이 C 집사를 그나마 기도모임에 나오게 하고 다른 사람에게 자신의 문제를 이야기하게 하는 것 같다.

인물묘사에 있어 C 집사는 자신을 남편에 의한 전적인 희생자이며 남편은 자신의 불행을 초래한 전적인 가해자로 묘사하고 있다. 자신은 어릴 적부터 열심히 노력해 왔고 비교적 성공적으로 인생을 살아가던 사람이었으나, 무능력하고 책임감 없는 남편을 만나 자신의 인생이 완전히 망가졌다고 본다. C 집사의 경우 아들, 딸을 포함하여 다른 가족 구성원에 대한 묘사가 전혀 없다. C 집사는 현재 남편과의 관계에 너무 과도하게 몰두하고 있는 것은 아닌가 생각된다. 한편 그의 이야기에서 반복되는 톤은 '깨진 쪽박 같은 내 인생'이라는 표현에 집중되어 있다. 초라하고 억울하고 허무한 인생의 반복인 것이다. 그런데 앞서 보았듯이 C 집사의 '깨진 쪽박 같은 인생'이라는 자기이해는 전적으로 남편과의 관계 때문이라 해석된다. 오랜 기간에 걸친 교사로서의 생활, 그로 인한 성취감, 자식들과의 관계 속에서의 감정, 왜 이런 것들이 C 집사의 자기이해에서 배제된 것일까? 직장과 자녀관계는 C 집사의 이 같은 자기이해에 어떤 영향을 미치는가? C 집사는 지나친 우울을 경험하며 자신의 삶에서 최악인 사건, 즉 남편이 가져온 불행으로 그렇지 않은 삶의 영역까지 채색하고 있는 것은 아닌가? 또 IMF로 인한 실직은 C 집사의 자기이해에 왜 배제된 것일까? 이런 문제를 추후에 탐구해 볼 수 있다.

이와 같은 진단을 통해 얻을 수 있는 것은 C 집사는 현재 심한 위기 속에 있다는 것이다. 자아의 갈등, 사회적 고립, 종말론적 정체성의 부재, 자기 삶을 관통해 온 사고 패러다임의 위기, 중년 여성으로서의 위기, 남편의 무능함으로 인한 자기 삶에 대한 심한 좌절 속에 빠져 있다. 그러나 그럼에도 불구하고 C 집사는 또한 과거의 경험 속에서 어려움을 극복한 기억이 꽤 오랜 기간 지속되어 왔으며 현재도 잘살아 보고 싶다는 내면의 욕구가 강렬하게 일고 있다. 기도모임에의 참석은 아마도 그 같은 바람의 표현일 것이다. 자아지지 상담을 통해 이와 같은 C 집사의 강점을 계속 후원해야 할 것이다.

또한 C 집사의 경우, 지지집단을 통한 놀이공간의 경험이 절대적으로 필요해 보인다. 정서적 지지기반을 넓히는 것뿐 아니라 다양한 사람들과의 만남과 놀이를 통해 결혼 전까지의 경험을 기초로 한 유일한 자기해석의 패러다임을 넘어설 수 있는 가능성을 발견할 수 있는 계기가 될 수도 있기 때문이다. 한편 C 집사는 자신의 현재 위기를 해석하는 데 있어 그 에너지가 남편에게만 집중되어 있다. 직장에서의 성취 경험, 자식과의 교류 등 그녀의 전체 삶에 대한 객관적 이해보다 남편에게 집중된 삶의 해석이 어떤 다른 외적 요인과 연관되는지 살펴보아야 할 것이다. 4년 전 실직 경험이 어떤 영향을 미쳤는지, 폐경기 여성으로서 심리적, 신체적 경험은 어떠한지에 대해 탐구한 후에 필요하다면 폐경기 여성에게 필요한 생리적인 도움을 의학자들과의 협의하에 제공할 수도 있을 것이다.

4. 나가는 말

기독교인의 시각에서 살펴본 목회임상진단은 매우 다양하다. 기독교인 상담에 관심 있는 정신의학자 폴 프루이저는 신학의 독자성을 강조하며 기독교인에 대한 세심한 관찰과 통찰을 통해 진단의 영역을 구체화하였다. 목회신학자인 도널드 캡스는 에릭 에릭슨과 교회의 죄 개념을 중심으로 진단 리스트를 구성하였다. 성서에 기초한 사례와 이해가 캡스 목회진단의 주요 특성이라 할 수 있다. 반면 찰스 거킨은 자기 경험, 심리학, 목회신학의 자료를 고루 사용하여 풍요롭고 다양한 목회진단의 접근을 추구하였다. 특별히 그는 신학의 해석학적이고 철학적인 자료들을 많이 사용하였다. 이들은 모두 그 관점이 조금씩 다르지만, 그럼에도 불구하고 기독교인 내담자의 문제를 진단하는 데 있어 기독교의 풍부한 전통에 근거하여 보다 인간적이고 상대를 존중하는 입장에서의 접근을 강조하는 점에서는 서로 유사하다고 할 것이다. 또한 일반 학문과 심리학, 정신의학의 통찰을 충분히 활용하면서도 인간의 삶에 내재한 가능성으로서의 치유가 인간을 향한 하나님의 선한 계획이라고 보는 점도 비슷하다. 따라서 인간의 문제점이나 병리만큼이나 인간의 건강, 가능성, 순례로서의 삶을 강조한다고 하겠다.

임상에서 어떤 목회진단 체계를 사용할지는 각 상담자의 특성에 따라 다양하게 결정할 수 있을 것이다. 일반심리학자들과 같은 방법을 사용할 수도 있으며, 앞에 간략히 소개된 목회진단 체크리스트를 사용하여 진단할 수도 있을 것이다. 그러나 어찌하였건 앞에서 살펴본 연구들은 목회진단이란 어떤 하나의 방식으로 규정될 수 없으며 새로운 해석과 이해를 위해 열려진 영역임을 드러낸다. 앞으로의 과제는 목회신학의 이런 입장과 지속적으로 대화하면서 한국 기독교의 상황에 보다 적합한 임상진단에 대한 창의적 연구를 수행하는 것이라 할 수 있다.

참고문헌

김윤섭 역(1974a). 불안의 개념(원저: S. Kierkegaard). 서울: 청산문화사.

김윤섭 역(1974b). 죽음에 이르는 병(원저: S. Kierkegaard). 서울: 청산문화사.

민경배 역(1968). 목회신학원론(원저: S. Hiltner). 서울: 대한기독교서회.

박두병 외(1997). 정신장애증례집. 서울: 하나의학사.

박두병(1996). 알기 쉬운 일반정신의학. 서울: 하나의학사.

안석모 역(1998). 살아있는 인간문서(원저: C. Gerkin). 서울: 한국심리치료연구소.

이관직(1996a). 사울은 수동적 저돌적 인격장애자. 빛과 소금, 1996년 1월호, 148-150.

이관직(1996b). 일그러져 갔던 영웅 사울. 빛과 소금, 1996년 10월호, 140-141.

이근후 외 역(1994). 정신장애의 진단 및 통계편람 제4판(원저: American Psychiatric Association). 서울: 하나의학사.

이미영(2001). 이야기하기를 통한 중년 여성 상담. 이화여자대학교 신학대학원 석사학위 청구논문.

이은규 역(2000). 생의 진단자로서 목회자(원저: P. Pruyser) 서울: 도서출판 동서남북.

이장호, 최윤미(1992). 상담사례 연구집. 서울: 박영사.

이한우 역(1988). 해석학이란 무엇인가(원저: R. Palmer). 서울: 문예출판사.

임춘갑 역(1981). 이것이냐 저것이냐(원저: S. Kierkegaard). 서울: 종로서적.

Albert, C., & Gaw, M. D. (Eds.) (1993). *Culture, Ethnicity and Mental Illness.* Washington, DC: American Psychiatric Press.

Boisen, A. (1952). *The Exploration of the Inner World.* New York: Harper Torchbooks.

Capps, D. (1987). *Deadly sins and Saving Virtues.* Philadelphia: Fortress press.

Capps, D. (1990). *Reframing.* Philadelphia: Fortress press.

Ciarocchi, J. (1993). *A Minister's handbook of mental Disorders.* New york: Paulist press.

Daly, M. (1978). *Gyn/Ecology: the Metaethics of Radical Feminism.* Boston:

Beacon press.

Edwards, J. (1959). *The Works of Jonathan Edwards*, Vol. II. Edited by Perry Miller. New Haven: Yale University Press.

Erikson, E. (1958). *Young Man Luther*. New York: W. W. Norton & Co.

Erikson, E. (1963). *Childhood and Society* (2nd rev. ed.). New york: W. W. Norton & Co.

Erikson, E. (1964). *Insight and Responsibility*. New York: W. W. Norton & Co.

Erikson, E. (1968). *Identity: Youth and Crisis*. New York: W. W. Norton & Co.

Erikson, E. (1979). *Identity and Life Cycle*. Notre Dame, Ind.: Univ. of Notre Dame press.

Freud, A. (1958). *The Ego and the Mechanisms of defense*. New York: International University Press.

Gadamer, Hans-Georg. (1975). *Truth and Method*. New York: Seabury Press.

Gadamer, Hans-Georg. (1976). *Philosophical Hermeneutics*. Translated and Edited by David Linge. Berkely: University of California Press.

Hartmann, H. (1958). *Ego Psychology and the Problem of Adaptation*. New York: International University Press.

Johnson, P. E. (1953). *The Psychology of Pastoral Care*. Nashville, New York: Abingdon-Cokesbury Press.

Kernberg, O. (1976). *Object Relations Theory and Clinical Psychoanalysis*. New York: Jason Aronson.

Kohut, H. (1977). *The Restoration of the Self*. New York: International University Press.

Menninger, K. A. (1973). *Whatever Became of Sin?* New York: Hawthorn Books.

Oates, W. (1961). *Christ and Selfhood*. New York: Association Press.

Oates, W. (1962). *Protestant Pastoral Counseling*. Philadelphia: Westminster Press.

Shklar, J. N. (1984). *Ordinary Vices*. Cambridge: Belknap Press of Harvard University Press.

Winnicott, D. W. (1965). *The Maturational Processes and the Facilitation Environment*. London: Hogarth press.

Wise, C. A. (1951). *Pastoral Counseling: Its Theory and Practice*. New York: Harper and Brothers.

제6장_ 심리평가의 목회상담적 적용의 실제

'목회상담에서 심리평가가 필요한가?'라는 질문이 제기될 수 있다. 심리적 장애와 부적응을 치료하는 데 필요한 절차 중의 하나가 그러한 문제의 성질을 명확하게 규명하는 것이라고 할 때, 심리평가는 목회상담에서도 중요하고 의미 있는 과정이라고 할 수 있다. 심리평가라는 객관적이고 과학적인 자료수집 및 분석의 절차를 통하여 내담자에 대한 체계적인 이해와 정확한 진단과 함께 바람직한 치료방법을 제시해 줄 수 있을 뿐 아니라, 내담자와의 치료적인 관계 형성을 돕고 상담동기를 진작시켜 주는 효과를 기대할 수 있기 때문이다. 신뢰성 있고 타당한 심리평가를 위해서 상담자는 인간의 성격과 정신병리에 대한 깊은 이해와 더불어 심리측정의 원리와 측정도구들의 특성들을 파악하고 있어야 한다.

이 장에서는 심리평가에 대한 전반적인 개요와 함께 심리평가의 주 요소로서 심리검사의 종류와 특징들, 심리평가의 실제 과정과 면담, 평가 결과를 치료적으로 다루는 방법과 심리평가 보고서의 작성을 임상사례와 함께 제시하고자 한다.

1. 심리평가 개요

심리평가란 '개인의 심리적 특성을 이해하고 판단하기 위하여 시행하는 전문적인 측정 및 평가과정' 이라고 할 수 있다. 즉, 상담과 마찬가지로 심리평가의 궁극적인 목표는 내담자를 이해하고 돕는 것으로, 문제를 진단하고 치료적 제안을 하는 일들이 포함되며, 이를 위해 객관적이고 전문화된 측정과 판단과정이 요구된다. 심리평가에 대한 좀 더 구체적인 정의를 보면 '전문가가 개인이나 그 주변인물에 대한 면담과 행동관찰, 심리검사 결과를 종합하여 그 개인의 전반적인 기능과 독특한 측면을 객관적으로 기술하여 효과적으로 전달하는 절차' 라고 할 수 있다. 또는 '개인의 행동표집을 객관적이고 표준화된 방식으로 측정하는 것' 이라고도 볼 수 있는데, 이때의 '행동표집' 이란 인지능력, 적성, 흥미, 욕구, 동기, 대인관계, 성격특성, 정신병리 등 외적으로 관찰 가능하든 그렇지 않든 간에 개인의 다양한 심리적 속성들을 포괄한다.

엄밀한 의미에서 심리평가와 심리검사는 동의어가 아니다. 심리검사는 심리평가 절차의 일부라고 할 수 있다. 학자들은 심리평가가 심리검사와 면담, 행동관찰, 전문지식 및 기타 임상가로서의 자질들이 포괄된 복합적인 과정이라고 본다(박영숙, 1998). 여기서 '심리검사' 는 심리측정의 원리와 개별검사들의 특징을 이해하고 그 검사들을 표준화된 방식으로 시행하고 객관적으로 해석하는 기술들이 요구되는 부분이다. 그리고 '면담' 은 적절한 유대관계 속에서 내담자에게 치료적으로 접근하는 대화 기술을 말한다. '행동관찰' 은 심리평가 과정에서 내담자의 언어적, 비언어적 단서들을 주의 깊고 민감한 태도로 포착하는 것을 말한다. 또 성격과 병리에 대한 지식과 진단 분류 지식 등 '전문지식' 을 활용할 것이 요구된다. 이 외에도 심리평가는 상담자의 임상적 상상력과 객관적이고 논리적인 추론 등이 요구되는 과정이므로, 심리검사 매뉴얼만 알면 누구나 심리평가를 할 수 있다고 여기는 것은 위험한 생각이다.

심리평가의 목적은 개인 내, 개인 간의 심리측정 비교를 통하여 내담자의 행동이나 성격을 이해하고 이를 바탕으로 하여 내담자의 문제 해결, 치료,

의사결정 등에 도움을 주려는 것이다. 심리평가의 보다 구체적인 목적들은 다음 사례를 통해 설명될 수 있을 것이다.

> 중학생인 민수는 술을 마시고 오토바이를 훔치는 등의 일탈행동을 하여 어머니에 의해 상담이 의뢰되었다. 어머니는 "민수가 어릴 때부터 제멋대로이며 나쁜 애들과 어울리고 거짓말과 반항을 하는 등 문제아였다. 타이르고 애원하며 붙들고 기도하고 별 수를 다 해도 소용이 없다."라고 말하였다.

심리평가의 목적을 살펴보면 다음과 같다. 첫째, '임상적 진단을 명료화하고 세분화' 하는 것이다. 사례에서 일탈 청소년 민수의 문제가 품행장애인지 혹은 우울증인지 심리평가를 통해서 진단할 수 있다. 둘째, '증상과 문제의 심각성을 구체화' 하는 것이다. 예컨대 민수가 우울증이라면 어느 정도 심각한가? 자신이나 타인에게 파괴적으로 행동할 가능성은 어느 정도인가? 등을 평가할 수 있다. 셋째, '내담자의 자아 강도를 평가하는 것'이다. 민수의 자아가 얼마나 건강한지, 현실 판단력과 욕구 지연능력, 좌절에 대한 인내력, 충동 통제력, 주된 정서와 그 영향 등을 판단할 수 있다. 넷째, '내담자의 인지적 기능을 평가하는 것' 이다. 민수의 지적 잠재력, 상황 판단력, 계획능력과 실행능력, 기억능력, 분석-종합능력, 논리적 추론능력 등을 측정할 수 있다. 다섯째, '내담자에 대한 적절한 치료 유형과 전략을 제시하는 것' 이다. 예컨대 민수에 대하여 심리치료가 필요한가? 심리치료를 한다면 지지적 접근 혹은 통찰치료가 적절한가? 사회기술 훈련이나 보호자에 대한 교육이 필요한가? 등을 제안할 수 있다. 여섯째, 내담자를 '치료적 관계로 유도하여 스스로 자신의 문제를 탐색해 나갈 수 있도록 돕는 것' 이다. 즉, 평가과정에서 민수에 대한 관심과 이해를 나눔으로써 스스로 치료받고자 하는 동기가 생기도록 이끌어 줄 수 있다. 일곱째, '내담자의 치료적 반응을 검토하고 치료효과를 평가하는 것' 이다. 예컨대 심리치료 전에 실시한 민수의

MMPI(다면적 인성검사)보다 심리치료 후의 MMPI가 더 안정된 분석 결과를 보인다면 상담자의 치료적 개입이 효과적이었다고 평가할 수 있을 것이다. 마지막으로, 내담자의 증상 밑에 깔려 있는 '정신역동을 명료화하는 것' 이다. 민수의 일탈행동이라는 외현적 증상들은 면밀한 심리평가를 통하여 그 역동적 의미를 밝힐 수 있다. 예컨대 민수의 부모는 서로에 대하여 오래된 갈등을 지녀 왔고, 어머니는 자신을 닮은 민수의 형 영수와는 달리, 남편을 닮았다고 생각하는 민수에게 남편의 부정적인 면들을 투사하여 민수로 하여금 어머니의 부정적인 기대에 부응하도록 부추기면서 남편에 대한 적개심을 간접적으로 표출해 왔고, 아버지는 민수의 일탈을 남자다운 욕구충족이라는 대리만족감으로 방조해 왔을 수 있다. 민수는 이러한 만성화된 삼각관계 속에서 갈등과 인정받지 못하는 열등감으로 우울증을 발달시키게 되었고, 이를 내재화하기보다는 충동적인 방식으로 행동화하여 표출함으로써 부모의 관심을 끌어 왔을 수 있다.

이 외에도 심리평가는 증상의 특징들과 가능한 자원 등을 고려하여 내담자 문제의 예후를 판단할 수 있으며, 또한 내담자의 진로나 강제적, 법적 조치를 결정하기 위한 목적으로도 사용될 수 있다.

심리평가의 장점으로는 먼저 심리평가를 시행함으로써 내담자에 대한 상담자의 주관적 판단으로 인한 실수를 방지해 줄 수 있다는 점을 들 수 있다. 즉, 내담자에 대한 객관화된 정보를 제공함으로써 인상이나 상담 자료에서 초래될 수 있는 주관적 오류를 방지할 수 있게 된다. 또 개인 간의 비교를 통해 상대적 위치를 파악할 수 있을 뿐 아니라[1] 개인 내의 기능들이나 적응성들도 비교할 수 있다.[2] 나아가 비교적 단시간 내에 내담자에 대한 포괄적이

1) 예를 들어 지능이 평균 수준인지 혹은 우수 수준인지를 판단할 수 있다.
2) 예: 어휘능력은 유지되고 있으나 주의집중력은 저하되어 있다. 현실판단력은 유지되나 충동통제력이 약하다.

고 깊이 있는 이해가 가능하기 때문에 효율적이라는 장점이 있다. 그러나 이러한 장점이 실현되기 위해서는 평가과정 자체가 매우 집중적이고 전문적으로 이루어져야 한다.

2. 심리검사로 측정할 수 있는 것

인지기능

주로 지능검사와 신경심리검사로 평가되는데 지능 수준과 주의집중력, 기억, 지각, 사고, 개념형성 수준, 언어능력, 의식, 지남력[3] 등의 특성과 손상된 정도를 측정한다.

정서 경험과 표현

정서는 주관적이고 비합리적인 심리상태이면서 행동을 유발하는 강력한 동인이기도 하다. 심리평가를 통하여 정서의 양(감정의 둔화, 무감동, 우울, 고양 등)과 내용(긍정적, 부정적 정서, 양가감정 등), 방향(자기지향 혹은 타인지향)을 파악할 수 있다.

동기 수준과 욕구 체계

행동의 에너지를 촉발하고 방향성을 이끄는 내담자의 다양한 동기들과 욕구들을 여러 성격검사들을 통해 측정할 수 있다.

3) 시간, 장소, 사람과의 관계에서 자신의 위치를 식별하고 관계성을 이해하는지의 여부를 말한다.

성격특성과 역동, 주요 방어기제와 대처양식

일부 성격검사들은 다른 검사자료들과 내담자의 성장사와 함께 실시하면 내담자의 성격적 특성이 어떻게 형성되고 발달되어 왔는지를 이해할 수 있다. 또 성격특성은 주로 사용하는 방어기제 및 대처양식과 밀접하게 관련되어 있기 때문에 심리검사를 통해 내담자의 핵심적인 욕구와 방어기제, 대처양식들을 파악할 수 있다.

반복되는 대인관계 양상과 특징적인 행동양식

내담자들은 부적응적인 대인관계 양상을 되풀이하는 경향이 있다. 이들의 특징적인 행동양식들은 성격유형에 따라 다양한데 의존적, 수동-공격적, 회피적, 조종적, 착취적, 피학적, 가학적이거나, 성애화(性愛化, sexualization)[4]나 불안정, 거리두기, 의심하기, 투사하기 등으로 나타난다. 심리평가는 이러한 대인관계 양상과 예상되는 행동양식을 파악할 수 있게 해 준다.

영적 지향과 신앙적 특성

영성과 신앙에 초점을 맞춘 검사들을 통해 내담자의 영적 지향과 삶의 의미, 안녕감, 신앙적 성숙이나 강박성, 공동체와의 관계, 하나님 표상의 특성 등을 이해할 수 있다.

스트레스에 대한 반응상의 취약성과 자원

심리평가는 개인의 결손과 취약성뿐만 아니라 강점과 잠재력, 자원을 동시에 평가하게 해 준다. 이는 특히 내담자의 치료 및 예후와 관련하여 도움

---

4) 이성과의 관계를 주로 성적으로 인식하고 접근하려는 경향.

을 줄 수 있다. 예컨대 만성 정신분열증 환자에게 유지되고 있는 인지기능, 반항적인 일탈 청소년의 인정받고 싶어하는 욕구도 좋은 자원이 되며, 지지적인 가족원이나 교회공동체도 치료적 자원이 될 수 있다.

3. 심리검사의 종류와 특징

내담자를 위한 최선의 심리평가를 위해 상담자는 각 심리검사들의 특징과 장단점들을 잘 이해하고 있어야 한다. 종종 신뢰도와 타당도가 입증된 여러 검사들을 묶어 종합심리검사[5]를 실시하기도 하지만 시간과 노력이 많이 소모되므로 필요에 따라 몇 개의 검사를 선택하여 활용하는 것이 좋을 것이다. 이 장에서는 국내외에 잘 알려지고 임상적인 타당도가 인정된 몇 개의 심리검사들만 간략히 소개하기로 한다.

지능검사

내담자의 지적 수준이나 포부, 주의력, 기억, 판단, 개념 수준, 계획력, 분석, 조직, 통합능력 등 인지기능을 평가할 필요가 있을 때 지능검사를 실시하게 된다. 가장 많이 사용되는 웩슬러 지능검사(성인용: K-WAIS, 아동용: KEDI-WISC)는 지능을 '개체가 합목적적으로 행동하고 합리적으로 사고하며 효율적으로 환경을 처리해 나가는 종합적이고 총체적인 능력'으로 정의하고 11개의 소검사로 다양한 언어 및 동작지능을 측정한다.

웩슬러 지능검사의 특징이자 장점은 개인의 지능을 다른 사람들과 비교하여 상대적 위치를 파악할 수 있을 뿐 아니라[6] 개인 내 각 소검사 간의 점수를

5) Full battery tests라고도 부르는데 BGT, SCT, HTP, DAP, MMPI, K-WAIS, Rorschach, TAT가 포함된다.

비교할 수 있다는 것이다. 즉, 기본 지식, 어휘, 숫자 문제, 산수 문제, 공통성 문제, 이해 문제(이상 언어성 소검사), 빠진 곳 찾기, 차례 맞추기, 모양 맞추기, 토막 짜기, 바꿔 쓰기(이상 동작성 소검사) 검사 등으로 측정한 각 인지적 기능들을 비교함으로써 개인의 인지적 특성과 병리를 파악할 수 있다.

이 밖에도 지능검사는 전체 지능점수와 각 소검사들이 만들어 내는 프로파일의 특성 그리고 개별적인 반응특성들을 분석함으로써 구체적인 임상적 진단을 명료화할 수 있으며,[7] 기질적 뇌손상 유무나 뇌손상으로 인한 인지적 기능의 저하를 평가할 수 있게 해 준다. 나아가 성격적인 특성들을 짐작하게 해 주고 내담자를 위한 합리적인 치료목표를 설정하는 데 필요한 정보를 제공해 준다.

그러나 웩슬러 지능검사는 시간이 많이 소요되기 때문에 병약한 내담자에게는 부담이 될 수 있으며,[8] 무엇보다 상담자가 소검사들과 개별 문항들 모두를 충분히 숙지한 후 정확하고 표준화된 방식으로 실시하고 채점할 수 있어야 한다는 점이 중요하다. 따라서 연습과 훈련이 필요하며 정신병리에 대한 지식이 있어야 이 검사의 장점을 충분히 살릴 수 있다(웩슬러 지능검사에 대한 자세한 내용은 김재환, 2006; 박경, 최순영, 2009; 박영숙, 1998; 임상심리학회, 1992 참고).

객관적 성격검사

성격특성들을 측정하는 다수의 질문들로 구성된 자기보고형 검사들로서 내담자가 문항들에 대하여 '그렇다', '아니다'로 응답하게 되어 있다. 이러

6) 지능검사에서 IQ는 평균이 100, 표준편차가 15가 되도록 표준화되어 있다. 그리고 이 지능수치는 한 개인이 속한 동일 연령의 표집과 비교할 수 있도록 표준점수로 환산된 것이다.
7) 이 장의 임상적 적용 사례의 심리평가 보고서를 참고하라.
8) 검사자의 훈련된 정도와 내담자의 능력에 따라 큰 차이가 나지만 대략 2시간 정도 걸린다.

한 검사들의 이론적 근거는 내담자가 자신을 잘 알고 자기 기만에 빠지지 않으며 무의식적 저항의 영향을 받지 않으리라는 것이다. 그러나 임상 장면에서 내담자들이 자신의 상태에 대한 인식이 없거나, 특정 이유에서 정상 또는 이상(異常)으로 꾸미거나,[9] 사회적으로 바람직한 방향으로 대답하려는 방어적인 태도 때문에 반응이 왜곡되는 것을 종종 보게 된다. 따라서 성격검사는 내담자의 수검태도나 방어성을 확인할 수 있도록 제작된 검사를 선택하는 것이 좋다.

현재 학교나 임상 장면에서 자주 사용되는 검사로는 MMPI와 SCL-90-R, KPI 등이 있고 성격유형검사로서 MBTI, Anneagram 등이 있다. 지면상 임상적 타당도에서 뛰어난 MMPI와 학교와 교회 장면에서 많이 쓰이는 MBTI 만을 소개하기로 한다(MMPI와 관련하여 김중술, 1996; 한국가이던스, 1994를, MBTI에 대하여는 심혜숙, 문성호 역, 2000 참고).

MMPI

내담자의 특정한 수검태도를 알아낼 수 있도록 제작된 대표적 검사가 MMPI(Minnesota Multiphasic Personality Inventory)이다. 이 검사는 미국의 임상심리학자인 Hathaway와 정신과 의사인 Mckinley에 의해 제작된 자기보고식 다차원 성격검사로 566문항으로 구성되어 있으며, 4개의 타당도척도와 10개의 임상척도로 되어 있다. 타당도척도는 'L(lie)척도', 'F(frequency)척도', 'K(correction)척도', '?(can not say)척도' 등 4개 척도이며, 임상척도는 Hs(건강염려증), D(우울증), Hy(히스테리), Pd(반사회적 성격), Mf(남성성 · 여성성), Pa(편집증), Pt(강박증), Sc(정신분열증), Ma(조증), Si(사회적 내향성) 등

9) 예컨대 만성적인 정신병 상태에서는 병에 대한 인식이 없기 때문에 자신이 마치 정상적인 상태인 것처럼 보고할 수 있으며, 군복무를 피하려거나 사고 후 보험금을 더 받으려는 동기를 가진 사람은 자신이 심각한 문제가 있는 것으로 과장하여 보고하기도 한다.

10개의 척도다.

이 검사의 독특성은 경험적으로 제작되었다는 것인데, 정신과 교과서, 환자 사례보고 및 임상적 경험 등을 토대로 하여 성격을 기술해 주는 문항들의 표집을 만들어서 그중 정상집단과 기준집단이 통계적으로 유의미하게 다르게 대답하는 문항들을 가지고 각 척도를 구성하였다.[10] 따라서 기존의 여느 성격검사보다 임상적 타당도가 높을 뿐 아니라 매우 풍부한 임상적 정보들을 제공해 주고 있다. 또 타당도 및 임상척도 외에도 성격척도와 내용척도 등을 통해 내담자의 방어 양상과 적응 수준, 증상과 문제 행동의 원인과 심리적 역동, 진단분류뿐 아니라 적절한 치료적 접근이나 상담효과 등에 대해 유용한 정보를 제공해 준다.

MMPI는 초등학교 졸업이나 I.Q 80 이상이면 어려움 없이 할 수 있으나 문항 수가 많기 때문에 내담자와의 라포(rapport)가 어느 정도 형성되어야 무성의한 응답을 막고 끝까지 성실한 응답을 유도할 수 있다. 컴퓨터 채점 프로그램을 활용하면 원점수와 함께 내담자의 연령, 성별, 학력을 고려한 환산된 표준점수가 표기되고 프로파일이 그려진다. 특히 다양한 특수척도 점수들까지 보여 주므로 10개의 주요 임상척도 외에 의미 있는 정보를 얻을 수 있다.

MMPI는 해석 작업이 단순하지 않다. 상담자는 분명한 해석적 논리를 가지고 있어야 하고 자신이 세운 가설을 스스로 비판적인 입장에서 검증해 보려는 태도가 필요하다. 해석은 여러 단계로 이루어지는데 우선은 개별 척도에 대한 충실한 이해가 앞서야 한다. 개별 척도의 의미를 정확히 이해하기 위해서는 해당 척도와 행동특성들의 관련성에 대한 많은 자료들을 참고하여야 한다. 즉, 각 척도가 측정하는 심리 영역들과 그 척도의 높은 점수 및 낮은 점수와 관련된 행동특성들, 성별, 연령, 교육 수준 및 사회계층과 같은

10) 즉, 각 임상척도는 해당 장애를 가진 사람을 가장 잘 변별해 주는 문항들로 구성된 것이다.

중개변인의 영향을 고려하면서 한 인물에 대한 전체적이고 심층적인 모습을 그려 가야 한다.[11)]

개별척도에 대한 검토가 끝나면 척도들 간의 연관성에 대한 분석을 한다. 즉, 특정 척도의 점수를 근거로 다른 척도들에서 기대될 수 있는 점수를 예측해 보는 과정을 통해 가설검증을 계속해 가며 모순되거나 비일관된 자료가 나타나면 이에 관한 추론을 해 나가야 한다.[12)] 다음에는 척도 간의 응집 혹은 분산을 찾아보고 그에 따른 해석적 가설을 만들어 본다. 즉, 가장 높이 상승하는 두 척도(혹은 세 척도)를 묶어 2 code(혹은 3 code)-type 해석을 한다. 이때 척도의 상승 정도에 따라 또 어느 척도가 더 높이 올라가는가에 따라 해석상의 차이가 있으므로 유의해야 한다.[13)]

낮은 임상척도에 대해서도 관심을 가질 필요가 있는데, 일반적으로 T점수 40 이하의 척도점수들은 피검자가 방어하려 하고 나타내 보이지 않으려고 하는 행동의 특성을 알려 준다. 예컨대 매우 낮은 Ma는 오히려 숨겨진 우울증을 시사할 수도 있으며, 매우 낮은 Pd는 자기 주장의 결여나 동조성을 의미할 수도 있다.

이어 형태적 분석(configuration analysis)을 하는데, L, F, K와 같은 타당도 척도들이나 임상척도들 몇 개를 집단으로 묶어 임상적 특성을 고찰하고 다른 정보들과의 일치 여부를 검토한다.[14)] 마지막으로는 전체 프로파일에 대

11) 척도별로 대개 T점수가 40 이하이거나 60 혹은 70 이상일 때 의미 있는 정보들이 추론된다.

12) 예컨대 우울척도가 상승한 경우 조증척도가 낮을 것을 예측해 볼 수 있다. 예측이 맞는 경우, 우울증과 관련한 상담자의 가설에 자신감을 갖게 될 것이나, 예측이 맞지 않는 경우 새로운 가설의 가능성을 가지게 된다. 혹은 L척도가 상승할 때 임상척도들이 낮아질 가능성이 많고, 종종 Hs와 Hy척도가 동반상승할 것으로 예측할 수 있으며, 사실이라면 내담자가 신경증적인 경향이 있을 것으로 짐작할 수 있다.

13) 예를 들어 3-4 type과 4-3 type은 자기중심적 욕구를 억제하거나 행동화하는 데에 있어 다른 양상을 보인다. 또 7-8과 8-7 type도 병적 증상을 표출하거나 억제하는 데 있어 다른 양상을 보인다.

한 형태적 분석이 이루어지는데, 프로파일의 전반적인 상승도, 기울기, 굴곡 등을 살펴보면서 지금까지의 모든 정보들을 통합하여 내담자에 대한 해석적 추론을 완성한다(김중술, 1996).

MBTI

MBTI(Myers-Briggs Type Indicator)는 융(C. G. Jung)의 심리유형론을 근거로 하여 제작된 자기보고식 성격유형검사다. 융은 개인이 선호하는 인식(perception)과 판단(judgement) 경향이 각기 다른 데서 개인차, 즉 인간행동의 다양성이 비롯된다고 보았다. MBTI는 이러한 심리적 기능과 태도 이론을 바탕으로 하여 감각과 직관, 사고와 감정, 외향과 내향 및 판단과 인식의 네 가지 차원의 특성들이 조합하여 이루어 내는 성격적 유형들을 파악하게 해 준다.

MBTI는 비교적 쉽게 실시할 수 있고, 채점이 간편하며, 해석지침이 마련되어 있어 학교와 교회, 직장 등에서 광범위하게 활용되고 있다. 또한 전문적이거나 병리적인 용어를 사용하지 않고서도 개인의 성격적 특성을 내담자가 쉽게 수용할 수 있는 언어로 기술해 준다는 장점이 있다. 내담자의 성격유형과 신앙적 특징들에 대한 경험적 연구들은 목회상담자에게도 유용한 정보와 통찰들을 제공해 준다. 그러나 한편으로는 이러한 해석이 개인 내적, 역동적인 설명이라기보다는 개인차에 근거한 현상학적 기술이라는 점, 개인의 병리적 측면에 대한 진단적 정보와는 무관하다는 점과, 유형에 대한 경직된 태도를 가지고 개인을 이해, 분류하려는 태도를 경계해야 한다는 점을 유의해야 한다. 〈표 6-1〉은 이 16가지 성격유형들의 특징을 나타낸 것이다.[15]

투사적 검사

14) 흔히 신경증적 경향을 보는 1, 2, 3번 척도, 정신증적 경향을 보는 6, 7, 8번 척도, 충동적인 행동화 경향을 보는 4, 9번 척도 등을 묶어서 관찰한다.

표 6-1 MBTI의 유형별 성격특성

ISTJ 감각과 사고기능을 주로 활용, 일처리나 대인관계에서 논리적, 분석적, 구체적, 세부적인 것을 중시하고 정확하며 보수적인 관리자	ISFJ 현실적 감각과 감정기능으로 사람들을 돌보고, 인내력을 갖고 섬세하게 일하며, 실제적이고 조직적으로 행하는 보호자	INFJ 강한 직관력으로 의미와 가치를 추구하고 신념과 원칙을 품으면서도 인화와 조화를 중시하는 예언자	INTJ 뛰어난 직관력과 탁월한 분석력으로 독창적이고 혁신적인 이론가
ISTP 논리적, 객관적으로 관찰하고 사실적 정보와 현실을 다루는 감각이 좋은 엔지니어, 낙천가	ISFP 감정기능이 주 기능으로 충성스럽고 정열적으로 헌신하는 온정가	INFP 감정기능이 주 기능으로 표현력이 뛰어나며, 이상을 추구하고 통찰력을 가진 예술가	INTP 논리적, 분석적, 객관적인 비평과 지적 관심이 많은 철학자
ESTP 실용적 현실감각이 있고 논리적, 분석적 능력, 적응성과 개방성, 융통성이 있는 현실주의자	ESFP 실생활 속의 즐거움을 누리며 인간관계를 다루는 데 능숙한 낙천가	ENFP 직관력으로 새로운 가능성을 추구하며 열정적으로 집단을 활성화시키는 참여가	ENTP 직관력과 통찰력으로 늘 새로운 가능성에 도전하는 혁신가
ESTJ 논리적, 분석적, 비판적 사고로 업무를 조직화해서 확신을 갖고 처리하는 타고난 관리자이며 행정가	ESFJ 감정기능을 활용, 사람들과 협력하는 기능이 탁월하며 실용적, 현실적, 실제적인 협조자	ENFJ 인간관계에서 조화와 인화를 중시하며 통찰력과 비전을 말로 표현하는 데 탁월한 지도자	ENTJ 논리적, 분석적, 객관적 사고에 의존하며 장기적 계획과 목적을 추구하는 통솔자

투사적 검사(projective test)들은 모호하고 구조화되지 않은 그림이나 잉크 반점 등의 자극을 사용하여 '예', '아니요' 대신 자유롭게 반응하도록 함으로써 개인의 성격구조와 심리적 역동성에 대한 심층적인 정보를 얻어 낸다.

투사적 기법의 근거는 개인이 자극에 대한 지각을 형성함에 있어 모호한 자극을 조직하고 구조화하는 방식은 자극 자체의 물리적 성질에 의해서뿐

15) 한국심리검사연구소의 MBTI 관련 저서들을 참고할 것.

만 아니라 개인의 투사된 요구, 경험 및 습관적 반응형태에 의해 선택되고 조직된다는 것이다. 따라서 덜 구조화된 검사자극에 대하여 개인들은 각기 독특한 방식으로 반응하며, 객관적 성격검사에서보다 의식적 통제가 덜하여 반응의 왜곡 가능성이 적고, 결과적으로 성격의 역동적이고 갈등적인 측면에 대한 단서를 더 많이 얻을 수 있을 것으로 기대된다. 대표적인 투사적 검사로는 로르샤하 검사, 주제통각검사 및 여러 그림검사들(DAP, HTP, KFD 등)이 있다.

로르샤하 검사

로르샤하 검사(Rorschach Test)는 스위스의 의사 로르샤하(Hermann Rorschach)에 의해 개발된 후, 많은 관심 속에서 임상적, 실증적 연구들이 지속되어 왔다. 그중 엑스너(J. E. Exner)의 종합 체계는 광범위하고 체계적인 경험적 연구들을 기반으로 하여 발전되어 왔으며 전 세계적으로 활용되고 있다. 로르샤하 검사의 타당도는 학술적으로는 논란이 있으나 임상적 유용성은 의심할 바 없다는 것이 널리 알려져 있다.

검사의 구성을 보면, 좌우가 대칭인 잉크반점이 그려진 10개의 카드로 되어 있다. 카드의 반점들은 구조화되어 있지 않은 모호한 자극들로서 각 카드마다 독특한 상징적 의미가 함축되어 있어서 개인의 내적 상태에 따라 다양한 반응을 투사할 수 있다. 엑스너는 로르샤하 반응을 모호한 자극에 대한 문제 해결과정으로 보고, 이러한 과정에서 일어나는 복잡한 심리적 작용들을 연구하여 채점과 해석 체계를 발전시켰다.

로르샤하 검사는 타 검사에 비해 반응하기가 어렵고 모호한 특성을 지니고 있기 때문에 지능검사와 같은 능력검사를 실시한 후 대개 맨 마지막이나 마지막에서 두 번째로 실시한다. 검사의 실시는 표준화된 방식으로 이루어져야 할 뿐 아니라 동시에 각 사례의 특성에 따른 주의 깊은 접근이 필요하며 내담자의 모든 검사 행동은 면밀하게 관찰되어야 한다.[16] 검사는 두 단계로 실시되는데, 첫 번째는 '연상 단계' 로서 내담자가 건네진 카드를 한 장씩 보면서 떠오르는 것을 자발적으로 응답하고 상담자는 내담자의 반응을 그대로 기록한다. 이는 나중에 채점 단계에서 채점이 정확하게 되도록 할 뿐 아니라 피검자의 독특한 반응이 그대로 보존됨으로써 중요한 정보를 얻기 위한 것이다. 연상 단계가 끝나면 카드를 처음부터 다시 보여 주면서 내담자가 응답한 내용을 확인하는 '질문 단계' 에 들어간다. 이때 상담자는 내담자의 연상반응을 오염시키지 않도록 주의하면서 내담자의 반응을 정확하게 부호화하고 채점할 수 있도록 적절한 질문을 한다. 질문은 내담자가 반응한 자극의 위치, 반응을 결정한 주요 요인, 반응내용을 채점할 수 있도록 주어져야 하는데, 간결하면서도 유도적이지 않고 내담자 편에서 자발적으로 표현되도록 유의해야 한다.

채점 체계는 다소 복잡하게 구조화되어 있는데, 먼저 반응의 위치, 반응의 발달질, 결정요인, 반응의 형태질, 반응내용, 평범반응의 유무, 지각적 조직 활동, 특수점수, 쌍반응, 인간표상반응 등의 채점영역에 대하여 기준에 따라 정확한 점수를 부여해 주도록 되어 있다. 이 절차가 끝나면 '구조적 요약' 을 해야 하는데, 반응의 점수 계열을 기록하고 각 변인의 빈도를 기록한 후 비율, 백분율, 산출점수 등을 기록한다.[17]

로르샤하 검사의 해석은 학자마다 조금씩 다르게 접근하지만 엑스너의 종합 체계는 방대한 양의 로르샤하 정보에 체계적으로 접근, 해석할 수 있도록 두 가지 전략을 제시하고 있다. 수많은 로르샤하 변인들을 관련된 것들끼리 군집으로 묶은 다음, 내담자에게 가장 의미 있는 군집부터 검토, 분석해 나갈 수 있도록 순서를 제시해 주는 계열적 탐색 전략이 그것이다. 먼

16) 예컨대 내담자의 반응시간, 카드를 보는 위치, 카드에 접근하는 태도, 언어적 특성, 상담자와 관계를 맺는 특성 등에 대하여 주의 깊게 관찰하고 기록해두어야 한다.

저 로르샤하 변인들은 핵심적인 성격기능들과 관련된 7개의 군집으로 묶을 수 있는데, 내담자가 자신의 세계에 어떻게 주의를 기울이는가 하는 정보-처리 군집, 대상을 지각하는 방식으로서 인지적 중재, 지각한 것에 대해 생각하는 방식으로서 내담자의 관념, 내·외적 요구와 스트레스를 관리하는 통제와 인내력, 정서 상황을 다루는 방식과 느낌을 경험하고 표현하는 감정적 속성, 자신에 대한 지각 그리고 대인관계 지각을 포함하고 있다. 이러한 군집변인들은 반드시 전체 반응 수를 고려하여 분석되어야 하며, 내담자의 특성과 관련하여 가장 중요한 설명을 해 주는 변인부터 순서대로 해석해 나가는 것이 좋다. 엑스너는 이를 위하여 11개의 핵심변인을 만들고 이에 근거하여 계열적 탐색을 해 나갈 수 있도록 목록을 제시하였다(채점과 해석에 관한 자세한 내용은 김영환 외 역, 2005, 2006; 이우경, 이원혜 역, 2003; 박경, 최순영, 2009; 김재환 외, 2006 등을 참조).

로르샤하 검사는 개인의 사고 및 지각적 특성과 병리, 인지기능의 수준, 정서성과 그 역기능, 자아개념과 대인관계특성 등 풍부한 정보를 제공해 준다. 그러나 이 검사가 유용하게 사용되기 위해서는 많은 임상 경험뿐 아니라 상당한 집중력과 전문성이 요구되며, 성격과 정서, 사고와 지각 등에 관한 지식이 필요하다. 흔히 보는 오류는 특정 카드에 대한 특정 반응이 개인의 심리적 특성이나 진단을 말해 주는 것처럼 대하는 것인데, 이런 오해가 있어서는 안 될 것이다. 또 상담자의 행동이 내담자의 검사반응에 미치는 영향이 큰 편이므로 상담자는 항상 이에 유의하여야 한다.

주제통각검사

17) 로르샤하 검사반응은 반응 기록지와 점수계열 기록지, 구조적 요약 기록지에 정리하도록 되어 있다.

하버드 대학교의 헨리 머레이(Henry Murray)에 의해 개발, 표준화된 주제통각검사(Thematic Apperception Test: TAT)[18]는 사람들이 모호한 상황에서는 자신의 과거 경험과 현재의 소망에 따라 이를 해석하고 의식적, 무의식적 욕구와 일치되는 방향으로 이야기를 만드는 경향이 있다는 가정에 근거하고 있다.

검사는 무채색의 그림이 있는 31개의 카드로 구성되어 있고, 이 중 그림이 없는 한 개의 백지 카드가 포함되어 있다. 카드 뒷면에는 카드 번호와 함께 연령별로 적합한 카드의 유형을 분류한 기호가 적혀 있다.[19] 검사의 실시를 위해서는 내담자와의 라포(rapport) 형성이 중요한데, 내담자가 그림을 보고 자유롭게 상상하고 이를 언어로 표현할 수 있도록 편안한 분위기를 조성해 주어야 한다. 내담자의 성과 연령을 고려하여 20개의 카드를 골라 2회에 걸쳐서 하는 것이 표준 절차인데, 1회 때 10매, 2회 때 나머지 10매를 실시한다.[20]

검사 지시문은 내담자의 나이나 지적 수준, 상황에 따라 융통성 있게 주어지지만 대체로 "이 검사는 일종의 상상검사입니다. 지금부터 몇 장의 카드를 보여 주겠는데요, 이 카드에 보이는 그림을 가지고 이야기를 만들어 보시는 겁니다. 현재 그림 속에서 무슨 일이 일어나고 있는지, 왜 그런 일이 일어났는지 그리고 그림 속의 사람들은 어떻게 느끼고 생각하는지, 앞으로 어떻게 될 것 같은지 등을 생각이 떠오르는 대로 자유롭게 이야기해 주면 됩니다. 한 장에 약 5분 정도 이야기할 수 있습니다. 자, 여기 첫 번째 그림이

---

18) 자세한 내용은 김재환 외, 2006; 박경, 최순영, 2009를 참고하라. 아동을 위한 주제통각검사로는 CAT(Children's Apperception Test)를 사용한다.

19) 내담자가 14세 이상의 남성일 경우 M, 여성일 경우 F, 그보다 어린 소년일 경우 B, 소녀일 경우 G라는 알파벳이 적혀 있고, 숫자만 적혀 있는 카드는 모든 성별과 연령대에 적용될 수 있는 카드다. 각 카드에는 내담자들이 가장 흔히 반응하는 전형적인 주제들이 나타나 있다.

20) 여러 검사를 함께 실시할 때는 내담자에게 유용한 10개의 카드만 선택하여 실시하기도 한다. 이때도 백지 카드는 반드시 포함시켜서 실시한다.

있습니다."라는 식으로 시작한다.

TAT의 해석에는 여러 학자들의 접근법이 있으나 주로 머레이의 '욕구-압력 분석방법'이 사용되며, 벨락(Bellak)의 직관적 접근법이 보완적으로 사용될 수 있다. 해석의 기본적인 가정은 '심리적 결정론'으로서 내담자가 만든 이야기들의 모든 구성 요소가 그의 내적 역동에서 파생된 결과라는 것이다. 즉, 내담자는 비구성적인 장면을 완성하면서 이야기 속의 어떤 인물과 동일시하며 자신의 성격과 충동을 드러내는데, 특히 반복되는 주제에서 더욱 그렇다고 본다. 또 내담자는 검사반응과 자신의 성격진술 사이에 모순이 크지 않게 반응하며, 어느 정도는 의식할 수도 있다. 내담자의 이야기에는 그의 특질과 갈등만이 아니라 상황적인 자극에 따라 일어난 충동과 갈등도 표현될 수 있고, 소속된 집단이나 사회문화적 요인과 관련된 내용도 반영될 수 있다. 해석을 위한 다양한 틀이 있을 수 있는데, 자주 분석되는 열 가지 변인을 제시하면 다음과 같다.

- 어떤 주제를 어떤 수준에서 제시하고 있는가?
- 주인공이 누구이며 내담자는 누구와 동일시하고 있는가?
- 주인공의 욕구는 행동상으로 그리고 잠재적으로 어떻게 표현되고 있는가?
- 환경에 대한 개념이 어떠한가?
- 인물들에 대한 지각은 어떠한가?
- 주요한 갈등은 무엇인가?
- 주요 불안은 무엇인가?
- 갈등과 두려움에 대하여 어떻게 방어하는가?
- 초자아가 적절하게 기능하는가?
- 자아의 통합성 정도는 어떠한가?

TAT는 내담자 성격의 역동적 요소, 즉 내담자의 성격과 내적 욕구 및 동기와 환경과의 갈등과 방어 등에 대한 풍부한 정보로 상담 및 심리치료를 위한 유용한 제안들을 제공해 줄 수 있다. 그러나 때로 이야기 내용이 진단에 타당한 자료가 되기에는 부족할 때도 있기 때문에 다른 객관적 검사들과 함께 사용되는 것이 바람직하다. 연구자들이 제기하는 제한점으로는 TAT 반응 내용과 내담자의 실제 행동 간의 상관관계에 대한 연구가 부족하고, 검사반응에 투사된 욕구의 강도만으로는 내담자의 행동을 예측하기가 불충분하다는 것이 있다.

자주 사용되는 다른 투사법 검사들

'인물화검사(Draw A Person: DAP)' 는 종이와 연필, 지우개를 주고 사람을 그려 보도록 하는 검사로 간단하면서도 유용성이 높은 검사다. 내담자의 반응을 구속하지 않고 자유연상이 촉진될 수 있도록 비지시적인 방식으로 접근하는 것이 중요하다. 검사는 인물을 그리는 단계와 그려진 인물에 대한 연상의 단계로 이루어진다. 먼저 자유롭게 사람을 한 명 그리도록 하고 다 그린 인물의 성별을 확인하고 반대 성의 사람을 그리게 한다. 각 인물을 그리는 데 걸리는 시간을 체크하고 또 그리는 과정의 검사 행동을 관찰한다. 그리고 그려진 인물을 통해 연상이 되는 사람을 묻고 인물의 성별, 나이, 직업, 자세, 기분, 성격, 미래의 꿈이나 소망 등을 묻는다. 해석을 위해서 이러한 연상 단계의 내용뿐 아니라 내담자가 인물을 누구와 동일시하고 있는지, 현실적 자아인지, 이상적 자아인지 혹은 부모상인지 등을 파악해야 한다. 또 그림을 그려 나가는 순서, 크기, 위치, 대칭성 등 그림의 형식과 그림의 각 부분들의 특징, 선의 강도와 특징들, 인물의 차이 등을 면밀히 분석한다. 이 검사는 자아 개념뿐 아니라 외부의 대상에 대한 태도와 관계 양상, 이상적 자아 이미지, 성적 정체감, 성격특성, 정서적 상태, 지능 수준 등을 반영해 준다. 언어장애인이나 문맹자, 아동에게도 실시할 수 있고 간편함에 비해 중요한 정보를 제공해 준다는 장점이 있다. 유사한 그림검사로는 HTP, KFD와 이들을 응용한 기법들이 있다.[21)]

'문장완성검사(Sentence Completion Test: SCT)' 역시 간편하면서도 유용한 검사다. 여러 종류의 문장완성검사가 있지만 현재 국내 임상 장면에서 많이 쓰이는 검사는 성인용과 아동 · 청소년용으로 구분되어 각기 50문항과 33문항으로 구성되어 있다. '나에게 이상한 일이 생겼을 때……' '아버지와 나는……' 과 같이 미완성된 문장들에 대하여 머릿속에 처음 떠오른 생각으로 뒤 문장을 가능한 한 빨리 완성하도록 한다. 내담자에 따라서는 자신이 드러내고 싶지 않은 내용에 대하여 의식적으로 통제하고 피상적인 반응만을 할 수도 있지만, 숙련된 상담자는 그러한 반응들에서도 내담자의 방어적 특성들과 투사된 내용들을 파악해 낼 수 있다. 주로 내담자의 자기 개념과 가족에 대한 생각과 대인관계, 성, 두려움과 불안의 대상, 갈등에 대한 대처방식에 관한 유용한 정보를 제공해 준다.[22)]

영적 특성을 측정하는 검사들

내담자의 심리적 측정과 함께 영성과 관련된 측정은 목회상담에서 유용하게 활용될 수 있다. '영성평가 항목표(The Spiritual Assessment Inventory; Hail & Edward, 1996)', '영적경험지표(The Index of Core Spiritual Experiences; Kass, Friedman, Leserman, Zuttermeister, & Benson, 1991)' '영성평가척도(The Spiritual Assesment Scale; Howden, 1992)' 등이 개발된 바 있으나 엄격한 타당도 검증이 이루어지지 않았으며, 국내에서도 별로 활용되지 않고 있다.

21) 그림검사에 대한 좀 더 자세한 자료는 위에서 인용한 저서들 외에 신민섭 외 2003; 김재은 외, 1994 등을 참고하라.

22) 문장완성검사에 대한 정보는 김재환 외, 2006을 참고하라.

국내에서 번역, 표준화된 척도로는 '영적 안녕척도(The Spiritual Well - Being Scale; Ellison, 1983)' 가 있는데, 종교적 영성과 실존적 영성의 두 차원에서 영적 안녕을 측정하도록 되어 있다. 종교적인 영성은 '나는 신과 개인적으로 의미 있는 관계를 가지고 있다.' 와 같이 신의 개념과 관련되어 있고, 실존적인 영성은 '나는 내 인생에 무언가 진정한 목적이 있다고 믿는다.' 와 같이 삶의 목적과 만족감이 관련되어 있다. 총 20개의 문항으로 구성되어 있으며, 반응양식은 '전혀 아니다' 에서 '매우 그렇다' 까지의 6점 척도로 측정하도록 되어 있다. 이 척도의 제한점은 영적인 안녕을 측정하고는 있으나 성숙한 종교인을 변별하지는 못한다는 것이다.[23] 이러한 문제점을 보완하기 위해 엘리슨(Ellison)은 다시 '영적 성숙척도(Spiritual Maturity Index: SMI)'를 개발하였는데, 30개의 문항으로 구성되고 6점 척도에 응답하도록 되어 있다. 영적 성숙은 자발적이면서 자기훈련이 되어 있고 교리주의에 빠지지 않으며 신앙과 삶의 통합이 이루어지고 자신의 신앙을 비판적 시각으로 상고할 수 있는 특징이 있다고 한다. 따라서 영적 안녕척도 점수가 높더라도 영적 성숙척도 점수는 낮게 나올 수 있다. '신앙성숙척도(Faith Maturity Scale)' 는 미국 개신교 교단이 연합하여 개발한 척도로서 교파의 편중성을 최소화하고 경험적인 연구 결과들을 기초로 했다는 장점이 있다. 모두 38개의 문항을 갖고 있고 7점 척도에 응답하도록 되어 있으며, 국내에서 강계남에 의하여 타당도 검증이 이루어졌다(강계남, 2004). 그 외에 '하나님표상척도(God Image Inventory)' 나 '기독교종교성검사' 등 몇몇 검사들이 거론될 수 있겠으나 국내 표준화가 이루어지지 않았거나 객관적인 심리측정적 절차를 거

23) 이 척도의 원저자는 부정적으로 진술된 문항들에 대해 역채점하도록 하였는데, 한국판 연구자들은 부정형 조동사가 사용되지는 않았지만 부정적으로 진술된 문항들 3개(5번, 6번, 16번)에 대하여 역채점을 하지 않았다. 저자는 엘리슨(Ellison, 1983)의 원 논문 및 원어민 신학 교수의 자문 및 한국판 연구자와의 교신을 토대로 이를 확인하고 수정하여 연구에 사용한 바 있다. 수정을 했을 때 이 척도의 내적 합치도가 더 높아진다.

치지 않아 활용에 제한점이 있다. 앞으로 목회상담과 연구에 활용될 수 있는, 신뢰롭고 타당한 영성측정 척도들을 개발하는 것이 필요하다고 하겠다.

4. 심리평가의 실제

상담자를 처음 만나기도 전에 접수원이나 인턴을 통해 내담자에게 일련의 검사를 실시하는 상담기관이 많은데, 이는 바람직하지 않다. 상담을 통해 내담자가 왜 상담이나 검사를 받으려고 하는지가 언어화되고 또 제기된 문제에 대한 초기 탐색이 이루어진 후에 내담자에게 적절한 심리검사가 결정되는 것이 좋다. 또 상담의 중반기에 검사를 제안하는 것도 좋지 않은데, 이는 내담자 편에서 상담자가 자기 문제를 잘 모르고 있다고 생각하거나, 처음 생각보다 자기 상태가 더 심각한 것으로 오해할 수도 있기 때문이다. 따라서 상담 초기에 내담자와 그의 문제에 대한 기본적인 정보와 또 그에 따른 가설이 어느 정도 형성될 때에 내담자와 더불어 심리검사에 대한 논의가 이루어지는 것이 바람직하다.

심리검사를 선정할 때에는 내담자를 참여시키는 것이 상담자가 일방적으로 검사를 선정하는 것보다 좋은데, 이때 주의해야 할 것은 심리검사가 마치 해답을 제시해 주는 마술적인 방법인 양 암시해서는 안 된다는 것이다. 그보다는 심리검사가 개인의 성격이나 행동특성에 관한 이해를 도와주는 것이라는 정도로 설명해 주는 것이 좋을 것이다.

정형화된 것은 아니지만 심리평가는 대체로 내담자가 의뢰하는 혹은 호소하는 문제를 검토한 후, 그 문제에 적합한 평가 절차와 심리검사를 선정하여 시행, 채점한 다음, 검사 결과를 해석하고, 이를 다른 자료들과 종합하여 보고서를 작성하고, 평가 결과를 전달하는 과정으로 순차적으로 이루어진다. 다음 사례를 인용하여 심리평가의 과정을 살펴보기로 한다.

> 11세의 형진이는 자주 눈을 껌벅거리고 '킁킁' 하는 소리를 내는 문제 때문에 어머니에 의하여 상담이 의뢰되었다. 형진이 어머니는 타이르고 야단을 쳐도 형진이가 계속 눈을 껌벅이거나 킁킁거린다고 속상해하였다. 요즘엔 매일 두 시간씩이나 컴퓨터 오락을 한다든가, 책도 읽지 않고 종종 안절부절못한다고 걱정하였다. 형진이 어머니는 형진이를 위해 서울로 전학을 시키려고 생각하고 있다.

의뢰된(제시된) 내담자 문제를 검토하기

심리평가의 최초 단계에서는 내담자가 제시하는 혹은 내담자를 의뢰한 사람(부모나 학교 교사, 주일학교 교사 등)이 보고하는, 내담자의 심리, 행동상의 문제들과 신체적 상태 또 영적 상태에 대한 검토가 이루어진다. 이러한 검토는 상담자의 이론적 입장에 따라 정신분석적 관점이나 현상학적 관점 혹은 행동주의적 관점이나 신학적 관점 혹은 통합적 관점 등에서 이루어질 수 있다. 이때 상담의 목적을 파악하고 내담자 문제에 대한 몇 가지 가설을 설정해야 한다. 형진이의 경우 어머니가 상담을 의뢰한 것은 일차적으로는 눈을 껌벅이거나 '킁킁' 소리를 내는 증상들 때문이지만, 아마도 이러한 증상들은 형진이의 내적인 갈등이나 가족 내 긴장이나 불안의 요소들에 의한 것일 수도 있을 것이다. 틱 증상(tic)으로 보이는 표면적 문제 외에 형진이가 공부에 집중하지 못하고 컴퓨터에 몰두하며 안절부절못한다는 어머니의 보고가 그러한 가능성을 짐작하게 해 준다. 상담자는 형진이의 문제가 신체적인 것보다는 내적 갈등이나 가족 내 어려움과 관련될 수 있다는 가설과, 형진이의 증상이 단순한 틱인지 혹은 아동우울증이나 불안장애가 동반된 것인지에 관심을 갖게 된다.

적절한 평가 절차와 심리검사 선정하기

상담자는 내담자와 그의 문제를 이해하는 데 가장 적합한 평가 절차를 결정하고 필요한 심리검사들을 선정한다. 심리검사는 목적에 부합하고 신뢰도와 타당도가 검증된 검사여야 하고, 또 내담자의 연령, 교육 수준을 고려하여 선택한다. 다양한 수준에서 내담자에 대한 정보를 분석, 종합할 수 있도록 두 가지 이상의 검사를 실시하는 경우가 많다. 흔히 증상의 복잡성과 장애의 정도를 고려하고 역동적인 진단과 치료계획 등 포괄적인 내담자 이해가 가능하도록 인지기능과 성격을 평가하는 검사들을 함께 선택한다.

내담자가 자발적으로 내담한 상황이 아닐 때 심리평가의 직접적인 도입은 부적절할 수 있다. 이런 경우 평가에 대한 내담자의 두려움이나 오해, 저항을 극복할 수 있도록 돕는 것이 우선시되어야 한다. 타의에 의하여 상담을 하게 된 내담자의 심정에 공감하여 주고, 심리검사에 대하여 어떻게 생각하고 있는지를 들어주는 것이 라포 형성에 도움이 된다.

형진이의 경우, 부모의 의견이 반영되도록 부모-보고형 아동성격검사와 다면인성검사(MMPI-청소년용)를 실시할 수 있다. 그리고 자기 개념과 가족에 대한 생각들, 자신의 두려움과 열망들을 문장완성검사를 통해 나타낼 수 있으며, 자신과 가족에 대한 무의식적 내용들을 드러낼 수 있도록 인물화검사(DAP)를 선택할 수 있다. 추가적으로 형진이의 학업능력과 관련하여 그의 인지적 기능과 포부 수준을 알아보기 위해 아동용 지능검사를 실시해 볼 수도 있다.

심리검사의 시행

심리검사는 조용하고 안정된 장소에서 실시하며, 특히 실시 규정을 숙지하여 지키도록 주의해야 한다. 검사의 제시나 내담자의 질문에 대한 대응 및 (시간제한 검사일 경우) 실시시간을 준수하는 등 표준화된 방식을 지키는 것이 중요하다. 사람들이 자주 드나드는 목회자 사무실이나 전화벨이 자주 울리는 곳은 좋지 않다. 실시시간 역시 피곤하고 졸리는 시간을 피해야 하며 한꺼번에 많은 심리검사를 강행하는 것도 좋지 않다.

적절한 시점에 상담자는 내담자나 보호자에게 문제가 무엇인지, 증상이 언제부터 시작되었는지, 관련된 가족 내 갈등이 있는지 등의 핵심적인 질문들을 가지고 면담을 실시할 수 있다. 이러한 질문들은 내담자의 검사 결과를 이해하는 데 도움이 되며 상담자가 설정한 가설들을 검증할 단서를 제공해 주기도 한다. 검사 시행 중에는 내담자의 언어적, 비언어적 행동들을 면밀히 관찰하여 기록할 필요가 있다. 내담자의 표정과 태도, 반응속도, 검사과정에 협조적인가, 저항적인가, 상담자를 신뢰하는가, 의심하는가, 문제해결방식이 조직적이고 효율적인가 혹은 충동적이고 비효율적인가, 어려운 문항에서 쉽게 포기하는가, 검사 카드를 다루는 태도가 어떠한가 등을 주의하여 관찰하고 기록해 두어야 한다. 이러한 정보들은 나중에 검사 결과들을 해석할 때 유용한 보완자료가 될 수 있다.

형진이의 심리검사는 오전 중 상담실에서 이루어졌다. 두 시간 이상 걸린 검사과정에서 잠깐 자리를 뜨거나 언제 끝나는지 묻긴 했으나, 대체로 참을성 있게 검사에 임했으며, 검사자의 질문에 자신의 의견을 적절하게 표현하였다. 검사 중에는 음성 틱 증상이 나타나지 않았고 눈 깜박거림도 두드러지지 않았다. 형진이 어머니는 교통사고 후 1급 장애인이 된 남편의 거친 말이나 폭력들이 자녀에게 미치는 영향을 염려하였고, 또 사고 전부터 억압해 온 남편과의 갈등이 사고 후 더욱 악화됨으로써 가중된 자신의 스트레스를 호소하였다.

심리평가 과정에서의 임상적 면담

객관적인 심리검사 자료를 뒷받침해 주는 데 중요한 임상적 면담에서는 다음의 내용들이 탐색되고 기록되어야 한다.

- 내담자의 신상정보: 내담자의 이름, 나이, 성, 교육 수준, 결혼상태, 직업, 인종이나 민족, 거주지역과 생활환경 및 의뢰처와 같은 내담자의 신상정보를 기록한다.
- 외양: 내담자의 얼굴표정과 외모, 행동, 정서, 사용하는 언어적 특성 등을 기술한다.
- 주요문제: 내담자가 전문적 도움을 찾게 된 이유를 말하는데, 내담자 자신의 표현 혹은 이 정보를 제공한 사람의 직접적인 표현으로 진술되는 것이 좋다. 문제의 강도와 지속기간, 증상의 질적 그리고 양적인 변화 여부를 검토하여 기술한다.
- 병력: 발병 시기를 확인하고, 최초의 그리고 가장 손상된 증상들을 야기한 촉발 요인들을 찾는다. 그리고 증상의 발생과 관련된 생활사건 변화가 있었는지, 내담자의 증상들이 일상 활동에 어떤 영향을 미쳤는지를 살펴본다. 또 처방된 약물, 알코올 및 기타 약물의 사용에 대해서 질문하고 기질적 증후군의 가능성에 대해서도 유의해야 한다.[24)]
- 개인적 발달사: 유아기로부터 현재까지의 발달적 경험, 학교생활과 직장생활, 군복무, 결혼생활, 기타 법적 문제 등을 탐색한다.
- 발병 전 성격: 내담자의 현재의 기능 수준을 비교할 기저선을 알아보고,

24) 간질, 뇌 종양, 기타 대뇌증후군이나 호르몬 영향 등을 확인해 보아야 한다.

치료목표를 정하는 데 도움을 얻기 위하여 내담자의 원래의 성격에 대해서도 평가해 보아야 한다.

- 가족력: 내담자의 양육에 미친 가족들의 영향과 내담자와의 관계, 내담자의 문제에 대한 가족들의 태도 및 직계가족의 정신과적 병력 등을 확인해 본다.
- 신앙적 경험과 태도: 내담자의 종교, 교회생활과 대인관계, 구원에의 확신, 하나님 이미지와 경험들, 신앙과 관련한 기대와 내적 두려움들, 죄의식 등을 살펴본다. 때로 내담자의 부모의 신앙생활의 특징과 그 영향을 살펴볼 필요도 있다.

심리검사의 채점

심리검사의 채점은 철저하게 채점규정에 따라야 한다. 정확하고 주의 깊은 채점이 이루어져야 하며, 채점결과 원점수를 표준점수화해야 하는 심리검사들에서는 매뉴얼에 따라 연령과 교육 수준 등을 고려하여 정확하게 환산하여야 한다.

형진이의 심리검사들은 규정대로 정확하게 채점이 이루어졌으며 지능검사, 부모-보고형 아동 성격검사, MMPI에 대해서는 매뉴얼을 참고하여 표준점수로의 환산이 이루어졌다.

평가 결과의 해석과 심리평가 보고서 작성

모든 심리검사에서는 우선 양적 해석을 철저하게 시행해야 할 뿐 아니라 질적인 해석에도 주의를 기울여야 한다.[25] 그리고 필요한 경우 검사 결과

25) 예컨대 정상 범위의 MMPI 프로파일이라 하더라도 질적 분석을 통해 여러 가지 유의미한 정보를 추론해 낼 수 있다.

와 면담내용, 의뢰 문제, 보호자의 보고, 행동관찰 등을 종합적으로 고려하여 심리평가 보고서를 작성한다. 심리평가 보고서는 내담자에 대한 객관적인 이해를 기술한 것이므로 다른 전문가들과의 효과적인 의사소통 수단이자 때로는 법적 근거자료가 되기 때문에 논리적, 합리적이면서 간결한 요약이 중요하다. 형진이의 심리평가 보고서가 임상적용 사례 I에 제시되어 있다.

평가 결과의 전달

평가 결과를 알려 줄 때에는 상담자의 판단이나 주관적 평가보다 객관적 전달이 강조되도록 해야 한다. 또 전문적인 용어를 사용하여 설명하기보다는 내담자 수준에서 평이한 말로 풀어서 설명해 주는 것이 좋다. 한꺼번에 모든 결과를 다 설명하기보다는 내담자가 제기한 문제와 관련이 있거나 관심 있어 하는 내용을 위주로 전달하는 것이 좋다. 보고서를 그대로 보여 주지는 않는다. 때로 내담자가 결과를 잘 받아들이지 않을 수도 있는데,[26] 이때 상담자는 평가가 야기하는 의심, 두려움 등의 정서적 태도를 다루어 주어야 한다.

형진이와 어머니에게는 틱(tic)과 형진이의 내적 갈등을 위주로 평가 결과를 설명하였으며, 어머니의 우울이 형진이에게 미치는 영향에 대해서도 언급하였다. 그리고 형진이를 서울로 전학시키는 것과 관련한 상담자의 의견도 전달하였다.

26) 내담자에게 검사 결과가 위협적으로 여겨져서 정서적으로 반응하거나 결과를 거부하거나 합리화할 수 있다.

5. 검사 결과를 치료적으로 다루기

심리검사 결과를 주의 깊게, 치료적으로 활용한다면 내담자의 자기 문제에 대한 인식과 상담에 대한 동기가 향상되고 상담의 목표를 구체화하는 데에 큰 도움이 된다. 대체로 검사 행동에서 관찰된 내담자의 태도를 언급하거나 검사에 대한 내담자의 기대를 물어봄으로써 시작할 수 있다.[27] 감정이 표현되면 상담자는 일단 내담자의 감정들을 인정해 주고 치료적으로 다루어 주는 것이 필요하다. 내담자가 검사 결과를 받아들이는 데 저항한다고 해서 검사의 신뢰도나 타당도를 변명하는 식으로 또는 논쟁이나 설득으로 다루어서는 안 된다.[28]

결국 상담자는 심리평가 과정 전체가 바로 치료과정의 일부임을 유념하여 모든 활동이 내담자의 문제 해결에 도움을 줄 수 있는 방향으로 진행되도록 노력해야 하며, 감추어진 것을 밝혀내는 데 급급해서는 안 된다.

6. 심리평가 보고서

심리평가 보고서는 내담자에 대한 과학적이고 책임 있는 임상기록으로서

27) 예컨대 "검사를 할 때 많이 긴장하는 것 같았는데…… 그때 기분은 어떠했어요?" "검사에 대해 어떤 기대가 있었습니까?" 또는 "결과가 어떻게 예상됩니까?" 등의 질문이 도움이 된다.

28) 예컨대 검사문항들에 대한 불만을 표시하면 "네, 좀 이상한 문제들도 있었지요. 기분이 언짢으셨을 수도 있습니다." 문항 실패에 대해 변명을 하면 "네, 좀 어려웠지요. 다른 사람들도 그렇게 말합니다." 검사가 믿을 만하지 않다고 불평을 하면 "네, 좀 이해가 안 가는 문제들도 있었지요? 이해하기 좀 어려우시겠지만, 많은 사람들이 검사를 통해 도움을 받는다는 결과들이 있습니다."라고 부드럽게 대답해 준다.

필요 시 다른 전문가들과의 의사소통에 사용될 수 있으므로, 일관되고 명확한 형태로 평가 결과가 기술되어야 한다. 정형화된 것은 아니지만 보고서에 포함되어야 할 내용들은 다음과 같다.

- 신상정보: 나이, 학력, 직업, 거주지, 검사일시 등을 적는다. 나이는 만 연령을 적는데 아동들의 경우 부모에게 아이들의 생년월일을 확인하는 것이 좋다.
- 실시한 검사 목록: 내담자에게 실시한 검사들의 이름을 열거한다.
- 평가(의뢰) 사유: 의뢰자의 이름과 소속, 평가가 의뢰된 이유, 내담자의 행동이나 증상에 대한 요약, 치료나 교육적 목적 등을 간략히 기술한다.
- 배경정보: 내담자와 보호자들이 협조적인가, 거부적인가, 적대적인가? 이들이 제공하는 정보가 신뢰할 만한가? 에 대한 간략한 서술이다.
- 평가 중 행동관찰: 내담자의 외모, 평가에 대한 반응, 상담자에 대한 태도, 활동 수준, 언어 패턴, 기분, 질문에 대한 반응, 운동기술, 특이한 습관 등을 그대로 진술한다.
- 평가 결과와 임상적 진단: 평가 결과들을 종합하여 내담자의 전반적인 특성과 함께 임상적 진단을 내린다. 이때 검사점수들만을 보고하기보다 그것들을 통합해서 해석하는 것이 필요하다. 평가 결과에 영향을 미친 요인들, 시행한 검사들의 주요 점수들, 내담자의 강점과 약점, 실제 예가 되는(illustrative) 반응들, 정신병리가 의심되는 검사상의 징후, 평가 자료들 간의 상호관계, 임상적 진단(diagnostic impression) 등이 여기에 포함된다.[29)]
- 치료적 권면: 평가의 과정과 결과에 기초하여 바람직한 치료적 개입을 제안하는 것이다. 실제적인 개입목표와 치료 전략을 제시해 주는 것이

29) 임상적 진단은 주로 DSM-IV에 근거하여 내리게 된다.

좋다. 대개는 문제 행동과 관련하여 제시해 주지만 상담자가 발견한 더 중대한 문제를 해소하기 위한 치료적 제안을 제시할 수도 있다.

- 평가 결과의 요약: 지금까지의 내용을 핵심적 내용을 중심으로 다시 간략히 요약해 주고 예측 진단명을 기술한다. 임상 장면에 따라서는 생략되기도 한다.
- 서명: 상담자(검사자)의 이름과 그의 전문적 지위 등을 적어넣는다.

7. 임상적 적용: 심리평가 보고서 사례 I[30)]

내담자 인적 사항: 김형진 / 남자, 만 10세 11개월
평가일시: 2007년 4월 3일
평가자: 이수연 (목회상담가 1급 제 05-32호)
실시한 검사: KEDI-WISC, MMPI-A, DAP, SCT, ADS, KPI-C.

검사 행동 관찰

내담자는 여러 시간에 걸친 검사과정에서 두세 번 자리를 뜨거나 언제 끝나는지 묻긴 했으나 대체로 참을성 있게 검사에 임했으며 검사자의 질문에는 자신의 의견을 적절하게 표현하였다. 검사 중 음성 틱 증상은 별로 없었고 눈 깜박거림도 두드러지지 않았다. 내담자의 어머니는 긴장되고 근심스런 얼굴로 내담자가 매일 두 시간씩 컴퓨터 오락을 한다든가 책을 읽지 않고 시간 활용을 못한다든가, 안절부절못한다는 등의 걱정과 틱 증상에 대한

30) 보고서에서 거론된 인명 및 일시들은 비밀보장을 위하여 수정을 가한 것임.

예민한 반응을 보였다. 특히 교통사고 후 1급 장애인이 된 남편의 욕설이나 '싸움질' 등의 성격변화들이 자녀들에게 미치는 영향을 염려하고, 또 내재되어 온 남편과의 갈등이 사고 후 더욱 악화됨으로써 가중된 자신의 스트레스를 호소하였다.

검사 결과

지능 및 인지기능 KEDI-WISC에서 내담자는 보통 수준 정도의 지능 수준(언어성 지능 119, 동작성 지능 93, 전체지능 108)을 보이고 있으며 사회성숙도 검사에서도 자신의 연령대인 11세 정도의 사회성 지능을 보이고 있다. 내담자가 언어성 지능검사에서 상식 문제와 산수 문제 등에서는 좋은 기능을 유지하고 있는 데 반해, 상황이해와 판단을 측정하는 이해 문제 점수가 다소 떨어지고, 동작성 지능검사에서도 대인관계의 예민성을 나타내는 차례 맞추기에서는 좋은 수행을 보이고 있는 데 반해 사물과 상황의 본질적인 점과 비본질적인 점을 변별하는 빠진 곳 찾기 문제에서 저조한 수행을 보이고 있는 점을 미루어, 현실이해와 판단력이 다른 기능에 비해서 다소 미숙한 특징을 드러내고 있다.

내담자의 어머니에 의해 내담자가 '산만하고 안절부절못한다.'는 호소에 따라 실시된 ADHD 검사에서, 환자는 ADHD 지수 70~79로 주의력결핍이나 충동성, 집중력장애를 보이기보다는 오히려 다소 억제적인 성향을 가지고 있으며, 따라서 보호자가 보고하는 증상들이 불안에 의한 증상인 것으로 짐작된다.

사고기능 SCT에서 내담자는 자신이 공부를 잘하고 선생님이 되고 싶으며, 친구를 좋아하고 즐겁게 노는 것을 좋아한다는 어린이다운 기술과 함께, '돈 걱정을 안 하고' '무서움 없이' 잘살기 바란다는 소망을 드러냈다.

DAP에서는 6~7세아 수준의 그림으로 지나치게 큰 머리와 매우 단순화된 윤곽과 경직된 자세를 가진 그림을 그림으로써, 생각은 많지만 억제되어 있고 심리적 미숙함과 융통성이 결여된 모습을 보이고 있다. 연상과제에서는 '실수하지 않을까' 하는 두려움, '원수 = 공부경쟁자'와 같은 반응을 하고 있어 공부에 대한 부담도 드러내고 있다. 이는 면담과정에서 드러났듯이 내담자의 아버지가 늘 '1등 해라'라고 말하고, 어머니의 잔소리에 대하여 내담자가 '숙제해라, 공부해라, 오락 그만해라라는 소리에 짜증난다.' '일 년 동안 말 시키지 마! 라고 요구했다는 점으로부터도 유추할 수 있을 것 같다.

또한 서울로 전학을 가야 한다는 것에 대해 내담자는 '시골서 촌놈 왔다고 안 놀아 줄까 봐', '놀림당하거나', '공부걱정 때문에' 미리 걱정하고 있는 모습이다.

정서 및 성격 MMPI(단독상승척도 MF=68)로 미루어 내담자는 수동적이고 의존적인 성격을 지닌 것으로 보이는데, 이는 '밖에서는 활발한 것 같으나 속마음을 잘 드러내지 않고 집 안에서는 더 내성적이고 '계모 대하듯' 눈치를 많이 본다.'는 면담내용으로도 뒷받침되고 있다. 또 KPI-C가 내담자의 증상에 대하여 민감한 어머니에 의하여 다소 과장되었을 가능성을 고려하더라도 내담자는 의미있는 몇 개의 지표를 보이고 있는데(자아탄력성척도=34, 불안척도=83, 우울척도=72, 사회관계척도=72), 이는 내담자가 내외적 스트레스에 예민하면서도 이에 적절하게 대처하거나 환경적 변화에 대하여 융통성 있게 적응하지 못하고 쉽게 좌절하며 불안이나 우울증상으로 표출되고 있음을 시사하고 있다.

현재 틱 증상과 관련된 내담자의 심리적 스트레스들은 복합적으로 작용하고 있는 것으로 보이는데 ① "뭔가를 사달라고 조르면 안 들어줄까 봐 요구하지 않고 알아서 해 주기를 바란다."는 반응처럼 내담자의 억제적이고 수동 · 의존적 성격특성, ② 아버지가 사고 후 병원에 입원해 있는 동안 홀로 남겨졌을 때에 '무서웠던' 것으로 기억하는 외상적 경험, ③ '무섭게 화내는 아버지에 대한 두려움' 및 그러한 아버지로부터의 과도한 요구와, ④ 학력 차이(남편은 초등졸 아내는 고졸)로 내재되어 왔던 부부 간의 갈등이 남편의 사고와 성격적 변화 후 가정불화로 이어지면서 내담자의 증상에 기여한 것으로 생각된다.

요약하면, 내담자는 검사 전반에 걸쳐 침착하고 참을성 있게 검사에 임하고 또 산수 문제 등의 소검사에서의 좋은 수행과 ADS에서의 낮은 지수 등을 고려할 때 보호자가 우려하는 주의력결핍장애는 배제할 수 있을 것으로 보인다. 내담자의 틱 증상도 수용적이고 온화한 관계 형성이 이루어진 검사 상황에서는 거의 관찰되지 않았다. 인지기능에 있어서도 내담자가 이해력과 판단력이 다른 기능에 비하여 다소 떨어지고는 있으나 전반적으로 보통 수준의 인지기능을 유지하고 있는 것으로 보아, 현재의 문제는 주로 내담자의 성격적 특성과 가족 갈등으로 인한 정서적 불안과 긴장이 원인이 되는 것으로 보인다. 즉, 수동적이고 억제되어 있으며, 스트레스와 환경적 변화에 대한 적응적 융통성이 부족한 성격인데다가, 사고 후 변화된 아버지의 공격적인 모습들과 가정 내 불화의 증대 그리고 특히 내담자가 의존하고 있는 어머니의 스트레스, 즉 '계속 살고 싶지도 않고 이혼할 수도 없는 갈등 상황'에서 남편에 대한 억압된 분노와 좌절감, 자녀에 대한 걱정 등으로 긴장되고 예민해져 있는 어머니의 영향이 복합적으로 작용한 결과인 것으로 보인다.

내담자에게는 공부에 대한 부담을 덜어 주고 불안과 두려움, 욕구나 좌절감을 자유롭게 표현할 수 있도록 격려해 주는 것이 좋겠으며, 내담자에게 미치는 영향을 고려하여 어머니의 우울에 대한 지지적인 치료적 접근이 필요할 것으로 보인다. 덧붙여 서울로의 전학 문제는 내담자의 증상들이 악화될 가능성을 고려하여 숙고할 필요가 있을 것으로 사료된다.

8. 임상적 적용: 심리평가 보고서 사례 II

다음은 기독교 교인인 주부의 사례로서 '집안에 귀신이 돌아다닌다.' '귀신이 날 잡으려 한다.' 고 호소하며, 몸의 마비증상을 나타내어서 내담을 하게 되었다. 5년 전에 남편의 사업실패로 시부모의 집에 들어가 살면서 술을 마시고 시부모와 싸우고 가출을 하여 치료를 받은 적이 있다. 그 후 남편이 단란주점을 운영하면서 돈을 벌자, 집과 차를 모두 내담자의 명의로 하고 남편의 외도를 의심하고 싸움을 자주 하였다. 남편과 이혼 후 재결합했으며, 지금도 남편이 저녁 8시 후에 귀가하면 문을 열어 주지 않고, 남편의 팔을 칼로 찌른 적도 있었으며, 본인의 팔목에도 자해를 한 적이 있었다. 남편은 내담자가 친정 자랑을 심하게 하며 항상 자기만 최고이며, 지난 해 교회에 다니면서부터 귀신 얘기를 자주 했다고 한다. 내담자는 자신이 너무 성실하고 꼼꼼해서 우울증에 걸렸다고 말하고 있다.

내담자 인적 사항: 이진숙 / 여자, 만 33세
평가일시: 2006년 6월 15일
평가자: 현명철(목회상담전문가 제05-36호)
실시한 검사: K-WAIS, MMPI, BGT, DAP, SCT, SCL-90-R, Rorschach.

검사 행동 관찰

내담자는 검사에 마지못해 응하였으며 상담자와 라포가 형성되어 자기표현을 잘 하다가도 자신의 뜻대로 되지 않으면 화를 내었다. 지루한 것을 참지 못하고 검사를 언제까지 해야 하는지 몇 번씩 되묻고 중간에 나가 버

리기도 하였다. 문제가 조금만 어려워지거나 복잡해지면 짜증을 부리며 충동적으로 검사도구를 밀어내거나 흩트려버리는 행동을 보였다.

거의 모든 검사에서 반응시간이 매우 빨라서 문제 지시가 미처 끝나기도 전에 응답하거나, 카드나 토막이 나열되기도 전에 시작하려 하였고 문제 해결에 접근하는 방식이 충동적이었다. MMPI는 문제가 없는 번호까지 체크하여서 다시 일일이 불러 주면서 재시행하였다.

전반적으로 인내력이 낮고 충동적인 모습이었으며 스스로 주장하듯이 '꼼꼼하거나 강박적' 인 태도는 거의 관찰되지 않았다.

검사 결과

지능 및 인지기능 내담자의 지능은 K-WAIS에서 언어성 지능 83, 동작성 지능 80, 전체지능 81로 평균하의 수준(IQ 71-89)을 보이고 있다. 병전 추정 수준인 IQ 98에서 약 17점 정도의 저하를 보이고 있다. 이러한 저하는 내담자가 지적 추구에는 관심이 없었던 데다 오랫동안 정서적 갈등을 겪어 온 데서 비롯된 것으로 생각된다.

주변 상황이나 대인관계 예민성을 시사하는 '숫자 외우기' 나 '차례 맞추기' 는 그런대로 유지하고 있으나 '산수 문제' 와 동작성 문제 등에서 조금만 어려워져도 집중력이 쉽게 무너지고 있다. 논리적, 추상적 사고능력이 저하되고, '동전' 의 뜻에 대해 '사먹을 수 있다.' 고 반응하는 것처럼 사고가 구체화되어 있다. 사물과 상황의 본질적인 부분과 비본질적인 부분을 변별하는 데 어려움을 겪고 있고, 상황 판단력을 묻는 '길 찾기 문제' 에서 '소리를 지른다.' 고 답하거나, '공든 탑이 무너지랴.' 와 같은 객관적 자극에 대해 '시어머니에게 잘 보이려 했는데 한 순간에 찍혀서 망했다.' 와 같이 개인화된 반응을 하는 경향이 많아서 현실 상황에 대한 이해 및 판단력이 저하되어 있는 모습을 보여 주고 있다. 동작성 검사에서의 저하는 시각운동 협응

능력의 결손이나 정신운동성 기능의 저하보다는 불안정성과 충동성으로 인한 분석-종합능력의 결손과 관련된 것으로 보여서 내담자가 주장하는 우울증과는 무관한 것으로 생각된다.

사고기능 내담자의 반응시간과 연상이 빨라서 정신운동성 기능의 저하는 보이지 않고 있다. 대신 로르샤하 검사에서 주로 색채반응이나 무채색반응에 의해 주도된 반응이나 순수색채반응들을 보이고 있어, 감정적 혼란에 의하여 지각적 조직화가 약화되거나 무너지는 양상을 드러내고 있으며 이러한 양상이 현재 호소하는 '귀신'의 지각과도 관련이 있는 것으로 추정된다.

사고내용에 있어서는 심한 왜곡이나 일탈은 보이지 않고 있으나, 로르샤하 검사에서 '피범벅, 칼로 찔러서', '무서워요, 악마나 마귀', '화려하다, 예쁘다' 와 같이 사고내용이 불안정성과 충동성에 의하여 압도되는 경향을 보이고 있다. 또한 '사랑하는 남녀', '뽀뽀하는 천사', '오색가지 땅을 많이 가져서 뽐내는 왕'과 같이 애정과 과시욕구와 함께, '크게 뜨고 쳐다보는 눈' 이나 '가면' 처럼 편집증적인 의심을 추측케 하는 내용도 동시에 드러내고 있다.

정서 및 성격 거의 모든 검사에서 내담자의 정서적 불안정과 충동성이 두드러지게 나타나고 있다. 위의 로르샤하 반응 외에도 BGT에서 점을 찍는 대신 충동적으로 선을 그어버리거나 SCL-90-R에서 우울, 적개심, 편집증적 예민성척도가 상승하는 모습을 보이고 있다. 이러한 정서적 갈등의 구체적인 내용은 SCT와 면담내용에서 잘 드러나는데, 아버지에 대해 '재수 없다.' '나쁜 놈이다.' '짜증난다.' 아버지와 나는 '별 관계가 없다.' '남자들이란 발바닥의 때만도 못하다'는 반응을 하고 있다. 어머니에 대하여는 '욕심쟁이', '어머니와 나는 별로 안 좋다.'는 반응을 하고 있다. 윗사람들 역시

'무섭다', '불편하다' 고 반응했으며 참다운 친구는 '없다' 고 반응하고 있다. 이러한 적대감에 찬 인간관계는 편집증적 의심으로까지 이어져서, 가족과 친구들이 '나에 대해서 욕을 할 것이다.' 라는 반응을 하고 있다.

남편에 대해서는 의심과 분노를 갖고 있으면서 동시에 자신이 '혼자 버려지거나', '외톨이가 될까 봐' 걱정하는 분리와 유기에의 두려움을 강하게 드러내고 있다.

성격적으로는 내담자가 주장하는 강박적인 특성은 거의 나타나지 않고 있다. 대신 어렸을 때는 '이뻤다', '가수가 되고 싶었다.' '엄마가 부자여서 뭐든지 하고 싶은 대로 다 했다.' 늘 원한 것은 '돈 많이 벌어 좋은 아파트로 이사 가는 것', '보세옷가게 차리는 것' 과 같이 인정과 주목에의 욕구 및 자기중심적이고 과시적인 욕구가 주로 나타나고 있다.

객관적으로 볼 때 내담자는 본인이 주장하듯이 어릴 때에 과잉보호를 받았거나 사랑을 많이 받았기보다는 자신의 욕구와 환상대로 자신의 모습을 윤색하는 경향이 있는 것으로 생각된다. 면담과정에서 내담자는 어릴 때부터 거짓말과 술, 담배를 자주 했고 '매일, 매일' 엄마의 돈을 훔쳐서 매맞은 경험들과 '돈 달라고 하면 인상 쓰고 변덕을 부린 엄마' 와 '딴 여자와 딴 집 살림을 차린 아버지에게 돈을 얻으러 갔던 것' 을 회상하였다.

내담자의 자아상 역시 불안정한 모습인데, DAP에서 '레이스 원피스를 입은 긴 머리의 발레리나' 를 그렸지만, 손이 없고 고개를 옆으로 돌린 모습이어서 환상의 추구와 좌절스러운 현실의 회피를 암시하고 있다. SCT에서도 '하고 싶은 건 너무 많은데 할 줄 아는 것이 하나도 없다.' 자신의 장래나 능력은 '없다' 라고 반응함으로써 갈등하는 자아상을 드러내고 있다.

한편 욕구좌절에 대한 인내력은 매우 낮아서 스트레스 상황에서는 폭음이나 폭력, 자살기도 등의 충동적 행동화의 경향이 높은 것으로 나타나고 있다. K-WAIS에서 '본보기' 의 뜻을 '실컷 때려주고 싶다.' SCL-90-R에서 '걷잡을 수 없이 울화가 터진다.' '때리거나 해치고 싶은 충동이 생긴다.'

'때려부수고 싶다.' '죽고 싶은 생각이 든다.' 등의 문항에 '아주 심하다.' 고 반응하고, 두려운 생각이 휩싸일 때 '술을 마신다.' 와 유사한 반응을 다수 하고 있다.

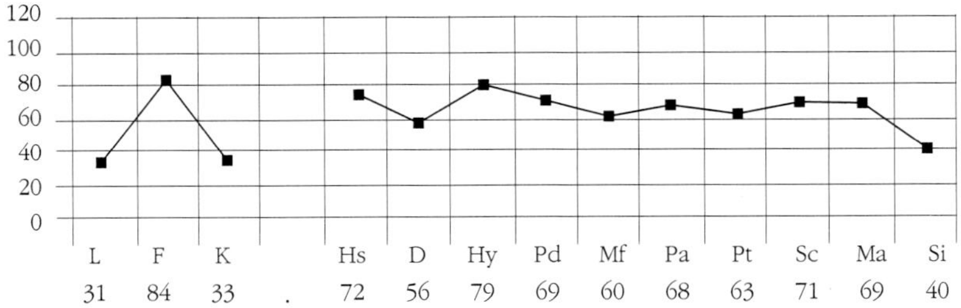

[그림 6-1] MMPI Profile

요약하면, 내담자는 매우 불안정한 자아상과 대인관계, 충동성과 함께, 인정과 과시에의 욕구가 강하고 그러한 욕구를 즉각적으로 충족하고자 하는 경향이 강한 성격특성을 지닌 것으로 생각된다. 부모의 불화와 '아버지로부터의 버림받음' 이라는 좌절과 내담자의 비현실적인 자아상 간의 괴리는 성장기와 성인기에 이르도록 지속적인 내적 갈등을 초래해 왔을 것으로 보인다. 이러한 욕구 좌절과 갈등은 남편과의 관계에서도 되풀이되어서, 스트레스 상황에서 자기중심적이고 미숙한 의존 욕구가 좌절되고 유기(遺棄; abandonment)에의 불안이 가중될 때, 편집증적 의심과 지각적, 감정적 혼란 및 폭음, 폭력, 자해 등의 충동적 행동화로 표출되는 것으로 추측된다. 경계선적 성격장애가 의심되며 현재는 해리장애(解離; dissociation)도 겪고 있는 것으로 추정된다.

한편, 내담자가 성장기에서 경험한 부모의 지지 결손은 내담자에게 안정되고 지지적인 하나님 상(像)을 형성하기 어렵게 했을 것이며, 오히려 처벌적이고 감시하며 변덕스럽고 무자비하게 버리는 내적 표상으로 잠재해 왔을 것으로 추측된다. 혼란의 시기에 시작한 신앙생활은 이러한 수용과 긍휼과 자비가 아닌 억압된 두려움과 유기에의 불안을 자극하는 경험이 되었을 수도 있다.

내담자의 치료를 위해서는 상담자와의 신뢰 있고 일관성 있는 관계 형성이 무엇보다도 중요하다. 상담자가 내담자의 두려움과 욕구를 편견 없이 수용하고 반영해 주며, 현재 내담자의 적대감과 변덕에도 불구하고 안전한 기지로서 지지하고 인내해 주는 하나님 표상을 반영해 줄 수 있으면 좋겠다. 이로써 내담자가 남편이나 주변 사람들에 대한 미숙하고 원시적인 집착과 의존, 병리적인 의심을 극복하게 되고 있는 그대로의 자기를 받아들이며 하나님의 은혜를 누릴 수 있을 것으로 기대된다.

9. 심리평가에 임하는 상담자의 자세

상담자는 무엇보다도 심리평가에 대한 전문적이고 객관적인 태도를 지녀야 한다. 심리평가 시 매뉴얼에 따라 기계적으로 시행하고 채점하거나 임의적이고 독단적인 해석을 내리지 않도록 공부하고 연구하는 자세가 요청된다. 그리고 상담에서와 마찬가지로 내담자에 대한 존중이 필요한데, 종종 상대하기 어려운 내담자들이라 하더라도 상담자는 겸손하고 부드러우면서도 단호한 태도로 검사를 이끌어 나갈 수 있어야 한다. 한 걸음 더 나아가 상담자 자신에 대한 이해와 통찰이 중요한데, 심리평가 과정에서의 상담자 변인이 내담자에게 미치는 영향에 대해 민감하게 주의를 기울여서 자신의 방어적 태도와 역전이로 인하여 객관적인 가설 검증에 실패하고 고정된 가설 쪽으로 기울어지게 되는 오류를 경계해야 할 것이다. 심리평가에 대한 상담자 자신의 역량을 높이고 내담자에게 심리평가가 더욱 유용한 것이 되려면 상담자(검사자)가 전문가에게 감독(supervision)을 받는 것도 좋은 방법이 될 수 있다.

참고문헌

강계남(2004). 신앙성숙척도의 타당도 검증. 교육평가연구, 17(1), 141-163.

김영환, 김지혜, 홍상황 역(2005). 로르샤하 해석의 원리(2판)(원저: I. B. Weiner). 서울: 학지사.

김영환, 김지혜, 홍상황 역(2006). 로르샤하 종합체계 워크북(5판)(원저: J. E. Exner). 서울: 학지사.

김재은, 김동극, 여광응(1994). 인물화에 의한 간편지능검사. 파주: 교육과학사.

김재환, 오상우, 홍창희, 김지혜, 황순택, 문혜신, 정승아, 이장한, 정은경(2006). 임상심리검사의 이해. 서울: 학지사.

김정택, 김명준 역(1999). 심리유형의 역동과 발달. 서울: 한국심리검사연구소.

김정택, 심혜숙, 제석봉(1985). MBTI 개발과 활용. 서울: 한국심리검사연구소.

김중술(1996). 다면적 인성검사: MMPI의 임상적 해석. 서울대학교 출판부.

박경, 최순영(2009). 심리검사의 이론과 활용(2판). 서울: 학지사.

박영숙(1998). 전문가를 위한 새로운 심리평가의 실제. 서울: 하나의학사.

신민섭 외(2003). 그림을 통한 아동의 진단과 이해: HTP와 KFD를 중심으로(증보판). 서울: 학지사.

심혜숙, 문성호 역(2000). 성격유형과 영성(원저: S. K. Hirsh & J. A. G. Kise). 서울: 한국심리검사연구소.

염태호, 박영숙, 오경자, 김정규, 이영호 등(1992). K-WAIS 실시 요강. 서울: 한국가이던스.

이우경, 이원혜 역(2003). 로샤 검사에 대한 정신분석적 접근(원저: P. M. Lerner). 서울: 학지사.

이해리(2007). 심리진단과 평가. 목회상담협회 워크숍 자료.

임상심리학회(1992). K-WAIS 실시요강. 서울: 한국가이던스.

정성덕, 이종범, 박형배, 김진성, 배대석, 이광헌, 사공정규, 송창진, 배진우(2001). 한국판 영적 안녕척도(Spiritual Well-Being Scale)의 신뢰도 및 타당도 연구. 신경정신의학, 40, 230-241.

한국가이던스(1994). 다면인성검사 실시요강. 서울: 한국가이던스.

제7장_ 진단통계편람(DSM)의 이해와 목회상담에서의 응용

DSM(Diagnostic and Statistical Manual of Mental disorders)은 미국정신의학회(APA)에서 정신질환을 분류한 진단통계편람이다. 이와 비슷한 질병분류로 ICD(International Classification of Disease)가 있는데, 이는 세계보건기구(WHO)에서 분류한 국제질병분류로서 정신질환뿐 아니라 모든 질환을 분류하고 있다. ICD는 10년에 한 번꼴로 판이 바뀌는데, 제5판이 되어서 처음으로 정신질환이 분류되었다. 즉, 제4판까지는 정신질환이 분류조차 되지 않았다. 그리고 제5판의 정신질환 분류도 단 두 가지였는데, 하나는 정신증(psychosis)이고 하나는 신경증(neurosis)이다. 그만큼 정신질환에 대한 과학적인 접근이나 분류가 공통된 의견을 내지 못했다는 것이다. 그러니 그 당시라면 정신질환에 대해서 어느 누가 뭐라고 하면 그게 맞는지 틀리는지 판단할 기준이 없는 형국이었다. 정신질환이라는 범주를 인정하면서 이를 크게 둘로 나누는 작업은 가장 기본적인 분류라고 할 수 있을 것이다. 이 분류를 적용하다 보면 양쪽 어디에도 속한다고 말하기 어려운 애매한 질환들이 등장할 것이다. 전통적으로 이러한 애매한 경우를 경계(borderline)[1]라

1) 여기서 말하는 '경계(Borderline) 환자'는 인격장애 전체를 아우르는 고전적인 표현이며 인격장애 진단 중의 하나인 '경계성 인격장애(borderline personality disorder)'와는 다른 표현이다. 둘 다 같은 영어 단어 Borderline을 쓰고 있어서 혼동하기 쉬우므로 주의를 요한다.

고 불렀다. 이는 후대에 인격장애라는 진단군을 구체화하는 틀이 되었다.

DSM은 ICD 제5판 이후, 정신질환 분류가 아직 미흡한 단계에 있을 시점에 미국 정신의학자들이 모여 좀 더 세분화하는 작업을 시작하면서 이루어진 것이다. 그리고 단순한 분류뿐만 아니라 분류에 따른 각각의 질환이 갖는 특성과 예후 등을 설명하는 내용을 함께 수록하여 정신질환의 교과서 역할도 가능하도록 편집되었다. DSM이 분류를 세분화하면 ICD의 다음 판도 이에 영향을 받아 정신질환을 세분화하고, 이어서 DSM도 다음 판에서 보다 정교한 분류를 제시하였다. 즉, 두 진단분류가 마치 경쟁하듯 하여 분류가 더욱 세분되고 정교화되었다. 지금은 ICD의 정신질환 분류와 DSM 분류가 기본적인 틀에서 매우 흡사하다. 그만큼 의견의 통일이 이루어진 셈이다. 우리나라 의학은 미국의 영향을 많이 받은 터라 ICD의 정신질환 진단 기준보다 DSM의 진단 기준을 더 많이 인용하는 편이다.

가장 기초적인 질문부터 다시 시작하자. 병은 왜 분류해야 하는가? 첫째, 전문가들의 의사소통을 위해 필요하다. 지금 내 앞에 어떤 정신적인 문제가 있는 사람이 있다고 가정하자. 다른 사람에게 이 사람을 설명할 때 뭐라고 말하는 것이 의사전달을 높이겠는가? 서로 통용되는 개념의 용어와 진단명이 있으면 훨씬 쉽게 되지 않겠는가? 둘째, 질병 연구를 위해서 필요하다. 연구는 대상군이 정확해야 그 결과도 신뢰할 수 있다. 기준에 맞는 대상을 여러 명 비교 관찰하면 이 질환의 특성과 진행 양상을 알 수 있고 어떤 치료가 효과적인지 통계적으로 검토할 수 있다. 더 나아가 그러한 질환의 원인이 무엇인지도 자세히 연구할 수 있게 된다.

진단 기준을 정확하게 고려하지 않으면 어떤 일이 있을 수 있을까? 어떤 사람이 기도로 암 환자 10명을 완치시켰다고 공언을 했다고 가정할 때 그의 말이 신뢰를 얻으려면 그 10명이 진단 기준에 따라 정확히 암 진단을 받았어야 할 것이다. 어떤 목회자가 우울증에 걸린 교우를 신앙으로 극복하게 해주었다고 하였을 때에도 그 '우울증'이 진단 기준에 근거한 우울증(정확히는 주요우울장애)인지 아니면 일반적으로 통용되는 용어로 사용한 것인지 확실히 해야 한다. 어떤 질환의 대상들을 여러 명 만나서 치료적으로 접근하는 전문가라면 이러한 기준이 보다 정확해야 하겠지만, 한두 명의 대상을 만나서 접근하는 준전문가 혹은 일반인이라면 기준이 엄격하게 유지되지 않아도 무방할 것이다. 그렇지만 기준에 따라 정확하게 판별했는지 여부는 분명히 명시할 수 있어야 한다.

DSM은 다축진단 체계(Multi-axial evaluation system)를 가지고 있다. 1축에서 5축까지 다섯 가지 판단의 관점을 가지고 한 사람을 평가하는 것이다. 한 사람에게 진단을 내릴 때 '이 사람은 정신분열병 환자다.' 라는 평가와 '이 사람은 정신분열병을 앓고 있는데, 성격적으로는 회피적이고 폐렴을 심하게 앓아서 호흡이 불안정한 것도 성격을 강화하였다. 실직을 한 지 1년이 넘어서도 직장을 얻지 못해 경제적인 어려움을 겪고 있고 작년에 비해 20% 정도의 기능 손실을 나타내고 있다.' 라는 평가 중에 어떤 평가가 환자의 문제를 더 세밀하게 판단하고 있는 것인가? 당연히 후자다. DSM은 정신과적 문제라면 이러한 다축평가가 필요하다고 말하고 있는 것이다.

하지만 '이 사람의 병명은?' 이라는 질문마다 너무 길게 답하면 그것도 좋은 방식은 아닐 것이다. 우리가 흔히 언급하게 되는 병명은 다축진단 중 제1축 혹은 제2축 진단을 말한다. 제1축과 제2축의 차이는 상태(state)와 경향(trait)의 차이라고 말한다. 제1축 진단은 어느 시기에 병이 생긴 상태를 언급하는 진단이다. 회복되면 진단을 더 이상 붙이지 않아도 된다. 우리가 정신질환으로 알고 있는 대부분의 질환들이 여기에 속한다. 즉, 정신분열병, 주요우울장애, 양극성장애(조울증), 강박장애, 공황장애, 사회공포증, 신체화장애 등이 모두 제1축 진단들이다. 이러한 병들은 질병의 시작과 끝이 있다. 이러한 개념과 달리 제2축 진단은 시간과 장소에 구애받지 않고 언제나 비슷하게 나타나는 문제의 경향을 지칭하는 진단이다. 그러므로 회복이라는 개념이 잘 적용되지 않으며 본인과 경향을 떼어 놓고 생각할 수 없다. 제

2축에 해당하는 진단으로 인격장애와 지적장애(정신지체)가 있다. 이러한 문제들은 변하지 않고 계속 남아 있는 특성이기에 제1축과 구분하여 제2축에 진단을 명시하게 하였다.

진단 기준은 각각의 질환마다 다르지만 진단 기준의 구성은 비슷한 형태로 되어 있다. 대문자 알파벳으로 설명을 나누어 놓았는데, A.항목에는 주로 질환의 구체적인 증상 목록이 나열되어 있다. 그래서 진단 기준 중에 가장 중요한 항목으로 여겨지며 특별히 'A 기준(criteria)'이라고 칭한다. B.항목부터는 순서에 일관성은 없는데, 대개 세 가지의 내용을 포함한다. 첫째는 증상의 기간이다. 둘째는 '위의 증상으로 사회적, 직업적, 기타 중요한 기능 영역에서 임상적으로 현격한 고통과 손상을 초래한다(The symptoms cause clinically significant distress or impairment in social, occupational, or other important areas of functioning).'라는 말이 거의 항상 언급된다. 셋째는 감별진단이다. 이러한 내용의 설명이 길다 보니 초심자들은 A 기준만 적당히 보고 뒤의 항목들을 눈여겨보지 않는 실수를 자주 한다. 하지만 B 항목부터의 진단 기준을 숙지하지 않으면 겉보기에 A 기준에 맞는 것 같지만 실은 그 진단이 아닐 수 있는, 이른바 '오진'을 할 수 있다.

1. DSM 적용 시의 유의점

DSM의 인격장애 진단 기준을 보게 되면 많은 독자들이 10개의 인격장애 중에 자신은 몇 개 이상의 인격장애를 갖고 있다는 결론을 내리게 된다. 이러한 경우가 DSM 진단 기준을 잘못 적용하는 대표적인 예다. 이는 인격장애 진단 항목을 읽고 그와 비슷한 경우가 자기에게 있을 때 항목에 '해당한다'고 체크하다 보니 나타나는 실수다. 하나의 항목이 해당되기 위해서는 그 항목을 뒷받침하는 다른 기준들까지 충분히 맞춰야 한다. 인격장애의 경우를 예로 들면, 항목 하나의 설명이 '인격특성으로' 나타날 때 그에 해당한다고 체크할 수 있다. 여기서 말하는 인격특성은 DSM에 별도로 기준이 나와 있는데, 개념을 정리하면 '시간, 장소, 대상의 변동에 따라 달라지지 않는 개인의 고유한 경향'이다. 예를 들어 연극성 인격장애의 '사람들의 관심의 중심에 있으려고 한다.'는 항목에 체크를 하려면 '내가 그런 면이 있지.' 혹은 '있었지'라고 해서 체크할 수 없으며, 1년 전이나 지금이나, 집에서나 교회에서나, 윗사람에게든 아랫사람에게든 불문하여 비교적 한결같이 남들에게 주목의 대상이 되려고 애쓰는 경우일 때 항목 체크를 할 수 있는 것이다.

정신과 의사가 되기 위한 전공의 4년 중에 초기 1~2년은 DSM 기준에 따라 진단을 내리는 훈련에 많은 시간을 들인다. 이때 진단 기준은 문장을 외워서 해결되는 게 아니라는 것을 수련과정을 통해 뼈저리게 느낀다. 환자의 증상을 표현하는 정신병리 용어 하나하나를 임상에서 경험하고 '저것이구나' 하고 터득해야 하는 것이다. 법관이 법조문 외워서 판결을 내리는 단순한 직업이 아니듯, 정신질환의 진단 기준도 그 항목을 잘 외워서 될 일이 아니라 그 모든 항목을 통합하여 그 진단에 해당하는 중요한 원리가 기준으로 세워져야 한다. DSM 진단 기준을 보고 내담자를 진단하는 훈련을 하면서 우선 아래의 몇 가지 사항을 주의하면 보다 수월하게 진단의 틀을 익히게 될 것이다.

우선 A 기준에서 의아스럽게 느껴지는 부분이 '다음 진단 항목 __ 가지 중 __ 가지 이상이 해당되는 경우'라는 부분일 것이다. A 기준의 조건들은 '반드시 만족해야 하는 조건'과 '여러 항목 중 몇 개 이상 만족해야 하는 조건' 등 두 가지의 조건으로 구성되어 있다. 이러한 조건은 다양한 특성의 환자들을 하나의 진단 안에 포함하게 한다. 그러다 보니 같은 진단 안에 있는 환자들끼리 똑같지는 않은 결과를 나타낸다. 그러므로 세세한 증상 목록을 외우기에 앞서 질환의 전체적인 맥락을 이해하는 것이 중요하다. '반드시

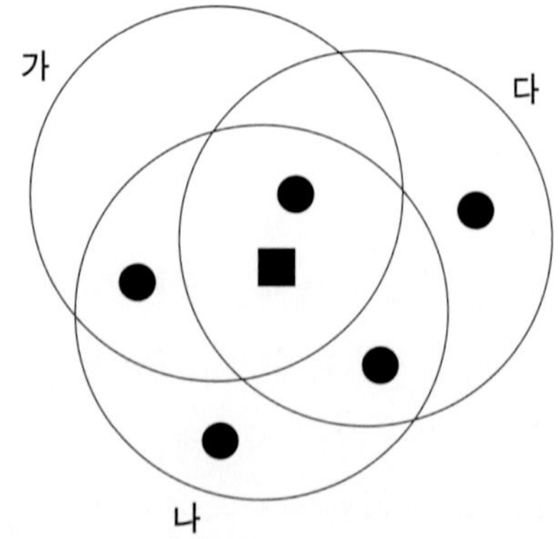

[그림 7-1] 다축평가

그림의 점 6개가 어떤 DSM 진단의 A 기준들이고 6가지 진단 항목 중 3가지 이상이 있어야 하되 네모난 점에 해당하는 한 가지 기준은 반드시 포함되어야 한다고 명시되어 있다면 가, 나, 다에 해당하는 사람 모두 A 진단 기준에 해당하는 사람들이 된다. 같은 진단 기준으로 진단하지만 각각의 대상은 서로 다르다는 것을 알 수 있다. 공통분모에 해당하는 영역이 이 질환의 핵심적 특징이 된다.

만족해야 하는 조건' 이나 인격장애 A 기준에서 첫 줄에 적혀 있는 설명은 그 진단의 핵심이 된다. 그러한 핵심적인 개념을 숙지하는 것이 중요하다.

둘째로 진단 항목에는 기간이 명시된다. 어떤 이에게 하루 동안 환청이 들렸다고 한다면 그에게 환청은 있었던 것이지만 정신분열병의 A 기준에 나오는 환청, 환시 등의 환각에는 해당되지 않는다. 왜냐하면 정신분열병의 A 기준 항목들은 '한 달의 기간 동안 충분히 있을 때' 기준을 만족하기 때문이다. 사실 '충분히' 라는 기준은 애매한 기준이다. 통상적으로 애매한 기준은 70% 정도를 인정한다. 하루 중에 그 정도 이상 환청이 계속 있고 그것도 한 달의 기간을 지속할 때에는 정신분열병의 A 기준 중에 환각 항목을 만족하게 된다. 그런데 정신분열병의 A 기준을 다 만족했다고 해서 정신분열병으로 진단되는 것은 아니다. 병의 기간이 6개월 이상 되어야 한다는 기간에 대한 다른 전제가 있기 때문이다.

증상이 한 번만 있어도 그것은 존재한 것이나, 기간의 기준에 따라 진단 항목에는 해당되지 않는 정도일 수도 있다는 것을 잘 알아야 한다. DSM 전체에서 언급되는 기간은 1달 이내의 기간들(7일, 14일, 한 달)과 6개월을 넘는 기간들(6개월, 1년, 2년)로 크게 분류할 수 있다. 1달 이내의 기간들은 '충분하다' 는 의미를 담고 있는 기간들이다. 그리고 6개월 이상의 기간들은 '만성적이다' 라는 의미를 담고 있는 기간들이다. 만성적이라는 말은 진단을 내리기까지 기간도 꽤 오랫동안 필요하지만 회복 또한 기간이 오래 걸리고 잘 낫지 않는다는 점을 암시한다. 기간을 정확히 외우되 그 의미를 같이 생각해야 할 것이다.

셋째로 '위의 증상으로 사회적, 직업적, 기타 중요한 기능 영역에서 임상적으로 현격한 고통과 손상을 초래한다.' 는 문구의 중요성을 이해해야 한다. 매 진단 기준마다 이 문장이 나오다 보니 으레 나오는 줄 알고 신경을 안 쓰게 된다. 하지만 이 문장이 얼마나 중요하면 매번 반복해서 적어 놓았을지 다시 생각해 보기 바란다. 진단의 항목들은 그 특성이 중요하고 기간도 중요하지만, 더 중요한 것은 그 증상으로 자신의 생활 영역에서 '기능 저하' 가 와야 한다는 것이다. 증상이 기능 저하를 초래하지 않으면 병으로 취급하지 않는다. 우스갯소리로 교수가 성격이 더러워서 학생들이 골탕을 먹어도 그러한 성격으로 경쟁상대를 물리치고 교수가 되었다고 한다면 속으로는 얄미워도 그를 병자로 몰아갈 수는 없다. 정신질환의 분류는 윤리적 잣대가 아니라 임상적, 실용적 잣대이기 때문에 현실적응 기능 및 현실성에 더 비중을 둔다.

2. 목회상담과 DSM

목회상담의 관점이 아니라면 지금까지 언급한 내용에 최대한 충실하게 진단을 내리는 훈련을 하는 것이 중요할 것이다. 그런데 목회상담은 인간을 다른 관점에서 보는 안목을 가지고 있다. 이로 인해 DSM의 본래 취지와 항상 일치하는 것은 아니다. 그렇더라도 진단을 임의로 내리는 것처럼 위험한 것은 없다. 그러므로 목회상담의 훈련이라도 그 초기에는 위에서 언급한 훈련을 보다 충실히 하는 것이 적절하다.

DSM의 취지를 제대로 이해한 후에는 목회상담의 관점에서 이를 응용하고 더 나아가 비판할 수도 있을 것이다. 진단 기준은 결코 완전한 것이 아니다. 완전하시다면 왜 ICD는 10판이 되고 DSM은 4판이 되었겠는가? 진단 기준은 정신의학의 발전에 따라 수정되고 심지어 완전히 바뀌기도 한다. 하나의 병이 다른 두 가지 병으로 나누어지기도 하고, 현상적으로는 달라 보였던 두 가지 병이 원인상 동일한 것으로 인정되어 하나의 병으로 합쳐지기도 한다. 인간을 의학적 관점에서 이해하는 학문이 그렇게 발전된다면 영적인 시각에서 인간을 이해하는 논의도 충분히 발전할 것이다. 이를 위해 몇 가지 의견을 제시하겠다.

첫째, 진단 기준에 영적인 의미를 보강하여 진단 기준을 보다 세밀히 하는 노력을 목회상담의 영역에서 보였으면 한다. 기준이 다르다면 혼선을 초래한다. 그리고 목회상담자가 DSM의 기준과 다른 별도의 기준을 거론하면 그것은 오히려 독선이 될 수 있다. 그런데 DSM 기준의 특성을 이미 언급하였지만 기준의 경계가 매우 느슨한 편이다. 핵심적인 특성 외에는 일관되지 않은 특성들을 진단 기준이라는 커다란 틀 안에서 모두 수용하고 있다. 이러한 기준에 목회상담의 특성을 부여하는 '추가적인 기준'을 마련하여 질환을 더 세분하거나 질환의 경계를 더 좁히면 그것은 다른 학문 영역과 계속 교류할 수 있는 틀을 유지하는 동시에, 목회상담의 독특성을 살리고 목회상담의 학문적인 논의가 보다 활발하게 이루어지게 될 것이다.

둘째, DSM 적용의 유의점에서 마지막에 언급한 내용을 다시 상기하기 바란다. 목회상담의 관점에서는 기능 저하보다는 신앙윤리를 중요시할 것이다. 하지만 정신의학의 관점에서는 기능 저하가 더 중요하다. 그러므로 이 부분은 목회상담에서 DSM 진단 기준을 적용할 때 논쟁거리가 될 수 있다. DSM 진단에서는 무당의 점술행위나 동성애가 모두 병적이지 않은 것으로 본다. 그들이 그 행위로 사회 · 직업적 영역에서 기능 저하가 초래되지 않으며 그러한 특성이 자신의 직업적 성취를 이루고 있다면 적어도 정신의학 영역에서는 그들을 비정상으로 보지 않는다. 이러한 논의를 전개하면 많은 그리스도인들은 둘 중 어떤 게 옳으냐는 흑백논리적인 판단을 하려는 성급함을 보인다. 이러한 의견 충돌에서 어느 한쪽만 옳은 것이 아니며 결국 기능의 관점과 신앙윤리의 관점 두 가지가 적절하게 조화되고 절충되어야 한다. 특히 기독교와 의견이 상반될 때 그것이 기독교의 본질과 상반되는 것인지, 아니면 우리가 본질도 아닌 '기독교적 문화' 라는 타성에 젖어서 율법주의적인 잣대를 가지다 보니 상반된 의견이 되었는지 잘 점검해야 한다.

셋째, 일반 학문이 접근하는 원칙에서 나타나는 한계점을 목회상담 영역에서 극복하고 대안을 제시할 수 있어야 한다. DSM은 제목 그대로 통계를 위한 기준이다. 통계는 다수의 대상을 연구하고 거기에서 유효한 인자를 발견하는 데에 많은 지혜를 제공한다. 하지만 우리가 아는 바대로 통계는 그 자체의 특성에 의해 나타나는 허점이 있다. 그러한 허점들은 개개인의 편차의 중요성을 무시할 때 주로 나타난다. 외형만으로 공통점을 확인하고 하나의 진단 안에서 개인의 고유한 특성을 무시할 때 치료는 비인격적인 방식으로 서서히 옮겨 간다는 것을 우리는 잘 알고 있다. 현대의 통계적 관점에 의한 효율성 평가에 따르자면 개개인의 차이를 충분히 인정하는 심리치료 방법들은 비논리적이고, 치료자의 주관에 따라 좌우되며, 제멋대로의 결과를 나타내는, 정돈되지 않는 방식이라고 결론 내리게 될 것이다. 목회상담의 방식도 이와 흡사한 노선을 갖고 있다. 그런데 뒤집어 생각해 보자. 통계에 따른 치료평가의 가장 큰 맹점은 치료 대상을 표준화하고 치료를 표준화했으며, 그에 따라서 치료방법의 효율성을 판별했다는 것이다. 그러나 표준화된 의학교육을 받았으면서도 각 병원마다 각 의사마다 치료의 스타일이 다르고 어떤 의사는 명의로 불리기도 하는 것은 개별적인 차이나 특성이 얼마나 중요한지를 시사하는 것이다. 정신질환자에 대한 대부분의 약물치료 및 다른 치료법 연구에서 치료자가 다르거나 바뀌는 것을 분석 요인에 포함시키는 예가 드물다. 치료자의 차이에 따라 약물치료의 결과가 다를 수 있다는 것은 경험적으로는 누구나 쉽게 수긍할 수 있지만 통계적인 견지에서는 애써 부정하고 있는 것이다. 목회상담은 일반 심리상담이 처한 현재의 장단점을 타산지석으로 삼아야 할 것이다.

마지막으로, 일반 심리학과 정신의학에서 이루어 놓은 좋은 연구업적들을 기독교 영역에서도 잘 응용할 수 있어야 한다. 인간에 대해서 성경은 어떤 심리교과서보다도 많은 것을 제공한다. 하지만 프로이트의 등장 이후로 초심리학은 괄목할 만한 발전을 거듭하면서 인간에 대한 새로운 이해들을 제시하였다. 이들은 처음에는 반기독교적이기도 하고 기독교의 근본을 흔들어 놓는 듯하기도 하였다. 하지만 논의가 진행되면서 통합적 견지가 이루어지고 수용할 만한 부분이 배척할 부분보다 훨씬 많다는 것을 인정하게 되었다. 양극단을 조심해야 한다. 목회상담을 표방하면서 실제로는 일반 심리상담만을 말하는 경우도 배격해야 하겠지만, 복음 외에는 어떠한 것도 필요 없다면서 심리학의 풍부한 지식을 배척하는 경우도 거절해야 한다. 시중에는 양극단에 해당하는 책들이 있다. 이러한 책들을 읽고 양극단의 일방적인 주장에서 한계점을 발견하고 보다 통합적인 견지를 익혀 나갈 수 있어야겠다.

예를 들어 보자. 누군가가 이해하기 어려운 증상을 드러내면 무조건 그가 사탄의 사주를 받는다거나 귀신이 들렸다는 식으로 결론 내리면서 영적인 문제로만 보려는 입장에서 탈피해야 한다. 정신분열병에 대한 풍부한 학문적 발전을 들어 본 적도 없으면서 거부하는 경우라면 이는 위험스럽다. 목회자가 어떤 이를 귀신들린 경우라고 평가할 시에 그에게 약물치료를 해선

안 된다고 권면하는 경우가 많다. 대부분이 충분한 논의 없이 그저 정신과에 대한 편견으로 인해 나타난 결론들이다. 이해할 수 없는 이상한 행동을 보이는 교인을 귀신들림으로 평가하는 것 외에 다른 시도나 접근을 하지 않는 목회자를 분석적인 견지에서 살펴보면 자신이 알지 못하는 영역에 대한 두려움이나 불안이 높은 경우가 많다. 그래서 문제를 영적인 것으로만 치부하는 것이다. 축사행위에서도 상식적으로 이해하지 못하는 방식을 동원하는 경우를 볼 수 있는데, 이 또한 비슷한 심리기전에 의한다. 즉, 목회자 자신의 불안과 두려움을 은폐하기 위해 과도한 방식으로 자신을 방어하는 것이다. 우리는 완전하지 않기 때문에 문제가 있는 사람을 도울 때 가급적 자기 혼자만의 견해로 모든 것을 처리하려는 실수를 범하지 않아야 하며, 다양한 조언을 고려하여 일을 건강하게 처리해야 한다. 축사행위 중에 이른바 '귀신들린 사람' 이 자기 의식이 전혀 없다고 가정해서는 안 된다. 실제 축사를 받는 사람들에게서 수치심의 주제가 많이 대두되고 있다는 사실을 기억해야 할 것이다.

누군가가 금식하며 기도할지, 아니면 식사를 유지하며 기도를 할지 정할 때 영적인 문제만 아니라 그의 신체상태를 고려하여 정하는 것과 마찬가지로, 영적으로 약하거나 귀신들린 현상을 보인다고 해서 그에게 신체적인 문제는 전혀 거론할 필요가 없는 것으로 여기면 안 된다. 약물치료나 식사, 수면을 충분히 건강하게 유지하면서 영적인 권면과 중보기도 또한 잘 이루어져 통합적인 회복이 일어나게 해야 한다. 상식적으로 생각해도 신체적으로 취약한 사람이 영적으로도 취약할 가능성이 높을 것이다. 그러니 귀신들림의 주제를 거론할 때 그 사람의 신체적, 심리적 취약성을 염두에 둔다면 영적인 문제가 있는 사람은 절대로 정신과 약을 먹어선 안 된다는 근거 없는 주장을 하지 않게 될 것이다. 이는 비단 귀신들림의 문제만은 아니다. 모든 심리적인 문제에 있어서 영적인 치료와 약물치료 혹은 심리치료를 병행하는 것은 보다 통합적이고 자연스러운 방법이다.

4부

목회상담의 상담관계 역동과 종교체험

제8장 전이에 대한 목회상담적 이해

제9장 종교체험과 목회상담

제8장_ 전이에 대한 목회상담적 이해

무의식의 탐구는 정신분석의 역사와 함께 발전되어 왔다. 광범위한 무의식을 연구하는 데 가장 유용한 대상은 전이(transference)와 그에 대한 해석의 문제였다. 19세기 말 프로이트(Sigmund Freud)는 자신에게 찾아오는 환자들을 치료하면서 그들의 마음에 '억압된 것들(the repressed)'이 만들어 내는 증상들을 찾아내어 원인을 밝혀내면 이내 그 증상들이 사라지는 현상을 발견하게 된다. 여기에서 말-치료(talking cure) 기법이 개발되었다. 무의식 영역의 어느 한 구석에 남아 있는 억압된 것들을 찾아서 말로 표현하게 하고 그 긴장된 에너지를 자유롭게 해 주면 긴장으로 발생되었던 심리적, 신체적 증상이 해결되는 것이다.

정신분석가가 되기 위한 훈련 가운데 중요한 개념들, 즉 금욕적 태도(abstinence), 익명성(anonymity), 중립성(neutrality)의 세 가지의 개념들은 최근 들어 그 의미를 새롭게 복구해야 할 정도로 손상을 입었다고 평가되고 있다(Schachter, 1994). 그러나 전이와 전이의 해석은 여전히 다른 심리치료 기법 전통들과 정신분석을 구별짓는 중요한 핵심적 원리이자 개념으로 간주되고 있다. 퍼슨(E. S. Person)은 "전이의 발전과 그에 대한 분석은 무의식을 향한 '왕도'인 꿈의 분석을 대체하고 있다."(Person & Hagelin, 1993: 5)라고 말했다. 전이와 전이의 해석은 정신분석가가 자신의 정체성을 다른 심리치료의 전통으로부터 구별할 수 있는 중요한 주제가 되고 있다.

이 장에서는 상담관계에서 역동적으로 발생하는 전이 현상을 보다 잘 이해하여 효과적인 치유의 도구로 활용하기 위한 목적을 가지고 다음 세 가지 질문을 중심으로 살펴보고자 한다. 첫째, 전이를 처음 정의하였던 프로이트가 가졌던 최초의 생각은 무엇이었는가? 둘째, 프로이트의 전이 개념이 프로이트 이후의 다른 정신분석가들을 통하여 오늘까지 어떻게 발전되어 왔는가? 셋째, 목회상담을 가르치고 연구하는 교수와 신학도들이 전이 현상에 대한 다양한 해석을 어떻게 목회상담에 적용하여 어떻게 배우고 가르칠 수 있는가?

1. 전이에 대한 프로이트의 발견과 견해

프로이트는 도라(Dora)를 분석한 사례의 '후기(Postscript)' 에서 처음으로 전이에 대한 이론을 제안하고 있다. 그는 히스테리 환자가 경험하는 신경증적 증상이란 성적인 원인에서 출발하고 있다고 보았고, 이것을 설명하기 위하여 전이의 개념을 사용하였으며, 신경증의 증상에 대한 병인론에서 전이 개념이 설정되었다. 프로이트는 도라를 분석하기 전에도 안나 오(Anna O)를 분석하면서 전이에 대하여 어느 정도 인식하고 있었다. 그러나 도라가 무의식적인 생각과 욕구를 분석가에게 돌리는 기제가 있다는 것을 발견하게 되면서 이를 설명하는 과정에서 전이 현상을 다루게 된다.

> 전이란 무엇인가? 그것은 분석 작업이 진행되면서 일깨워져서 자각하게 된 자극과 공상의 재판이며 복제다. 이때 과거의 어떤 인물이 의사 개인으로 대체되는 현상이 특징적으로 나타난다. 다른 말로 표현하자면 과거에 겪은 일련의 정신적 체험들이 사라지지 않고 의사 개인과 현실적 관계를 맺으며 다시 살아난다. 대체가 일어난 다음에도 내용적으로 그 이전의 형상물과 전혀 차이가 없는 전이들이 존재한다(Freud, 1953: 116; 김재혁, 권세훈 역, 1997: 316).

프로이트는 전이를 심리적 경험, 즉 환상이나 감정에 대한 경험이라고 하였다. 즉, 환자는 과거 어린 시절에 겪은 심리적인 경험을 현재 분석가에게 향하게 하는 심리적인 태도를 보인다. 그는 전이를 정의하면서 두 가지 요소를 언급한다. 첫째는 현재 만나는 사람을 향한 어떤 환상과 감정이며, 둘째는 현재 이 감정을 일으키게 한 과거의 어떤 요인, 즉 병을 일으키는 요소다. 과거의 사람을 향하였던 감정이 현재의 사람에게 전이되는 것들 대부분이 성적인 감정이라고 보았다.

프로이트는 진료했던 환자들에게서 발견한 '전이' 현상을 통하여 다음 세 가지의 태도를 가정한다. 첫 번째는 신경증을 치료하기 위한 치유적 접근이다. 즉, 환자를 어떻게 치료할 것인가를 생각하는 것이다. 프로이트는 샤르코(Jean-Martin Charcot)와 베른하임(Hyppolyte Marie Bernheim)의 최면요법을 활용하여 실행하였다. 이것은 마치 외과 의사가 다양한 수술요법을 통하여 어떤 병적인 문제를 해결하는 것 처럼 히스테리 증상을 치료하고자 수술을 하려는 것(Schachter, 2002: 15)[1]과 같다. 두 번째는 환자가 지니고 있는 신경증 증상을 병리적 생리학의 관점에서 연구하는 것이다. 즉, 피에르 자네(Pierre Janet)의 경우와 같이, 어떻게 증상이 환자의 마음 가운데 작동하는가를 연구하는 것으로 이는 병든 부위를 조사하는 시신 부검에 비길 수 있다. 세 번째의 접근은 신경증의 원인을 밝히는 것이다. 프로이트는 이 치유적 접근 세 가지를 다 활용하였고, 그중에서도 세 번째의 신경증 원인분석에 집중하여 현대 정신분석 이론들의 기초를 세웠다.

전이에 대한 구체적인 내용은 프로이트가 1912년에 저술한 『전이의 역동(Dynamics of Transference)』(Freud, 1958: 97-108)에서 발견할 수 있으며, 이는 정신분석가의 분석실 안팎에서 광의적 혹은 협의적으로 사용되고 있는 개

1) 여기에서 샤크터(J. Schachter)는 최면요법을 통한 치료방법과 외과 의사가 신경증 증상을 경감하기 위하여 난소 또는 음핵을 제거하던 과거의 치료법을 대비시키고 있다.

념이 되었다. 인간관계를 맺을 때에 전이된 감정이 없는 인간관계를 상상할 수 있는가? 전이로부터 자유로운 인간관계는 있을 수 있는가? 사람을 만나 관계를 맺을 때 과거의 익숙한 어떤 대상을 연상하고 관련을 맺게 되는 것이 일반적인 현상이다. 과거를 돌이켜 보지 않아도 기억 속에 익숙했던 관계를 가져와 인간관계를 맺는다. 그런 점에서 사람들 주변에는 언제 어디든지 자신의 어머니 아버지가 존재하고 있는 것을 경험하고 있다. 그러나 대상관계 이론이 제기하는 것처럼 전이를 너무 넓게 일반화하여 이해하게 되면 과거에 맺었던 중요한 관계의 의미를 잃어버릴 위험이 있고, 협의적인 정의는 전이 개념에 대한 이해를 정확하게 하는 강점은 있지만 전이 현상의 보편성(ubiquity)은 사라질 수 있다.

무엇을 전이라고 하는가? 프로이트는 1912년에 전이에 대해 다음과 같이 정의하였다. "어린 시절의 영상들(imagos), 특히 내재화된 부모님들의 영상이 현재 대상을 향하여 무의식적으로 치환된 것"(Rawn, 1987: 107–124 참조)이라는 것이다. 이 말은 위에서 언급한 바와 같이 우리들이 맺는 관계에서 생겨나는 모든 치환 현상을 다 포함시켜야 하는지 질문하게 한다. 그러나 '어린 시절의 영상들' 이란 표현에서 그 한계를 확실하게 해 준다. 치환은 방어, 가치, 소원, 두려움 등을 포함한다. 유아기의 그 어떤 것을 원천으로 삼든지 전이의 기본적인 특징은 반복적이며 부적절한 치환을 말하는 것이다. 그린슨(Ralph Greenson)은 "전이는 어린 유아기에 중요한 영향을 주었던 사람에 관하여 일어났던 반응행위의 반복으로서, 무의식적으로 치환되어 적절하지 않은 대상임에도 불구하고 현재의 인물에게 나타나는 감정, 추동, 자세, 환상과 방어의 경험"(Greenson, 1967)이라고 정의한다.

병인론(Etiology)의 초점

프로이트는 자신이 살았던 시대의 세 가지 과학적인 관점의 영향을 받았다. 이들을 열거하면 헬름홀츠 학파, 코흐의 가설 그리고 다윈의 진화론이었다. 신경증 연구에서도 이 세 가지의 흔적을 볼 수 있다. 프로이트의 스승 가운데 에른스트 브뤼케(Ernst Brücke)의 동료였던 H. 헬름홀츠(Hermann Helmholtz)는 인간의 생리학에 대한 낭만적이고 적극적인 관념에 대항하여 혁신을 주도하며 19세기를 이끌었던 인물로 묘사된다. 그는 신경계통 연구에 양적 유물론을 적용하여 이른바 과학적 합리주의를 주도하였다. 이 이론을 프로이트는 성 이론에 적용하였으며, 물리적 에너지를 묘사하는 용어인 '리비도' 를 사용하였다. 그는 양적으로 측량이 가능하고 이해할 수 있는 물리적인 힘을 성 이론에 상정하였으며, 그 힘이 인간의 행동에 영향을 끼치고 있다고 가정하였다.

두 번째 코흐(Robert Koch)의 가설은 당시 세균성 질환의 중요한 원인을 밝혀낸 이론이었다. 프로이트는 인간이 겪는 신경증에도 이와 유사하거나 동일한 원인이 있을 것이라는 가설을 세우게 되었다. 또한 코흐의 가설을 적용하여 신경증에도 어떤 원인이 있다는 가정을 발전시켜 프로이트 특유의 틀을 만들어 내었다. 맥밀란(M. B. Macmillan)은 "프로이트 이전에 어느 누구도 신경증의 원인이 될 만한 요소를 가늠하려고 시도한 사람이 없었으며, 특별한 원인을 규명하기 위하여 신체의학의 원리를 적용해 본 사람도 없었다." (Macmillan, 1991: 100)라고 강조하고 있다.

세 번째 다윈(C. Darwin)의 진화론의 점진주의(gradualism)와 자연적 선택(natural selection)의 개념에서 프로이트는 가장 많은 영향을 받았다. 다윈은 자연은 결코 비약하지 않는다는 전제를 가지고 자연을 탐구하였다. 이러한 다윈의 자세를 프로이트는 인간의 심리적 현상과 행동에 적용하였다. 프로이트는 괴테와 라마르크에게서도 점진주의 사상의 영향을 받았다. 인간에게 일어나는 모든 현상은 지속성과 연결성이 있다. 그의 전이에 대한 이론도 그 영향권에 있다고 볼 수 있다. 전이가 어린 시절에 가졌던 애정과 혐오의 감정을 현재의 분석가에게 지속적으로 연결시킨다는 가설은 여기에서 출발하였다. 설로웨이(Frank J. Sulloway)는 프로이트가 '선조로부터 얻게 된 형질이 유전된다.' 는 다윈의 가설과 '개체발생은 종족발생을 반복한다(Ontogeny recapitulates phylogeny).' 는 에른스트 헤켈(Ernst Haeckel)의 가설을 바탕으로 하여 어린 시절에 경험한 성적 유혹이 신경증의 원인이 된다는 가설을 세우게 되었다고 제시하였다(Sulloway, 1979).

전이의 이론적 배경

무어(B. E. Moore)와 파인(B. D. Fine)은 전이란 "본래 어린 시절 의미 있는 인물과의 관계에서 경험했던 감정, 사고, 행동 등을 현재 관계를 맺고 있는 사람에게 치환하는 것" (Moore & Fine, 1990: 196)이라고 정의한다. 전이를 어떻게 다루는가는 정신분석가의 자기정체성과 관련되어 있다.[2)]

히스테리 연구에서 프로이트는 전이를 '잘못된 연계(false connection)' 로 보고 있다. 오래전에 행하여 졌던 행위와 현재의 행위가 잘못된 관련을 맺고 있다는 것이다. 샤르코는 히스테리 증상이 몸의 일부분에서 다른 부분으로 옮겨가게 된 것으로 간주하였다. 그리하여 샤르코는 전기충격이나 자기의 영향을 환자에게 주어 치료하고자 하였다.

'잘못된 연계' 의 개념이 첫 등장하는 부분은 프로이트와 브로이어가 함께 연구한 「히스테리 연구」에서였다. 환자가 치료자라는 인물에게 분석 내용으로부터 떠오른 고통스런 관념을 전이한다는 사실에 공포감을 느끼는 경우다. 이것은 자주 그리고 어떤 분석에서는 으레 생기는 현상이다. 치료자에게 전이(Übertragung)되는 것은 '잘못된 연계'를 통해 일어난다(Breuer & Freud, 1955: 302; 김미리혜 역, 1997: 404).

---

2) 샤크터는 정신분석가의 정체성을 십볼렛에 비유하고 있다. 구약성경 사사기 12: 4-6에서 사사 입다가 길르앗 사람들을 모아서 에브라임 사람들을 치는 사건이 등장한다. 숨어 있는 에브라임 사람들에게 십볼렛을 발음하게 하여 정확하게 못할 때에 그 종족으로 판단하여 죽인 사건이었다.

프로이트는 자신의 사례를 통해 환자가 지니고 있었던 숨겨진 욕망을 분석하였다. 프로이트가 분석한 것은 환자인 여성에게 무의식적으로 내재된 '상대 남성이 주도권을 가지고 대담한 키스를 하면 좋겠다.' 는 원망(願望, wish)과 욕망이었다. 프로이트가 이것을 말한 후에 환자는 밤에 두려움으로 잠을 이루지 못하였다. 이를 통하여 프로이트는 1895년 이후에 성적 욕망의 전이의 개념을 발전시켰던 것이다.

『꿈의 해석』(1900)에서 프로이트는 전이와 관련된 개념을 다음과 같이 서술하고 있다. "무의식적인 생각은 전의식에 들어올 수 없으므로 단지 전의식에 속한 생각과 연계하여 어떤 효과를 일으킨다고 할 수 있다. 생각의 깊이를 전달하여 그 생각으로 '포장되어' 표현된다. 여기에서 전이의 현상을 본다." 도라의 사례에서 볼 수 있듯이 의사의 인격에 의하여 과거의 인격이 대치되어, 일련의 심리적인 경험이 되살아나서 과거에 속하지 않고 현재의 순간에 의사의 인격에 적용되어 나타나는 현상으로서 전이를 말하고 있다. 프로이트는 여기에서 왜곡이 일어난다고 보았다. 잘못된 연계가 시사하고 있는 것도 역시 왜곡 현상이다. 반복되고 치환되어 발생하는 전이의 현상은 오이디푸스 콤플렉스와 관련이 있다.

지연된 행위

프로이트의 1937년도 논문을 통하여 전이에 대하여 내린 마지막 정의에 대하여 현대의 분석가들인 질과 호프만(Gill & Hoffman)은 새롭게 정의하고 있다. 그들은 정신분석가가 분석할 때에 분석가에게 전이되는 객관적인 아동기의 기억과 환상들을 재구성을 하여 분석하여야 한다고 하며, 특히 분석의 초점이 전이에 있다고 보았다. 여기에서의 전이는 더 이상 아동기의 경험이 왜곡되어 치환되거나 또는 반복되는 것이 아니라, 현재 만나는 분석가의 실제 특성과 성격에 대한 반응으로 나타나는 환자의 감정과 환상이라고 하였다. 이것을 쿠퍼(A. M. Cooper)는 전이에 대한 "현대인들의 이론"(Cooper, 1987: 77-98)이라고 보았다. 이 이론은 현재의 분석가의 성격이 환자의 전이에 영향을 끼치며, 이는 그 환자의 발달단계마다 만났던 다른 중요한 인물들과 관계된 많은 기억과 환상들에 의하여 영향을 받았던 것과 동일한 효과를 지닌다고 보았다. 이는 프로이트가 언급하고 있는 '지연된 행위(Nachtraglichkeit)'[3]의 개념과 유사한 것이 되었다. 이미 오래전에 잠깐 프로이트에 의하여 언급되었던 이 개념과 현대적 전이 개념이 유사해진 것은 인간의 기억이란 전수되고 수정되어 삶의 과정을 통하여 지속적으로 조성되어 가는 것이기 때문이다.

프로이트는 1892년에서 1897년 사이에 저술한 논문들에서 이 지연된 행위의 개념을 발전시켰다. 이 개념은 프로이트 자신과 자신이 치료하던 환자들이 지니고 있었던 성적 감정과 환상에 관하여 언급하면서 발전하였다. 프로이트는 두 명의 여성 환자들이 과거의 외상이 억압되어 나타난 히스테리 증상을 가지고 있다고 추측하였다. 1896년에 그는 "신경증 증상은 현재의 삶의 장애이건 과거 삶의 중요한 사건이건 간에 환자의 성적인 삶으로 말미암아 발생한 것" 임을 자신이 치료과정을 통하여 "발견하였다"(Freud, 1896: 149)고 말하고 있다. 이 지연된 행위는 무의식 안에서 현재와 과거의 경험이 상호작용하고 있다는 것을 전제한다. 이 지연된 행위의 개념은 프로이트가 그의 친구 플리스(W. Fliess)에게 1896년 12월 6일에 보낸 편지에 처음 등장하고 있다(Modell, 1990). 당시는 프로이트가 40세가 된 해였으며 여성 환자

---

3) 표준판의 번역의 책임자였던 제임스(James Strachey)는 이 단어를 'deferred action' 으로 번역하고 있다. 토마(H. Thoma)와 체셔(N. Cheshire)는 이렇게 번역한 것을 비판하면서, "아주 어린 시절에 일어났던 사건이 현재에 미치고 있을 직접적인 영향력에만 주의를 기울이는 단일 인과론적(mono-causal)인 결정론으로 환자의 개인 역사를 환원시키는 것을 금하는 것" 이 Nachträglichkeit의 가장 중요한 개념이라고 주장한다. 이것을 어떤 이들은 '사후성' 이라 번역하였으나 저자는 그 의미를 볼 때에 보유성(補遺性)이 더 적합한 용어라고 제안한다(Thoma & Cheshire, 1991: 418 참고).

들을 향한 자신의 성적 충동이 조절되는 것에 관하여 언급하였던 것이다.

프로이트가 도라를 치료하던 때에 처음으로 이 지연된 행위의 개념과 전이가 관련이 있음을 암시하고 있다. 어린 시절의 사람을 향하던 일련의 심리적 경험, 즉 충동과 환상의 새로운 전형이나 복제가 현재의 치료자 개인에게 대치되어 나타나는 것으로 보았던 전이의 개념을 프로이트는 도라의 경우에 적용한다. 여기에서 지연된 행위가 전제하고 있는 것처럼 변화되지 않은 심리적 경험이 복제되어 나타나거나 혹은 승화(sublimation)되어 변화되어 나타난다고 보았다. 프로이트는 도라가 자신의 기억과 환상들의 중요한 부분들을 치료과정에서 재생산하기보다는 행동화하고 있다고 덧붙인다(Freud, 1953).

늑대인간의 사례에서는 20대의 남성이 한 살 반 때 보았던 '첫 장면(primal scene)' 을 네 살 때 기억해 낸 것은 부모의 성행위 장면이었다고 프로이트는 상정한다. 네 살 때의 기억이란 네 살짜리 소년의 상상에서 이루어진 것으로 이해한다면 이것이 현재 분석가와의 관계에서는 어떤 의미를 갖는가를 다시금 생각해야 한다. 곧 전이된 현상으로서 스무 살의 청년이 보는 것이거나 혹은 변화되지 않은 과거의 외상 경험이 있는 그대로 도라에게서 본 것과 같이 그대로 행동화된 것인가를 확인하여야 한다. 이에 대하여 모델(A. H. Modell)은 단순한 반복적인 행동화가 아니라 재창조라고 보았다.

모델은 "전이에 있어서 주요한 콤플렉스의 재현은 경험의 반복이 아니라 환상의 재현" (Modell, 1990: 17)이라고 말한다. 분석의 가장 중요한 핵심은 환자가 가진 객관적인 외상의 기억이 분석가에게 전이 되는 것을 통하여 분석가가 재구성해 내는 것이다.

고전적인 역사적 접근을 고수하는 분석가들은 환자의 기억들을 탐구하여 이야기를 구성해 내는 데 반하여, 지연된 행위를 바탕으로 이해하는 현대의 분석가들은 분석가의 특성과 성격에 대하여 환자가 현재 느끼고 있는 감정과 환상의 개인적인 의미를 연구한다. 환자가 반응하는 현상으로 나타나는 전이를 재구성하고 해석함으로써 분석하는 동안 발생하는 관계적인 상황이 변화하는 현상이 일어나는 것으로 이 지연된 행위를 해석하고 다루고 있다 할 수 있다. 여기에서 차이는 결국 변화되지 않은 과거의 기억이 현재 분석 상황에서 행동화되거나 복제되어 재현되기보다는 '지금-여기'에서 어떻게 해석될 수 있는가를 다루는 것이다.

2. 대상관계 이론: 멜라니 클라인

현대 대상관계 이론의 기초를 놓은 멜라니 클라인(Melanie Klein)은 전이에 관하여 다음과 같이 서술하고 있다. "부모에 대한 과거의 관계와 분석가에 대한 현재의 전이관계는 원인과 결과의 관계가 아니라 서로 다른 시기에 발생하는 같은 종류의 예들이다. 시간이 지나도록 변함없는 것은 과거에 발생하고 현재까지 지속되는 대상에 대한 환자의 무의식적 관계맺기 방식이다. 이것은 어린 아동에게도 마찬가지이며, 아동의 전이는 유아기 때 부모와 형성한 관계양식의 연속이다." (Caper, 1988: 142; 박선영, 2004: 177에서 재인용)

클라인은 어린 아이들이 보여 주는 모든 저항과 전이를 해석함으로써 유아심리치료를 수행했다. 클라인이 보았던 어린아이들의 전이는 투사의 형태로 나타난다. 그에게 있어 전이는 아이의 현재 무의식 세계의 투사이며, 살아있는 생생한 무의식의 외현화다. 그래서 클라인은 "무의식의 탐구는 정신분석 과정의 주요 과업이고 전이의 분석은 이 목적을 성취하는 방법이다." (Klein, 1986: 37)라고 말한다. 그는 정신분석의 과정은 환자가 지니고 있는 무의식적 환상과 정신역동의 실체를 보고 환자가 지닌 과거의 경험, 소망과 두려움, 기억들이 어떻게 분석가에게 전이되고 있는가를 탐색하는 것이라고 본다. 그는 전이를 과거의 유물로 보는 것이 아니라 심리적 현실로 간주하는데, 즉 아이의 내적인 상황이 즉각적인 현실로 외재화되는 구조적 개념이라는 것이다(Meltzer, 1981: 179). 환자는 현재 삶의 갈등 상황에서 그 고통을 피하기 위하여 전이 상황으로 도피한다. 현재 분석가에게 전이되는 것은 단순한 과거 관계, 문자적 의미의 관계 자체가 아니라 과거에 형성되어 지금까지 아동의 심리적 현실을 지배하는 관계 양상 또는 그 심리적 현실이라고 하였다. 기본적인 입장에서 클라인은 프로이트와 같은 시각으로 전이를 보고 있다. 다만 클라인은 환자와 분석가와의 상황에서 더욱 "근원적이고 원초적인 초기 대상관계의 재현" 으로 전이를 해석한다. 분석가의 태도와 해석은 환자에게 어린 시절 자신이 경험했던 좋은 젖가슴 혹은 나쁜 젖가슴으로 느껴진다. 클라인의 충실한 해석자이자 제자인 시걸(H. Segal)은 전이를 다음과 같이 설명하고 있다.

> 단순한 아동기의 반복이 아니다. 어떤 내적 인물과 자기의 부분이 분석가에게로 투사될 때 정신분석적 과정은 내적 인물과 관계의 본질을 수정한다. 이렇게 해서 우리는 분석에서 역사적 과거뿐 아니라 분석적 과정에서 역동적으로 변화와 수정을 유지하는 비역사적(ahistorical) 과거를 다룬다. 때로 매우 감정적인 방식으로 재생되는 그러한 역사적 과거는 연대기적 순서뿐 아니라 전개되는 전이관계의 내적 역동성 측면에서도 물론 재생된다(Segal, 1982: 15).

엄격한 의미에서 전이는 과거의 관계가 바로 지금 새로운 관계에서 재생되는 것이지만, 클라인은 과거라는 의미 자체를 조정한다. 어린아이에게 과거란 현재 작동하고 있으며 생생하게 살아있는 과거이기 때문이다. 아동의 마음과 사고 가운데 폐기된 과거가 아니라 지금-여기서 살아 활동하는 무의식의 세계가 외부로 투사되어 나타나는 것이 전이라고 한다. "유아기는 영원히 현재다. 이것은 아이의 특별한 기억과 연결될 수 있다. 이 특별한 기억은 기억이 아니라 지속적인 현실성이다." (Mitchell, 1984: 26)라고 미첼은 주장한다.

클라인에게 특별한 것은 '시간의 현재성' 이다. 그는 연대기적으로 시간의 흐름을 생각하지 않고 과거와 현재가 같은 공간에서 동시적 개념으로 존재한다고 보고 있다. 과거와 현재가 구분되는 것은 오직 물리적 사건의 발생일 뿐이다. 과거의 경험과 이미지는 경험하는 주체의 의식과 무의식에 자리 잡고 있으며, 현재 경험하는 사람과의 관계와 결부되는 환상을 형성하는 것은 선형적 시간의 흐름이 아니라 구조적인 형태로 구성된다. 힌셸우드(R. D. Hinshelwood)는 클라인의 전이의 개념을 다음과 같이 설명한다. "전이는 단순하게 과거의 태도, 사건, 외상의 반복이 아니다. 그것은 '지금-여기'에서 무의식적 환상이 외재화되는 것이다. 외재화 과정에서 중요한 것은 단순한 시간적 전이와는 대조적으로 전이의 개념에 시간의 중요성뿐 아니라 공간의 중요성을 시사한다." (Hinshelwood, 1989: 15) 그러므로 클라인이 보는 전이는 현재의 역동적 심리과정이다.

클라인은 또한 분석가에 대하여 환자가 경험하는 갈등과 불안을 과거와 같은 방식으로 다룰 때에 최초의 대상에게서 돌아서려고 시도했던 것처럼 분석가에게서도 돌아선다고 보았다. 분석가와의 관계를 분열시키고 분석가를 좋거나 나쁜 대상으로 유지하려고 한다. 여기에서 '분석가에게서 돌아선다.'는 의미는 전이의 구조가 낳은 부산물이다. 곧 현재의 불안과 방어, 관계들이 모두 실제적인 의미와 기능을 갖는다고 보았다. 무의식적인 환상이 강력하게 작동하며, 이러한 환상작용하에 전이가 이루어지고 있음을 볼 수 있다.

3. 클라인 이후의 발전: 대상관계 이론에 기초한 가족치료

대상관계 이론을 기반으로 한 가족치료에서는 전이를 광범위한 관점에서 본다. 즉, 가족 간에 일어나는 전이와 가족 구성원과 치료자 사이에 일어나는 전이 역시 관찰과 분석의 대상으로 삼고, 분석 대상이 되고 있는 가족과 치료자 사이의 전이에 초점을 강화하여 치료해 간다. 또한 고전적인 정신분석 이론에서 적용하는 전이의 개념과 같이 감정, 환상, 사고, 행위 등을 분석가와 가족 구성원들이 어떻게 나누는지에 대하여 관심을 갖는다. 치료받는 구성원들이 가족 치료자의 인격을 경험하며 분석 작업을 할 수 있는가가 중요한 관심사다. 아폰테(H. J. Aponte)와 밴듀센(J. M. VanDeusen)은 전략적 가족치료와 구조적 가족치료 집단에게 유용하게 간주되고 있는 "치료자의 인간됨과 더불어 하는 치료 작업의 기법"과 견줄 수 있다고 본다(Aponte & VanDeusen, 1981).

프로이트는, 환자가 지니고 있는 욕구의 목적은 상담자 또는 치유자를 향하는 것으로 보았다. 초기에 프로이트는 전이란 치유의 과정을 방해하는 것, 혹은 물을 흐리는 진흙과 같은 것이라고 간주하였으나, 얼마 지나지 않아 전이 현상이야말로 치유자에게 환자가 금지된 상상과 감정을 어떻게 다루고 있는지를 보여 주는 아주 좋은 본보기로 간주하게 되었다. 이와 같은 프로이트의 전이에 대한 견해를 보다 구체적으로 발전시켜서 대상관계 이론에서는 '투사적 동일시(projective identification)'라고 말하고 있다.

대상관계 이론에서는 전이를 프로이트가 제안하였던 원초적 충동의 변화된 모습, 즉 치환(displacement)으로 보지 않고, 치유적 관계를 통하여 겉으로 드러나게 경험하는 내적인 대상관계의 표현으로 보았다. 프로이트의 전이 개념이 대상관계 이론 가족치료에서는 확대되고 있다. 즉, 환자가 자기의 가족들과 관계를 맺는 순간에 해당하는 내면적 대상세계를 치료자와의 관계를 통하여 재현하도록 허용한다. 대상관계 이론에서는 전이란 "유아적 의존의 변천과 성적 공격적 성향에서 생겨난 원초적인 감정에 의하여 영향을 받은 관계 맺는 방식의 산 역사"(Scharff & Scharff, 1991: 203)라고 간주한다. 분석가가 지니고 있는 '금욕적 태도(abstinence)' (Freud, 1915: 165)를 통하여 이런 전이 현상이 분석 상황에서 발생해야 한다. 금욕적 태도란 환자의 욕구와 열망이 환자의 내면에서 기능하고 변화를 일으키는 힘으로 작용할 수 있도록 지탱해 주는 기본적 원리다. 분석가는 대리자가 되어 이와 같은 힘을 충족시킬 수 있도록 유의해야 한다.

대상관계 이론가들은 이와 같은 금욕적인 태도를 통하여 환자의 내면에 '대상 기근' 을 불러일으킬 수 있다고 믿는다. 분석과정을 통하여 환자가 분석가에게 가까이 다가가게 된다. 이는 대상으로 굶주린 환자가 대상으로서의 분석가를 통해서 허기를 채우려는 시도다. 이때에 전이가 불가피하게 일어난다. 전이가 강렬하고 분명하게 나타나게 되면 그와 같은 환자와 분석가 사이의 큰 간극을 채우기 위하여 환자는 분석가에게 밀착하게 된다. 분석가는 환자로부터 균일한 거리를 유지하기 때문에, 환자는 자기의 세계로부터 나와서 분석가를 향하여 다가서게 된다. 이는 조작적인 경향을 띠는 것으로 보이기는 하지만, 환자 자신의 내면의 세계를 개방할 수 있는 필요한 조건이기 때문에 적절한 심리적 중간 지대를 갖는다. 이곳에서 환자와 분석가는 자신들의 내면의 세계를 밖으로 끌어내어 살아나게 하고 다시 조망할 수 있게 된다. 이러한 현상이 발생하게 되면, 환자가 이전에 살아온 각 발달단계에서 겪었던 다양한 사건의 기억과 경험, 감정 등을 되새김질하게 된다.

즉, 가장 중요하다고 여기는 경험, 견디기 힘들었던 사건, 초등학교에 들어가기 전에 경험했던 것들을 반추하는 경험을 하게 된다. 이러한 경험이 반복되면 전이 현상을 통하여 분석가뿐만 아니라 환자 자신도 그 적절성 여부를 가늠하게 된다. 현재의 삶에서 과거의 기억과 그에 대한 감정이 환자 자신의 내면에서 어떤 반응을 일으키는지 스스로 관찰할 수 있게 되는 것이다. 분석가를 향한 반응을 보면서 환자가 현재의 분석가를 어떻게 여기고 있는지, 과거에 자신에게 중요한 의미를 지녔던 사람과 동일하게 혹은 상이하게 여기고 있는지를 판단하면서 분석가는 분석과정을 수행한다.

다양하고 광범위한 견해를 지니고 있는 대상관계 이론가들 대부분이 분석가와 환자의 관계가 임상의 중심부에 있다고 믿는다. 그리하여 영국의 경험주의 전통의 이론에서는 환자와 분석가 사이의 작업동맹 관계에서 전이 이론이 발전되었다. 건트립(H. Guntrip)은 대상관계 이론의 역사를 서술하면서 다음과 같이 적고 있다.

> 자아의 발달과 유지는 근본적인 심리역동 과정으로 간주되고 자아는 인격적 대상관계의 중심 가운데에서만 발달하게 된다면, 어떤 단계든지 그 가운데 특별히 깊은 수준의 심리치료는 인격적인 치유관계의 결과로 나타날 수 있다……. 우리들이 '증상' 보다는 '인간' 에 대하여 더욱 큰 관심을 가지게 될수록 인격적인 치유관계가 모든 상황을 더욱 지배하게 된다(Guntrip, 1969, 310; Scharff & Scharff, 1987: 204에서 재인용).

전이는 환자가 비인격적인 상황 가운데 경험할 수 있는 고립된 현상이라기보다 분석가와 관계를 맺을 때에 관찰될 수 있는 인격적 관계이며 상황과 문화의 매개체라는 것이다(Scharff & Scharff, 1987: 204-205). 이에 대하여 버드(J. Bird)는 "아직 탐색되지 않은 개념이기는 하지만 전이는 모든 인간관계의 기초가 될 수 있는 보편적인 정신적 기능" 이라고 하였다. 더 나아가서 가족치료 과정에서 가족 구성원 간에 일어나는 전이의 경험은 그들의 초기 관계로 채색되어 있으므로 모든 발달단계와 과정 가운데 원시적인 형태의 감정들로 다루어지고 인식되어 나타난다고 본다. 이와 같은 부류의 전이들은 이와 비슷하거나 보완적인 성향을 가진 사람들과 관계를 맺게 될 때에 가족들과 관계를 맺을 때와 마찬가지로 낯선 사람을 만났을 때에도 유사한 특성으로 관계를 맺게 되는 기본 성향의 역할을 한다.

4. 전이와 현실을 통하여 본 치유관계

전이와 현실

만일 상담자가 전이 현상과 현실을 분명하게 분리할 수 있게 되면, 전이로부터 자유로운 인간관계와 치료관계를 맺을 수 있을 것이다. 현실과의 분리에 성공하게 되면, 인격적인 왜곡 상태로 존재하는 전이 현상을 분명하게 볼 수 있다. 이렇게 될 때에 상담자는 치료자로서 왜곡이 없는 온전한 인식과 의식을 가지고 정상적인 행동을 할 수 있을 것이다. 이와 같은 분석을 완벽하게 해 내게 되면, 내담자가 하는 행동과 언어가 치환의 결과로 일어난 반응이며, 이를 현실과 분명히 구분하여 해석하고 설명해 주게 된다. 왜곡과 치환이 없이 현실을 있는 그대로 볼 수 있는 사람은 자신이 만나는 사건과 만나게 되는 모든 사람들을 왜곡 없이 볼 수 있게 될 것이다.

부인이 쓰레기를 좀 버려 달라고 부탁하는 것 때문에 화를 낸 어떤 내담자가 한 행동은 모성적 지배에 대한 무의식적인 공포가 부인에게 투사된 것으로 설명할 수 있다. 지배적 성향을 지녔던 어머니에게 내담자가 품고 있던 공포와 분노의 감정이 아내에게 향했던 것을 분석과정을 통하여 알게 되면, 그와 같은 무의식적인 공포에 의한 분노의 감정은 사라지게 될 것이다.

상담자들의 역할은 현실과 전이를 분별하는 것이다. 이 시점에 중대한 질문이 생긴다. '전이 가운데 현실로부터 분리되지 않은 것도 있지 않는가?' 그렇다면 또 다른 중요한 철학적 질문이 생긴다. '과연 현실은 무엇인가?' 이다. '우리가 경험하고 있는 것은 완전한 현실인가?' 아니면 '과거의 어느 사건과 인물과의 관계에 의하여 내면화되어 있는 것이 현실 가운데 전이되어 체험되는 것인가?' 질문은 여전히 남아 있게 된다. 이와 같은 질문을 통하여 상담자는 전이로 채색되지 않고 과거의 내적인 대상으로부터 자유로우며 왜곡되지 않은 감정을 지닐 수 있어야 한다.

전이와 작업동맹

상담관계는 치료를 목적으로 위탁된 치유적 관계를 의미한다고 볼 수 있었으며, 내담자의 문제를 해결하는 방향으로 설정된 사역과 치유행위를 포함한다. 어떤 학자들은 전이 요소를 여기에 포함하고 어떤 이들은 제외한다. 어떤 이들은 비의적인 방법을 사용하여 제외시킨 후에 적당한 때에 다시 수용하여 사용하고 어떤 이들은 전이의 의미를 강조하고 어떤 이들은 이러한 남용을 비난하기도 한다.

전이를 제외시킨 '작업동맹(working alliance)'을 말하는 사람들은 내담자들이 관계맺음을 경험하지 못하고 교묘하게 가장된 전이를 부추기게 되는 위험에 빠진다. 상담자에게 적극적으로 협력하며 상담자의 해석에 공감하는 내담자는 분석이 가능하지 않는 상태가 된다. 이 협력은 자신의 아버지를 즐겁게 하고자 하는 마음에서 생겨난 치환된 전이로 인해 상담자에 대한 맹종적인 행위가 되고 만다. '작업동맹'이란 미명하에 저항은 강화되고 발전은 없는 과정이 되는 것이다. 때문에 어떤 해석은 마치 아버지 같은 상담자를 기쁘게 하기 위한 것이라 받아들인다. 이 문제의 이면을 살펴보게 되면, 내담자는 전이로부터 현실을 구별하여 볼 수 있는 능력을 갖고 있지 않으므로 현실원칙이 적절하게 활용되지 못한다는 한계가 있음을 알 수 있다. 따라서 작업동맹을 구별할 때에 얻을 수 있는 유익을 보존할 수 있는 방법으로 '현실에 근거한 작업동맹'을 맺어야 한다.

작업동맹을 말하는 것은 신경증적인 요소와 전이에 근거하지 않은 관계를 설정하므로 치유에 도움이 된다. 특별히 고전적인 인격장애의 경우와 경계선, 자기애적 사례와 정신병(psychosis)의 경우에 작업동맹 개념이 그 가치를 지닌다. 이와 같은 사례들에서는 내담자가 분석과정에 들어갈 수 있도록 돕고 현실 시도를 격려할 수 있는 관계를 맺게 되면 상담관계를 맺지 않고 하는 것보다 훨씬 더 쉽게 그 문제들을 찾아내게 됨을 알 수 있다. 그럼에도 불구하고 내담자에게 새로운 대상으로서 관계를 맺게 된 상담자의 존재와 상담관계를 구분하는 것이 필요하다. '새로운 대상으로서의 상담자'는 전이의 대상이 될 뿐만 아니라 상담관계의 파트너로서 새로운 대상의 역할을 하는 것인지 또는 프로이트가 말한 것처럼 "오래된 대상의 새로운 발견"

(Freud, 1949: 135–245)인지의 구분을 말한다. 새로운 과정을 발견해 가는 데에 초점을 맞추고, 새로운 대상과 관련 맺는 것이 이전의 관계들과는 구별이 되는 관계를 맺어 가는 것이다. 그러나 상담관계와 반드시 일치하지는 않는다. 오히려 상담관계는 과정을 향하고 있으며, 새로운 관계맺음은 이 과정에 내용을 담고 있다.

자아전이와 대상전이

정신분석가들은 내담자가 상담자에게 자아의 많은 국면들과 어린 시절의 부모의 영상을 치환한 형태를 투사한다고 믿어 왔다. 그러나 자아심리학자들은 자기애적인 자아의 전이에 주의를 요하는 데 초점을 맞추고 있으며, 내담자를 관찰하는 데 아주 중요하고 새로운 강조점을 두고 있다. "나는 당신 자신을 생각한다(I remind you of you)." 상담자가 앞에 존재함으로써 내담자로 하여금 자신을 돌아보게 하는 것이다. 최근에 발전된 나르시시즘의 연구에 의하면 내담자가 상담자에게 수용할 수 없는 충동을 투사하는 것뿐 아니라 다양하고 복잡한 자아의 표상들을 상담자의 탓으로 돌리는 경우가 있다. 바로 이것이 새로운 강조점이다. 자아전이를 해석하여 자기애적인 성격을 치유할 때에 다른 종류의 내담자에게서 나타나는 자기애적인 문제들을 다루는 데에 큰 도움을 주고 있다. 실제로 임상에서, 특히 감독을 할 때에 많이 볼 수 있는데, 대상전이를 자아전이보다 훨씬 더 잘 관찰할 수 있다. 이제 우리는 보다 자아전이에 경계심을 강화해야 한다. 자아전이와 대상전이를 구분할 필요가 없다는 견해는 치유의 범위를 확장할 수 있는 아주 소중한 기회를 놓쳐 버리는 것이 될 수 있다.

대상전이는 특히 자기애적 장애를 포함해서 많은 장애들을 이해하는 데 기여하고 있다. 프로이트는 자기애적 신경증을 전이신경증으로부터 구별하고 있다. 자기애적 신경증은 자아전이를 일으키고 전이신경증은 대상전이를 일으킨다고 말할 수 있다. 프로이트의 형식을 문자 그대로 받아들이지는 않았지만, 그럼에도 불구하고 절대적인 이분법보다는 상대적인 강조를 가지는 비교, 분석은 유용한 방법이 될 것이다.

전이신경증의 사례

전이반응과 전이신경증을 구별하는 것은 임상적으로 유용하다. 심리치료와 분석의 초기 단계에서 내담자는 소위 임시적인 전이증상들을 보인다. 전이신경증에서는 치유의 초점이 전이에 있다. 내담자는 상담자와 자기와의 관계에 지대한 관심을 갖고, 상담자에 관한 모든 것에 흥미를 느낀다. 내담자는 상담자의 분석에 몰입하고 퇴행적이 된다. 내담자의 모든 연상은 상담자에게 초점을 맞추게 되고 즉각적으로 전방에 드러나지 않는다 하여도 멀지 않은 곳에서 그 관심사를 발견할 수 있다. 이 개념을 '순간적인 전이(fleeting transferences)' 라고 한다. 내담자는 상담자를 향한 관심을 가지지 않지만 전이는 자연스럽게 형성된다. 분석실 밖에서 일어나는 내담자의 삶에 대한 관심 때문에 순간적인 전이가 일어난다. 내담자는 이러한 순간적인 반응들을 원하지 않는 침입자로 간주한 즉시 자신이 중요하다고 여기는 것으로 돌아올 수 있다. 현재의 사건들은 과거의 회상으로 채색되는 경향을 가진다.

론(Moss L. Rawn)이 제시하고 있는 다음의 두 가지 사례(Rawn, 1987: 107-124에서 발췌)는 '순간적인 전이' 와 '전이신경증' 의 차이를 잘 볼 수 있게 해 준다.

> 20대 후반의 한 여성은 한 남자에게 친밀한 애정의 관계를 맺을 수 없으며 누군가를 사랑할 수 없다는 것을 호소하면서 치료자를 찾아왔다. 이 여성의 이성교제는 지속적이지 못하고 간헐적인 만남에서 끝나버리는 것이 문제였다. 그녀는 새로운 남자를 사귀는 것을 두려워하였다. 그래서 그녀는 주말에

남자를 만나려면 많은 희생을 치러야 하므로 만나고 싶지 않지만, 평일에는 두 번 만날 수 있다고 하였다. 그녀가 원하는 날은 화요일과 금요일이었다. 이 날들은 치료자와 만나는 분석일과 같았다. 우연의 일치를 즐거워하면서도 소중한 시간이 낭비되었다고 분개하기도 하였다. 이 순간 전이는 놓칠 수 없었다. 치유의 단계에서 찾아내기가 용이하지 않았고, 저항의 분석이 도움이 되지도 않았다. 그녀는 순간적인 전이로서 그대로 두도록 허락되었고, 나중에 준비될 때에 다시 시간을 약속하도록 허락받았다. 물론 전이의 두려움으로 보는 것은 일반적인 개입에 대한 두려움과 마찬가지로 관찰하기가 용이하였다.

30대의 남자 내담자는 상담자와 일주일에 네 차례 만나는데, 대부분 시간보다 5분 늦게 오곤 하였다. 어느 날 5분 먼저 도착한 그는 젊은 여자 내담자와 마주치게 되었고, 제시간에 분석실을 떠나는 것을 보았다. 소파에 앉자마자 그는 자신이 가진 환상을 이야기했다. 상담자가 대기실로 와서 직전에 만난 내담자에게 어려운 문제가 있어서 분석시간을 연장해야 하므로 그를 만날 수 없게 되어 미안하다고 말하는 환상이었다. 덧붙이기를, 이것은 사실이 아니었고 다만 그가 상상한 것이라는 것도 말했다. 최근에 재혼한 자신의 아내가 전 남편에게 과도하게 관심을 쏟고 있으며, 전화를 하는 일도 아이들을 데리고 오고 보내주고 하기 위한 것이 아닐 것이라 생각하였다. 그렇지만 그가 갖고 있는 두려움은 근거가 없는 것이라 하였다. 이 생각은 그의 어머니가 누이동생을 특별히 우대했던 기억들을 떠올리게 했다. 여동생은 그런 대접을 받을 자격이 없었는데도 혜택을 누렸다고 한다. 반면 자기는 어머니를 잘 대해 주었는데도 그런 특별한 대우를 못받았다고 한다. 그가 다른 사람들에게 기대한 감정과 당연한 행동이 누이동생에게는 예외였다. 만약 상담자가 자기보다 전에 온 여성 내담자에게 시간을 더 할애해야 한다면 자신은 이해할 수 있다고 말하였다. 이것은 아주 잘 발달된 전이신경증의 예다. 이 내담자는 상담자에 대한 환상을 매우 빈번하고 활발하게 만들어 냈다.

이후에 이 내담자는 찾아와서 외부세계와 내면세계를 구분하는 데 극도의 어려움이 있다고 호소하였다. 그날 그가 본 환상은 극에 달하였다. 분석하는 소파에서 그는 손으로 양 귀를 때리고, 펄쩍펄쩍 뛰면서 큰 소리로 혼자 말을 하였다. "그만해, 그만해, 참을 수가 없어." 극심한 고통에 빠졌다. 갑자기 소파에서 내려오면서 상담자의 옷장 문을 세차게 열어젖히고는 다시 소파로 돌아와 앉았다. 그리고 머리를 두 손으로 감싸고 억제할 수 없이 흐느껴 울었다. 그가 본 환상은 어떤 사람이 옷장 안에서 도끼로 내담자를 쳐서 조각을 내고 있는 것이었다. 옷장으로 달려가서 안을 확인하였다고 한다. 자신이 감당할 수 없어서 울게 되었고 당황스러웠고, 상담자가 옷장 안에 도끼 든 사람이었다고 생각했다고 한다. 안정을 찾았을 때에 이 환상에 대한 분석을 할 수 있었으며, 이 사건이 분석의 중요한 전기가 되었다. 이 사건 때문에 자신에 대한 깊은 이해와 자아 범주를 강화하게 되었으며 내면과 외부세계를 확실하게 구분할 수 있게 되었다.

치유의 방편과 저항으로서의 전이

내면적 갈등을 해소하기 위해서는 전이 상황을 잘 이겨내야 한다. 프로이트의 경구처럼 "전이 없이 치유도 없다." 무의식적인 갈등의 해석은 현재의 자극, 상담자를 향한 전이적 반응, 그리고 과거로부터의 경험 등의 복합적인 상황에서 이끌어 낼 수 있다.

론의 사례 중 두 번째 시간 연장의 환상을 지닌 남성의 사례에서 보았듯이, 현재의 자극은 그의 아내가 전 남편에 대해 지나친 관심을 가졌기 때문이었고, 전이 반응은 그의 시간을 상담자가 사용하는 것이며, 과거의 경험은 그의 여동생에 대한 미움의 감정이다. 현재의 전이 환상은 그의 아내에 대한 현재적 관심들과 그의 여동생에 대한 미움의 감정 두 가지로부터 치환된 것으로 해석할 수 있다.

전이는 과거와 현재의 다리이며 전이를 통하여 상담자에게 전이된 과거를 읽어 낼 수 있게 된다. 어떤 내담자들은, 지나가는 역의 대합실에서 시간을 소요하는 것처럼, 전이과정의 다리에서 시간을 많이 들인다. 그러한 내담자들은 과거와 현재를 연결하는 데에 관심이 없고 다만 자신들의 상담자를 향한 소원만을 해소하려고 한다. 전이의 감정은 단순히 에로스만이 아니고 공격성도 포함되어서 보다 강한 압박을 가해 온다. 이러한 일이 생겨나면 전이는 저항으로 발달한다.

전이와 방어를 구분하는 것은 아주 중요한 작업이다. 프로이트가 말한 것처럼 전이는 항상 나타나지만, 반드시 상담자를 향하는 것은 아니다. 때때로 상담자들은 전이를 스쳐 지나가게 만들기도 한다. 내담자들이 전이를 부인하고, 상담자 또한 때때로 무의식적인 역전이에 의하여 자극되어 아무런 반응과 해석 없이 전이를 그냥 지나치는 경우가 있다. 치유가 일어나기 위하여 내담자가 지니고 있는 중요한 갈등들이 전이로 표현되어 치유관계를 통하여 긴요하게 묘사되고 진술될 수 있어야 한다. 이것은 상담자와 내담자 사이에서 결코 쉬운 일이 아니다.

역전이

프로이트는 원래 역전이를 가리켜 치유자가 해결하지 못한 문제들의 결과로 인하여 나타나는 감정, 태도 등이라고 하였다. 또한 역전이는 상담자가 치유과정에서 중립적인 자세를 갖지 못하게 하고 도움을 줄 수 있는 위치에 서지 못하도록 방해한다고 보았다. 프로이트는 역전이의 개념을 전이의 개념만큼 발전시키지는 못했다. 역사적으로 전이가 처음에는 방해꾼으로 취급되다가 나중에는 분석의 아주 중요한 요소로 자리매김했던 것처럼, 역전이도 그와 같이 취급될 수 있다.

현대의 대상관계 이론에서는 치유적인 상관관계와 해석 그리고 이해의 기본적인 도구로서 역전이를 해석한다. 치유자의 마음 가운데 일어나는 감정과 태도는 결국 내담자가 가지고 있었던 관계의 중심적인 사람들의 내면 가운데 일어났던 감정과 태도의 형태를 반영하기 때문에 중요하게 생각되는 것이다. 치유자들이 이에 대하여 잘 훈련되어 자신들의 심리적 경험을 내담자들과 함께 나누고 사용함으로써 내담자들이 다른 사람들과 관계를 맺는 방법을 상담자가 잘 이해하고 또한 그들을 이해시킬 수 있으며, 더 나아가서 해석을 위한 중요한 틀을 제공하게 된다. 그러므로 상담자들은 자신의 내면에서 일어나는 연상, 환상, 꿈, 생각들을 잘 관찰하고 반영하여 내담자와의 관계를 정상화하는 데 기여해야 한다. 물론 이러한 관심과 내면적인 경험, 환상 등을 거르지 않거나 제대로 검증하지 않고 내담자에게 말하는 것을 권장할 수 없다. 치유자는 그것들을 매우 신중하게 관찰하고 검증하여 내담자의 내면의 문제들에 대한 단서로 제공할 수 있어야 한다. 그렇게 함으로써 역전이는 전이의 해석을 바르게 해내는 데 아주 중요한 단서가 될 수 있다.

치유 기법

전이를 활용한 어떤 특정한 기법이 있다기보다 상담자가 헌신적인 치유관계를 유지하는 태도가 무엇보다도 중요하다. 상담자에게 분석을 받으면서 내담자는 자신의 행동과 그 의미가 해석될 때에 치유가 발생한다고 볼 수 있다. 다시 말해 정신분석적 치유의 틀과 자세를 견지하여 진행할 때에 내담자는 치유의 현상을 발견한다. 상담자가 내담자와 관계를 맺으면서 발생하고 경험하는 관계의 질이 변화해 가는 과정에서 내담자의 어려움이 곧 전이-역전이의 상황에서 나타나게 된다. 어떤 특별한 치유과정의 옳고 그름이 없이 다만 성장하고 심화될 수 있는 관계를 형성하는 여건과 환경이 중요하다. 개인 또는 집단의 분석의 개념으로부터 파생된 어떤 자세, 태도가 정신분석적인 대상관계 이론의 중요한 기술로서 표현된다.

프로이트가 발견한 전이 현상에 대한 해석과 견해는 프로이트 후기로 가면서 욕동 이론과 함께 발전되었다. 나아가서 프로이트의 견해가 대상관계 이론가들에 의하여 수정, 보완되고 다소 광범위하게 수용되어 다양한 해석들이 등장하였다. 현대의 대상관계 이론의 특성은 전이에 대한 이해를 바탕으로 상호적 치유관계를 정상화하는 데 있다고 볼 수 있다. 이 전이의 광의적인 개념은 신앙의 대상인 하나님에 대한 이해에까지 확대되어 발달하고 있다. 즉, 신자가 부모를 통하여 내면에 형성한 이마고의 영향으로 하나님을 향한 심리적인 이미지와 행동, 관계 등을 형성한다는 종교심리학적인 해석이 등장하였다. 인간의 정신세계를 통하여 건강한 삶을 제공하고자 임상과 이론에 전념했던 정신분석가들의 전이에 대한 견해들은 오늘날 목회상담학을 연구하고 실행하는 이들에게 타산지석의 지혜가 될 수 있으며, 유비적인 도구로서 중요한 역할을 할 수 있다고 본다.

참고문헌

김미리혜 역(1997). 히스테리 연구(원저: J. Breuer & S. Freud). 파주: 열린책들.

김재혁, 권세훈 역(1997). 꼬마 한스와 도라(원저: S. Freud). 파주: 열린책들.

박선영(2004). 멜라니 클라인의 아동정신분석: 이론 및 임상체계의 비판적 재구성. 이화여자대학교 박사학위 논문.

Aponte, H. J., & VanDeusen, J. M. (1981). Structural family therapy. In A. S. Gurman & D. P. Kniskern (Eds.), *Handbook of family therapy* (pp. 310-360). New York: Brunner/Mazel.

Breuer, J., & Freud, S. (1955). Studies on hysteria. *Standard Edition*, Vol. 2. London: Hogarth Press.

Caper, R. (1988). *Immaterial Facts: Freud' s Discovery of Psychic Reality and Klein' s Development of His Work*. Northvale, NJ: London: Jason Aronson Inc.

Cooper, A. M. (1987). Changes in psychoanalytic ideas: Transference interpretation. *Journal of American Psychoanalytic Association, 35*, 77-98.

Freud, S. (1896). Heredity and the aetiology of the neuroses. *Standard Edition*, Vol. 3. London: Hogarth Press.

Freud, S. (1915). Observation on transference-love. *Standard Edition*, Vol 12: 157-171. London: Hoarth Press.

Freud, S. (1949). Three Essays on the Theory of Sexuality. *Standard Edition*, Vol. 7. London: Hogarth Press.

Freud, S. (1953). Fragment of an analysis of a case of hysteria. *Standard Edition*, Vol. 7. London: Hogarth Press.

Freud, S. (1958). Dynamics of Transference. *Standard Edition*, Vol. 12. London: Hogarth Press.

Greenson, R. (1967). *The Technique and Practice of Psychoanalysis*. New York: International Universities Press.

Gutrip, H. (1969). *Schizoid Phenomena, Object Relations and the Self*. New York:

International Universities Press.

Hinshelwood, R. D. (1989). *A Dictionary of Kleinian Thought*. London: Free Association Books.

Klein, M. (1986). The Psycho-Analytic Play Technique: Its History and Significance. In J. Mitchell (Ed.), *The Selected Melanie Klein*. New York: Penguin Books.

Macmillan, M. B. (1991). *Freud Evaluated: The Completed Arc*. North Holland: Elsevier Science.

Meltzer, D. (1981). The Kleinian Expansion of Freud' s Metapsychology. *International Journal of Psycho-Analysis, 62*, 179.

Mitchell, J. (1984). Selected Writings of Melanie Klein, ed. Harmondsworth: Peregrine.

Modell, A. H. (1990). *Other Times, Other Realities: Toward a Theory of Psychoanalytic Treatment*. Cambridge, MA: Harvard University Press.

Moore, B. E., & Fine, B. D. (1990). *Psychoanalytic Terms and Concepts*. New Haven, CT: Yale University Press.

Person, E. S., & Hagelin, A. (1993). *On Freud's: Observations on Transference-Love*. Yale University Press.

Rawn, M. L. (1987). Transference: Current Concepts and Controversies. *Psychoanalytic Review, 74*(1), 107-124.

Schachter, J. (1994). Abstinence and Neutrality: Development and Diverse View. *International Journal of Psychoanalysis, 75*, 965-969.

Schachter, J. (2002). *Transference: Shibboleth or Albatross?* Hillside, NJ: The Analytic Press.

Scharff, D. E., & Scharff, J. S. (1987). *Object Relation Family Therapy*. (Northvale, NJ: Jason Aronson Inc.).

Segal, H. (1982). Early Infantile Development as Reflected in the Psychoanaytical Process: Steps in Integration. *International Journal of Psycho-Analysis, 63*, 15.

Sulloway, F. J. (1979). *Freud, Biologist of the Mind: Beyond the Psychoanalytic*

Legend. New York: Basic Books.

Thoma, H., & Cheshire, N. (1991). Freud's Nachträglichkeit and Strachey's "deferred action": Trauma, constructions and the direction of causality. *International Review of Psychoanalysis*, 18, 418.

제9장_ 종교체험과 목회상담

목회상담에서 종교체험은 피할 수 없는 주제다. 심지어 종교적 관심과 배경이 없는 내담자에게도 핵심적 주제다. 모든 내담자에게 물어야 하는 질문에 '목회상담자'에게 상담을 요청하는 이유가 포함된다. "왜 목회자에게 상담을 요청했습니까?" 혹은 "일반 상담소가 아니라 기독교상담소를 찾은 이유가 무엇인가요?" 이에 대한 응답에서 목회상담과 목회상담자에 대한 내담자의 기대를 확인할 수 있다. 이 기대를 확장하고 명료화하면서 목회상담자는 내담자의 종교체험을 상담과정에 포함시키는 수준과 방법을 계획할 수 있다.

1. 종교체험과 종교적 전통

내담자가 제시하는 종교체험을 상담과정에 포함시키기 위해서 종교체험에 대한 이해가 필요하다. 종교체험은 개인적 경험을 기반으로 하지만 그 핵심에 해석이 존재한다. 이 해석은 내담자의 종교적 전통으로부터 도출된다. 이 종교적 전통은 성경, 교리, 예전, 설교 등에 대한 개인적 경험과 판단을 포함한다. 종교적 전통을 근거로 해서 종교체험의 영역적 경계선이 설정된다. 그리고 종교체험을 평가하고 해석하는 구조도 형성된다.

내담자의 종교적 전통은 종교체험의 범위를 정의한다. 기독교인이더라도 인정하는 종교체험의 범위는 서로 다를 수 있다. 열정적 혹은 정서적 종교체험만 인정할 수도 있고, 일상적 종교체험 혹은 종교행동만을 인정할 수도 있다. 경건한 분위기만을 인정할 수도 있고, 편안하고 자유로운 분위기를 선호할 수도 있다.

기독교를 포함한 초월적 종교에서는 일상으로부터 이탈된 종교체험을 선호하는 경향이 있으며, 이른바 '기적'과 같은 열정적 종교체험을 핵심으로 파악한다. 기독교에서는 하나님으로부터 직접 소리를 듣거나 비전을 보는 체험을 강조하며, 예언적 영감, 열광, 묵시적 환상, 환시, 방언, 꿈 등에 대한 관심이 적지 않다. 이처럼 고양된 정서를 동반한 종교체험을 선호하는 이유는 불만과 해소, 즉 한계와 초월의 구조가 핵심적 종교체험이기 때문이다. 즉, 개인은 불만, 부조화 혹은 갈등, 즉 한계상황을 경험한다. 그리고 이 내적 갈등과 한계상황을 성공적으로 해소한다. 그런데 이 불만과 해소의 과정에서 죄 혹은 피조물성 및 하나님의 섭리와 은혜 등을 기독교전통은 종교체험으로 정의한다. 그리고 이 과정 전체를 회심으로 정의하기도 한다.

종교체험의 해석도 내담자의 종교적 전통에 따라 차이가 있다. 우선 개인적 해석을 인정하는 수준에 차이가 있다. 종교체험을 개인이 자유롭게 해석하도록 인정하는 종교적 전통이 있고, 개인적 해석을 금지하고 종교적 지도자에게만 해석을 인정하는 종교적 전통도 있다. 이 수준의 차이는 개인이 소속한 종교집단의 교리적 가르침의 영향을 받지만, 우리나라처럼 다양한 종교가 치열하게 경쟁하며 변화하는 상황에서는 개인적 경험 및 문화의 영향을 더 많이 받는다.

종교체험의 해석에서 심리학을 비롯한 과학적 해석의 수용 정도와 사용 방법에도 차이가 있다. 심리학적 해석을 인정하지 않는 내담자도 있다. 이 경우, 신앙과 심리학의 상이점을 강조함으로써 심리학의 특징을 제시하고 신앙과의 차이를 지적한다. 다음과 같은 차이점이 주로 제시된다. 첫째, 심리학은 기능적 인간을 지향한다. 즉, 환경에 적응하고 자신을 적절하게 조절하는 건강한 인간을 지향한다. 이는 신앙에서 지향하는 인간상과 다르다. 즉, 신앙에서는 구원, 의인, 도덕적 인간, 하나님과 동행하는 인간 등을 지향한다. 둘째, 심리학의 지식과 방법론은 인간의 경험을 근거로 구성된다. 이는 흔히 결정론적이고 자연주의적 특징이라고 지적된다. 인간의 신체는 물론이고 생각과 태도조차도 유전과 환경으로 설명하고 화학적 신호와 전기적 신호로 분석한다. 이는 인간경험을 초월하는 세계의 존재와 중요성을 믿고 그 영향력을 신뢰하는 신앙과 배치된다. 셋째, 심리학은 상대적 기준을 갖는다. 건강의 기준도 시대와 상황에 따라 다르고 그 방법도 문화에 따라 다르다고 주장한다. 심지어 신앙에서 강조되는 인간상과 연구방법론의 완벽성과 보편성도 시대와 문화의 산물에 불과하다고 설명한다.

심리학적 해석을 인정하는 종교적 전통은 신앙과 심리학 혹은 신앙과 과학 사이에서의 대화가 가능하며 이는 필요한 것이라고 주장한다. 심리학과 신앙이 서로 배치되는 전제와 방법론을 갖고 있지만, 대화할 수 있는 근거는 공통의 관심사를 갖고 있는 인간이 핵심이기 때문이다. 방법론의 차이 때문에 제시되는 해답과 용어는 서로 다르지만, 전인적 인간의 특징과 형성과정을 연구한다. 심리학과의 대화를 통해 신앙에서 얻는 것은 무엇일까? 첫째, 성경이 주장하는 인간이해를 할 수 있다. 성경은 인간은 지성, 감정 그리고 의지를 갖고 있다고 주장하는데, 기독교전통에서 감정보다 지성과 의지가 더 부각되면서 균형을 상실했다. 그러므로 오우성은 "심리학과의 대화 단절은 성서에서 간파하고 있는 심리학적 진리를 부인하는 경향을 낳았다." (오우성, 2007: 55)라고 주장한다. 성경의 의미가 심리학과의 대화를 통해 더 온전해지고 풍부해진다. 둘째, 현대인에게 적절한 신앙성숙의 방법론에 도움을 준다. 다양성과 자율성이 높은 현대인에게 도덕적 규칙을 공동체의 권위로 강요하면 피상적 관계, 율법적 판단주의 그리고 알력이 나타날 가능성이 높다. 이러한 상황에서 기독교신앙의 핵심이 되는 죄의 용서와 은총도 피상적 경험으로 국한되는데, 내담자의 심리적 특성과 상황에 적합할 때 신앙은 성숙할 수 있다. 셋째, 비종교인 및 타종교인에게 종교체험을 설명할 수 있다. 종교체험을 신앙으로만 설명하면 동일한 종교집단에서만 이해될 수 있다. 하지만 현대인들은 일상생활에서 심리학적 용어와 세계관을 사용한다. 그러므로 심리학적 용어와 해석을 사용하면 비종교인 및 타종교인과의 대화가 가능하다.

2. 종교체험과 목회상담자

종교체험의 배후에 종교적 전통이 존재하기 때문에 목회상담자의 종교적 전통에 관심을 갖는다. 우리처럼 동서양의 여러 종교들이 경쟁하는 상황에서 내담자와 목회상담자의 종교적 전통은 서로 동일하지 않을 수 있다. 물론 종교적 전통의 차이 때문에 목회상담관계가 형성되지 않거나 종교체험을 다루지 못하는 것은 아니다. 그러나 종교체험을 유효하게 다루기 위해 목회상담자는 다음과 같은 세 측면의 능력이 필요하다.

첫째, 목회상담자는 종교적 전통에 대한 감수성과 개방성을 가져야 한다. 자신의 종교적 전통의 특징을 인식하고, 그것이 상담과정에서 갖는 영향력을 이해하며, 내담자의 종교적 전통을 존중하고, 그것이 자신의 종교적 전통과 차이가 있더라도 불안을 느끼지 않아야 한다. 또한 내담자에게 유익하도록 종교체험과 종교적 전통을 이해하고 사용하려는 태도를 지니고 있어야 한다.

둘째, 목회상담자는 다양한 종교적 전통에 대한 지식을 가져야 한다. 기독교뿐만 아니라 전통종교가 제공하는 종교체험의 범위와 해석에 대한 지식과 더불어 각 종교적 전통의 교리, 제도, 신앙방법론 등이 상담과정과 정신건강에 제공하는 기능적 강점과 약점을 알고 있어야 한다. 또한 내담자가 자신의 종교체험을 유효하게 사용하도록 종교적 자원을 사용하는 방법을 알고, 그 방법을 확대하거나 보충할 수 있는 자원을 갖고 있어야 한다. 특히 종교체험에 포함되어 있는 의미, 통제 및 사회성의 필요를 파악하고 변화시키는 지식을 갖추어야 하는데, 종교체험에는 삶, 인생 및 세계에 대한 개인적 의미구조와 이에 대한 평가가 포함된다. 긍정적 종교체험이 있고 부정적 혹은 혼란스러운 종교체험이 있다. 종교체험에서 자신과 환경을 지배하고 통제하려는 필요와 방법에 대한 평가도 포함된다. 특히 통제의 현재 수준이나 방법에 대해 만족하지 못할 때 이에 대한 무의식적 평가가 포함될 수 있고, 종교체험에 사회성 혹은 대인관계에 대한 필요와 평가가 포함된다. 애정, 분노, 증오, 시기, 질투와 같은 대인관계적 정서가 종교체험에서 나타나게 된다.

셋째, 목회상담자는 종교체험을 다루는 전문적 기술을 가져야 한다. 내담자와 상담관계를 형성하고 언어적 및 비언어적 의사소통을 적절하게 사용함으로써 내담자의 종교적 전통 및 생활구조와 조화되도록 종교체험을 해석하고 재경험할 수 있도록 돕는다. 또한 개인차를 고려해서 목회상담의 방법과 과정을 수정하거나 조절한다. 특히 내담자의 종교적 전통을 고려해서 내담자가 수용할 수 있는 종교체험의 심리학적 해석과 용어를 사용해야 한다. 예를 들어 스스로의 종교체험을 극히 신성하게 생각하는 내담자에게 상담관계가 충분히 성숙되기도 전에 그 종교체험이 부모에 대한 내담자의 기대의 치환에 불과하다고 해석하거나 표현하는 것은 적절하지 않다. 내담자는 무시되었다고 느끼고 분노 속에 상담을 중단할 위험성이 높다.

한편으로 우리나라 내담자의 문화적 특징을 다루는 기술도 필요하다. 우리나라 내담자는 대체로 종교체험을 통한 자기 인식에 익숙하지 않다. 스스로에 대한 정서적 지각과 표현은 내적 감정의 지각과 표현이 아니라 대인관계에서 조화를 이루기 위해 사용하는 공적 행위에 불과하다. 객관적 감정이 존재하지 않고 감정도 상황 속에서 존재할 뿐이다. 그러므로 스스로의 경험을 하나님이라는 객관적 기준으로 지각하고 평가하는 것이 쉽지 않다. 하나님에 대한 심상에 대해 물으면 혼란스러운 반응이 많이 나타난다. "하나님

이미지가 없어요." "하나님 이미지가 하나뿐이어야 하나요?" 결국 자신을 객관적 시각으로 지각하는 것에 익숙하지 않은 특성이 종교체험에도 반영된다. 그러므로 종교체험을 통해 내담자가 스스로의 필요를 지각하도록 돕는 능력이 목회상담자에게 필요하다. 다음으로, 종교체험에서는 자연을 지향하게 된다. 즉, 종교체험에서 비인간적 대상이 강조되는 경향이 있다. 그래서 하나님 심상에 대한 질문에 대해 "하나님 이미지가 사람이어야 하나요?"라는 반응이 나타난다. 즉, 하늘, 산, 바다 등과 같은 자연을 중심으로 종교체험이 나타나는 경향이 있다. 세 번째로는 종교체험에서 기능성을 지향하게 된다. 특히 대인관계에서의 기능성을 강조한다. 대인관계의 조화를 강조하기 때문에 다양하고 변화가 심한 현대사회에서 적지 않은 대인관계 문제를 경험한다. 대인관계의 조화에서 자아의 수준이 평가되는 관계적 자아를 갖고 있기 때문에 대인관계 문제의 해결에 대한 필요도 높다. 이 문제의 지각과 해결에서 종교체험이 나타나는 경우가 적지 않다.

3. 종교체험의 심리적 기원과 이중적 구조

종교체험은 우연히 발생하지 않는다. 그리고 일회적 현상으로 국한되지도 않는다. 순간적으로 강렬한 종교체험이 나타나더라도 그 체험에는 내담자에게 누적된 경험의 영향력이 포함된다. 그 체험은 개인적 자아구조와 관련되어 있으며, 이를 기점으로 인생목표가 변화할 수도 있고, 의미구조가 다시 구성될 수도 있다. 결국 종교체험은 심리적 경험과 구조로부터 분리될 수 없다.

종교체험의 기원은 어린 시절 부모와의 관계에서 찾을 수 있다. 프로이트는 아버지와의 관계에 주목하여 어린 시절에 아버지로부터 경험했던 보호와 의존의 관계를 종교체험에서 다시 경험한다고 주장했다. 그러나 종교체험을 아버지와의 관계로 국한할 수는 없다. 프로이트가 무시했던 어머니와의 관계도 종교체험에 나타난다. 종교체험에서 자신이 하나님으로부터 용서를 받고 수용되는 애정의 관계를 발견할 수 있다.

종교체험에는 내면적 세계와 외부적 세계가 동시에 포함되어 있다. 즉, 이중적 구조를 갖고 있는 것이다. 이 중에서 강조하는 부분은 학자에 따라 다르다. 프로이트는 내면적 욕망을 강조해서 종교를 환상(illusion)으로 설명한다(Freud, 1927: 30). 내담자는 자신의 욕망을 충족하기 위해 외적 현실을 변형시키지만 외부적 현실은 사라지지 않고 그 영향력도 무시될 수 없다. 그래서 욕망은 외부적 세계와 타협을 이루고 두 세계는 공존한다. 그러나 위니캇(D. W. Winnicott)은 외적 세계를 더 강조하며 중간 현상(transitional phenomena)으로 설명한다(Winnicott, 1953). 필요를 거절하지 않고 만족시켜 주는 충분히 좋은 외부적 환경이 제공될 때 외부적 세계와 내면적 세계를 공존시킬 수 있는 능력이 형성된다. 그리고 이 능력을 형성하는 과정에서 외적 환경으로부터 어린 시절에 내면화된 근원적 대상관계를 재료로 사용한다. 종교체험을 형성하는 능력과 재료는 외부적 세계로부터 제공되기에, 종교체험에서 내면적 세계를 억압할 수도 없고 외부적 세계를 무시할 수도 없다.

종교체험에는 내담자의 내면적 세계와 외부적 세계의 타협이 포함된다. 종교체험에 내면적 세계와 외부적 세계를 공존시키는 능력은 자발적으로 상담실을 찾아오는 내담자라면 모두 갖고 있다. 그러나 이 공존이 쉽게 이루어지지는 않는다. 내적 욕망과 환경적 한계가 서로 갈등하는 경우가 적지 않기 때문이다. 이 경우 공존하는 방법은 타협이다.

종교체험의 이중적 구조로 내담자는 가치관과 생활습관을 보호할 수 있다. 즉, 외부와 타협하면서 내면적 세계를 외부의 위협으로부터 방어한다. 애착을 갖고 있는 인물이나 가치를 유지하기 위해서는 내면적 세계에서 욕망의 희생이 필요하다. 그런데 적절한 수준에서 욕망을 희생하는 타협에 종교체험을 통한 초월적 가치를 부여할 수 있다. 그리고 현실적 생활습관도 정당화된다. 대인관계에서 타인의 기대에 따라 스스로의 감정과 행동을 통제하는 방법과 수준에 종교체험이 가치를 부여한다. 종교체험을 통한 감정과 행동의 통제는 일상생활보다 위기 상황에서 더 분명하게 나타난다. 위기를 촉발하는 환경이 내적 욕망의 희생을 심하게 강요하고 내적 불안과 혼란 때문에 내면적 필요도 강하게 나타나기 때문에 타협이 어렵다. 이 경우 환경과 자신을 하나님의 관점에서 재구조화하는 종교체험을 통해 의미구조를 보호하거나 강화할 수도 있다. 특히 종교체험의 보호적 기능을 선호하는 우리나라 내담자는 이에 대한 관심이 많다.

종교체험의 기원과 이중적 구조에 대한 사례로서, 쉬레베(Schreber)에 대한 프로이트의 분석을 살펴보겠다(Freud, 1911: 9–82). 프로이트는 그의 종교체험을 아버지와의 관계로 분석하고, 그 종교체험에서 방어적 기능과 타협을 설명한다. 이 사례는 정신장애를 갖고 있는 내담자의 사례였기 때문에 내담자의 종교체험도 정신장애의 특징인 망상으로 진단되어 분석되었다. 그러나 종교체험이 곧 망상은 아니며, 여기서는 이중적 구조를 갖고 있다. 단지 정신장애 내담자의 극단적 종교체험이기 때문에 망상으로 진단되었다고 이해할 수 있다.

쉬레베는 독일 고등법원의 판사였다. 1884년에 신경질환으로 입원했다가 1885년에 퇴원했다. 그리고 그가 51세가 되던 1893년에 승진한 직후 그의 부인이 4일 동안 여행을 떠났을 때, 두 번째로 발작을 일으켰다. 두 번째 발작은 전보다 더 심해졌다. 4일 동안 환각에 빠졌고 갖가지 상상이 떠올랐다. '내가 여자라면 좋았을 것을!' 11월에 입원해서 1902년에 퇴원했다. 1900년부터 자신이 겪은 질환의 체험을 자서전으로 집필하면서 퇴원하기 위해 법적 투쟁을 해야만 했다. 1903년에 자서전을 발간했는데 프로이트는 이 자서전을 분석했다. 그는 프로이트에게 정신분석을 받지 않았다. 그러나 그는 회복되었고 프로이트도 그의 회복을 인정한다. 정신분석가의 도움을 받지 않고 회복한 사례를 프로이트는 정신분석적 관점으로 분석했다.

프로이트는 '하나님의 아내'라는 쉬레베의 종교체험을 두 개의 편집증적 망상으로 구분한다. 그것은 피해망상과 과대망상이다. 첫째, 피해망상은 다음과 같다. 자신은 거세라는 성적 학대를 위한 영혼살해의 희생자다. 처음의 가해자는 자신의 주치의였다. 그러나 영혼살해와 거세가 사물의 도덕적 질서와 모순되기 때문에, 하나님이 자신의 주치의에 굴복해서 그의 시종이 되고 음모의 주인공이 되었다. 그러므로 그는 많은 성적 학대의 위협에 대해 욕설을 퍼붓는데, 그 대상은 주치의보다는 하나님이다.

둘째, 쉬레베의 과대망상은 다음과 같다. 하나님으로부터 직접 인류 역사상 가장 특별한 사명을 부여받았다. 그것은 세상을 구원하고 세상을 원래의 축복의 상태로 되돌려 놓는 것이다. 이 사명을 위해 하나님은 자신을 남성에서 여성으로 전환시키고, 하나님의 광선을 통해 임신을 하고 새로운 인류를 생산해 낼 것이다. 그는 자신의 몸으로 이것을 느꼈고, 자신에게 말하는 목소리를 통해서 확신했다.

프로이트는 그 내용을 분석하고 쉬레베의 종교체험의 핵심에 동성애적 추동에 대한 억압이 있음을 지적한다. 프로이트의 주장을 단계적으로 따라가 보겠다. 첫째, 여성이 되고 싶은 자신의 욕망을 감추기 위해서 쉬레베는 자신이 하나님의 부인이 되는 과대망상을 만든다. 프로이트는 동성애적 추동의 존재를 지적한다. 그것은 동성애에서 여성적 역할에 대한 욕망이다. 그가 발작 전 아침에 성행위를 하는 여성이 되고 싶었던 생각을 근거로 지적한다.

둘째, 쉬레베에게서 동성애적 추동을 철저하게 부인하는 생활태도를 지적한다. 자신이 엄격하게 도덕적인 사람으로 양육되었고 사물의 도덕적 질서에 철저하게 순종하는 태도를 견지했다는 쉬레베의 진술을 의심할 이유가 없다. 성행위하는 여성이 좋다는 생각조차도 평상시라면 절대로 하지 않았을 것이고, 발작하기 바로 직전이었기 때문에 그런 생각을 할 수 있었다.

셋째, 쉬레베의 피해망상은 자신의 동성애적 추동을 방어하기 위한 수단이다. 그는 자신의 주치의에게 성적 친밀감을 갖고 있다. 그러나 자신의 엄격한 도덕성은 이 욕망을 수용할 수 없다. 그래서 이 욕망을 주치의에게 투사한다. 이 과정에서 그가 받아들일 수 없는 욕망을 부인하고 감정을 역전시킨다. '내가 그를 사랑한다.'가 '나는 그를 사랑하지 않는다.—나는 그를 미워한다.'로 치환된다. 그리고 '그가 나에게 해를 가하기 때문에 나는 그를 사랑하지 않는다.—나는 그를 미워한다.'로 치환된다. 사랑이나 미움은 둘 다 열정적인 감정이기 때문에 치환이 가능하다.

넷째, 쉬레베가 피해망상을 과대망상으로 변화시키는 이유는 피해망상보다 과대망상을 갖고 있는 것이 더 유리하기 때문이다. 피해망상에서 과대망상으로 바뀌면서, 쉬레베의 애정의 대상은 주치의에서 하나님으로 대치되었다. 주치의의 애인으로부터 하나님의 아내로 전환되고 세상의 구원자로 전환된다. 이와 같은 치환에서 얻을 수 있는 현실적 이득은 외부적 세계와의 타협이다. 우선 동성애적 애정을 사회적으로 인정받을 수 있다. 하나님을 사랑하는 것은 용납되고 권장된다. 대상에 대한 사회적 금기를 수용하고 내면적 애정과 욕망을 인정하는 타협인 것이다. 다음으로 하나님이 아버지의 전이라고 할 때, 피해망상에서 그는 하나님과 갈등을 빚고 있었다. 이것은 그에게 만족할 만한 상황이 아니었다. 이제 하나님과 화해함으로써 그 갈등을 해소한다. 아버지와의 공개적 갈등도 당시 사회적 금기였으므로 아버지에 대한 분노로부터 하나님에 대한 사랑으로 치환되었다. 마지막으로 그는 이제 전 우주에서 주목받는 가장 중요한 인물로 치환된다. 자기 인정의 욕망을 하나님의 아내라는 종교적 표현으로 치환하여 표현한다.

프로이트는 쉬레베의 종교체험, 특히 하나님에 대한 심리적 표상의 기원을 아버지와의 관계에서 찾을 수 있다고 주장한다. 그러나 그가 회복하는 과정에서의 종교체험의 기능에 대해 프로이트는 관심이 없다. 단지 종교체험의 내용을 아버지와의 관계의 치환으로 분석할 뿐이다. 그러나 쉬레베가 회복될 수 있었던 원인에 대해서는 아버지와의 긍정적 관계 때문이라고 추측한다. 쉬레베에게 아버지 컴플렉스는 주로 긍정적 측면을 갖고 있었고,

실제 생활에서 아버지와의 후기 관계가 나쁘지 않았기 때문에 회복될 수 있었다고 분석한다. 종교체험의 핵심에 아버지와의 관계가 존재한다는 그의 주장을 인정한다면, 종교체험이 그의 회복을 도왔다고 추측할 수 있다. 이는 종교체험의 보호적 기능을 암시하고 있다.

4. 종교체험의 보존기능과 변형기능

종교체험의 기능을 살펴보면, 내담자의 변형뿐만 아니라 보존에서도 중요한 역할을 담당한다. 우리는 종교체험이란 단어를 들으면 다메섹으로 가던 바울을 연상하는 경향이 있다. 그리고 종교체험을 통한 기독교로의 회심에 집중하는 경향도 있다. 즉, 종교체험의 기능을 개인적 변형에의 촉진이나 정당성의 제공에 국한하는 경향이 있다. 변형도 중요하지만 더 중요한 것은 개인적 정체성의 형성과 보존에서의 역할이다. 종교체험은 개인에게 형성되어 있는 의미구조, 통제구조 및 대인관계구조에 정당성을 부여한다. 그리고 직접 가치관과 생활습관을 구성한다. 특히 상황이 개인적 정체성을 위협하는 위기에서 안정성을 제공한다.

종교체험의 보존기능은 자신의 의미구조, 통제구조 그리고 대인관계구조의 경계선을 형성하고 유지하는 과정에서 나타난다. 일상생활에서 규칙적 종교체험을 통해 안정된 정체성을 형성하고 유지할 수 있다. 정체성의 경계를 기준으로 선호와 혐오가 구별되는데, 이것은 종교체험에서 선과 악 혹은 신성과 세속의 차이와 같이 더 보편적 기준으로 확대된다. 그런데 정체성을 구성하는 종교체험에 강렬한 단기적 감정보다 익숙하고 평안한 정서가 포함된다. 일요일마다 습관적으로 참석하는 예배에서 경험하는 친숙한 분위기, 성경구절, 찬송 등에서 마음의 평안을 느끼고, 이것은 내담자의 정체성에 포함되어 있다. 이와 같은 경계선 보호의 기능은 위기에서 잘 나타나며 특히 부정적 정서를 조절하는 역할을 하게 되는데, 이는 불안과 혼란의 상황에서 마음의 평안을 얻고 스스로의 가치관과 생활습관을 유지시키는 데 도움이 된다. 예를 들어 말기 암으로 노인병원에서 죽음을 기다리는 내담자는 익숙한 성경구절이나 찬송가를 듣고 위안을 느끼고 마음을 안정시킬 수 있다. 그러나 정체성과 배치되는 상황에서는 혐오와 불안과 같은 부정적 감정으로 나타나며, 이 감정은 긴장도가 높고 부정적인 종교체험으로 연결될 수 있다. 예를 들어 절제하는 생활습관을 갖고 있는 내담자는 경건한 예배를 강조하며, 감정적 표현과 자발성을 억제하는 종교체험을 선호한다. 이 내담자는 강렬한 음악과 감정의 직접적 표현을 강조하는 예배에서 긍정적 종교체험을 하지 못하고 혐오감을 느끼면서 세속문화에 물들었다고 비난할 수 있다. 또한 근면한 생활습관을 가진 내담자는 여가를 소중하게 생각하는 사람들과 함께 활동을 하면 세속문화에 물들었다고 느낄 수 있다.

종교체험에서 경계선을 형성하고 유지하는 기능은 집단적 수준에서도 나타난다. 우리 편과 다른 편을 구분하고 유지하는 과정에서도 이 기능이 존재한다. 종교체험에 포함되어 있는 익숙한 가치관과 생활습관을 근거로 집단의 정체성이 형성되고 유지된다. 익숙한 종교의식을 통해 공유하는 종교체험은 구성원들에게 소속감을 제공한다. 그리고 집단을 위한 정서와 행동의 조절에도 종교체험은 유용하다. 예를 들어 집단구성원들 사이에서의 분노와 질투는 집단의 응집력을 훼손하기 때문에 집단을 중시하는 사회에서 이 정서들은 억압의 대상이 된다. 분노와 질투를 사탄 혹은 악마의 영향으로 해석하고 그것을 정화하는 과정이 개인적 수준과 집단적 수준에서 나타난다. 그리고 분노와 질투를 촉발시키는 행동을 보면 부정적 정서가 촉발되고 사회적 제재를 당연하게 허용하는 종교적 금기가 형성된다. 이는 부정적 종교체험을 근거로 이루어지는 사회적 경계선이다.

종교체험의 보존기능은 신앙공동체에서의 사회적 지지에서도 나타난다. 개인은 주변의 타인들과 비교하며 스스로에 대한 지지를 획득한다. 그러므로 일상에서 접촉하는 사회적 지지망은 가치관과 생활습관을 유지하고 보호한다. 그리고 사회적 지지망은 스트레스와 고통을 완화시키는 기능을 제공한다. 문제 유발의 상황을 변화시키는 자원을 직접 제공할 수도 있다. 그러므로 사회적 지지망은 내담자의 의미구조와 생활습관을 안정시키는 기능을 갖고 있다. 그런데 종교에서의 사회적 지지망은 신앙공동체다. 특히 신앙공동체가 제공하는 사회적 지지는 한국인에게 중요하다. 한국인은 자아에서의 의미와 통제를 대인관계에 의존하는 관계적 자아를 갖고 있기 때문이다. 그래서 신앙공동체에의 참여도가 높으면 높을수록 한국인의 행복 수준도 높다. 그런데 신앙공동체의 형성과 발전은 종교체험과 상호적 영향을 갖고 있다. 종교체험을 기반으로 신앙공동체가 형성, 유지 그리고 발전될 수 있다. 동시에 신앙공동체는 종교적 전통의 담지자로서 종교체험을 촉발하고 해석한다.

종교체험의 변형기능은 개인적 의미구조와 생활습관의 변화를 수용하고 촉진하는 과정으로서 존재한다. 내담자는 마음의 평화와 안정을 추구하는 동시에 자신과 환경의 안정을 기대한다. 그러나 경쟁이 격화되면서 구조조정이 일상에서 계속 발생하고 기술과 과학의 급속한 변화가 개인을 압박하는 환경에서, 내담자는 변화를 강요당한다. 변화에는 항상 불안과 혼란이 수반되는데, 강요되는 변화에서는 그러한 불안과 혼란이 더 증폭되게 된다. 이와 같은 부정적 정서를 감소시키고 내담자의 급속한 변화를 수용할 수 있도록 돕는 기능을 종교체험이 제공할 수 있다. 종교적 회심과 관련된 종교체험에서 내담자는 자신의 변화를 추구하거나 수용할 수 있다. 하나님에의 의존성과 문화적 가치관의 상대성에 대한 감수성을 높이는 종교체험은 가치관과 생활습관에서의 변화를 수용하도록 돕는다.

종교체험의 변형기능은 생애의 전환기와 애도기에 분명하게 나타난다. 내담자의 성장은 짧지 않은 전환기를 포함한다. 전환기의 변화는 긍정적 가치를 갖고 있지만, 여전히 불안과 혼란을 촉발시킨다. 졸업, 취업, 결혼,

자녀의 분가 등과 같은 전환기에 성장과 변화를 축복하고 안내하는 하나님의 은총을 경험하는 종교체험은 크게 도움이 된다. 그러므로 이와 같은 종교체험을 구체적 예식으로 구현한 제도들이 대부분의 종교에 존재한다. 특히 죽음과 같은 상실로부터 회복하는 과정에서 자신의 변형에 대한 수용은 불가피하다. 자연스러운 죽음도 수용하는 것이 쉽지 않지만 예상하지 못한 죽음을 수용하는 것은 더 어렵다. 특히 자녀의 죽음이나 자살의 경우가 그렇다. 이와 같은 위기에서 내담자들은 죄책감, 분노, 슬픔, 혼란 등을 느낀다. 이와 같은 상실을 인정하고 재조정해서 새롭게 시작하는 과정에, 인간의 피조물성과 하나님의 섭리에 대한 종교체험이 적지 않은 역할을 할 수 있다.

종교체험의 변형기능은 용서에도 나타난다. 용서는 분노에서 평화로 변형하는 것이다. 부당한 대접을 받은 내담자가 분노하고 복수를 추구하는 것은 자연스러운 반응이다. 이와 같은 자연적 자기보호 반응에 대한 도전이 용서다. 용서는 복수의 권리를 포기하는 것이다. 분노와 복수를 추구함으로써 희생자의 자기보호 능력이 향상된다. 무력감으로부터 벗어나고 자존감이 높아지고 대인관계에서 도움을 요청할 수 있게 되는 장점이 있다. 그러나 분노와 복수는 과거에 집착하게 되고 복수의 악순환으로 빠지는 위험이 크다. 그러므로 용서의 가치는 축소될 수 없다. 용서의 과정은 분노의 지각과 표현, 용서에의 결심, 가해자의 비신화화 그리고 용서의 행동으로 구성되어 있으며 각 단계에서 종교체험이 영향을 줄 수 있다.

첫째, 하나님과 정직하게 대면하는 종교체험을 갖고 있으면 가해자에 대한 분노의 표현이 용이해진다. 가해자에 대한 분노와 상처를 의식하지 못하거나 그냥 덮어버리면 용서는 시작되지 않는다. 둘째, 신뢰 혹은 희망에 대한 종교체험을 갖고 있으면 복수의 포기로부터 얻는 이익이 복수의 추구보다 더 크다는 확신을 갖게 된다. 즉, 용서하려는 결심을 내릴 수 있다. 셋째, 인간의 피조물성에 대한 종교체험을 갖고 있으면 가해자를 악의 화신이 아니라 장점과 단점을 함께 갖고 있는 인간으로 볼 수 있다. 그리고 스스로도 절대적 의인이 아니라 여전히 하나님의 용서가 필요한 인간으로 느껴진다. 넷째, 용서는 사고, 행동 및 대인관계를 변화시키는 구체적 행동의 과정이다. 행동의 과정에는 개인적 변화에 대한 의지와 능력이 필요하다. 이와 같은 의지와 능력을 개인적 종교체험에서 배양하거나 신앙공동체에서의 지지로부터 배양할 수 있다. 이와 같은 과정을 거쳐 내담자는 용서라는 변형을 경험한다. 그리고 용서는 하나님이 주신 용서를 근거로 이루어지기 때문에 그 자체가 변형적 종교체험이다.

5. 기능적 종교체험

기능적 종교체험, 즉 기능성이 높은 종교체험이란 무엇인가? 그것은 내담자의 자율성, 안정성 및 유연성을 높이는 종교체험이다. 여기서 종교적 대상의 선악과 원근을 기준으로 사용할 수 있다.

종교체험에서는 전체적 분위기 혹은 정서가 중요하다. 하나님, 예수님, 천사 등과 같은 선한 존재가 자기편으로 혹은 친근하게 나타나면서 긍정적 정서가 높으면 기능성이 높다. 그러나 사탄, 귀신 등과 같은 악한 존재가 나타나서 자신을 방해하거나 징벌하기 때문에 부정적 정서가 높다는 것이 낮은 기능성을 의미하지는 않는다. 자신과 환경에 대한 평가가 기대와 일치하지 않는다는 것을 의미하기 때문에 오히려 기능성이 높을 수도 있다. 그러나 악한 존재의 방해와 징벌에 대해 긍정적 정서를 갖고 있으면 기능성이 낮을 수 있다.

종교체험에서 통합성이 높으면 기능성이 높다. 과거, 현재 그리고 미래에 일관성을 갖고 있고, 그 일관성이 은총으로 수용될 때 기능성이 높다. 예를 들어 회심한 내담자가 불신자 시절을 '사탄의 지배에서 신음하던 기간' 으로 이해하는 것보다 '신앙을 위해 준비하던 기간'으로 느끼는 것이 더 기능성이 높다. 그리고 현재의 긍정적 측면을 근거로 미래의 희망을 갖고 있으면 기능성이 높아질 수 있다. 천국에서의 모습도 현재와의 일관성이 높으면 기능성이 높아질 수 있다.

종교체험의 통합성은 내담자의 횡단적 구조에도 존재한다. 자기 자신 속에서 악한 존재의 영향을 느낄수록 기능성은 낮아진다. 자기가 통합하지 못하는 부분이 존재하는 것이다. 그리고 자신의 부도덕성을 비난하고 징벌하면 할수록 기능성은 낮아진다. 이와 같은 취약성은 우리나라 전통문화에 존재하는데, 비난을 통한 인간의 변화를 추구하기 때문이다. 자신을 용서할수록 기능성이 높다.

종교체험의 유연성이 높으면 기능성이 높다. 종교체험의 이중적 구조에서는 타협이 필요하다. 대인관계에서 내면적 족과 타인에 대한 배려가 동시에 공존하는 타협이 필요하다. 이웃사랑이 없는 종교체험은 개인적 환각에 불과하다. 직장이나 일상생활에서, 문화와의 관계에서 배타적 태도는 기능성이 낮아질 수 있다.

6. 종교체험의 상담

상담의 목표

종교체험에 포함되어 있는 내면화된 관계 유형의 특징을 지각한다. 그리고 그것의 장점과 단점을 수용하고 효용성을 높인다.

상담의 원리

첫째, 내담자의 종교체험에서 내면화된 관계 유형을 대인적 측면과 내부적 측면으로 구별할 수 있다. 그리고 대인적 측면은 타인 측면과 자기 측면으로 구분할 수 있는데, 타인 측면은 타인이 자신에게 주는 영향이고 자기 측면은 자신이 타인에게 주는 영향이다. 내부적 측면은 자기가 자신에게 주는 영향이다. 타인 측면은 자기 측면 및 내부적 측면에 영향을 주고, 그 관계 유형은 대인관계에 영향을 준다.

둘째, 내담자가 대인관계를 형성할 때, 내적 관계 유형을 상대에 맞게 변화시키는 것이 아니라 자신의 유형에 부합하는 상대를 선택하는 적극성을 갖고 있다. 상대를 시험하고 선택하며, 그 과정에서 내담자의 내부적 측면은 강화된다.

셋째, 자신에 대한 상대의 행동과 태도가 자신의 내면화된 관계 유형과 잘 부합되지 않을 때, 내담자는 불안을 느끼는 것에 그치지 않는다. 내담자는 합리적 정보처리에 만족하는 일상적 과학자가 아니다. 오히려 자신에 대한 상대의 행동과 태도를 자신의 관계 유형에 부합하도록 조정한다. 내담자는 의도적으로 정보를 선택하여 처리하면서 조작하기도 하는 동기적 전략가다.

상담과정

상담과정에는 시간이 걸린다. 그런데 단기간에 극적 변화의 종교체험을 선호하듯이 상담과정도 짧은 시간에 마치기를 기대할 수 있다. 이것은 현실성이 부족한 기대일 수도 있고 아주 현실적인 기대일 수도 있다. 이 기대를 탐구하면서 초기 상담과정을 시작할 수 있다. 물론 상담에 대한 내담자의 불안과 부담을 인정하고 상담과정을 최대한 줄이는 노력이 필요하다.

상담관계를 형성한다 목회상담자가 신뢰와 선의의 태도를 제공하면 내담자는 자신의 내면화된 관계 유형과 부합하지 않기 때문에 일종의 인지적 부조화를 경험하게 된다. 상대방으로부터 비난과 무시를 당할 것을 기대하고 스스로 실망과 분노를 느끼는 관계 유형을 갖고 있을 때 목회상담자가 계속 내담자를 긍정적으로 수용하고 이해하고 자신을 개방하면, 이와 같은 대인적 측면의 타인 측면은 자기 측면 그리고 내부적 측면과 불일치를 경험한다.

사 례

김 집사는 40대 초반의 주부로서, 두 아들이 있다. 대학시절 선교단체에서 열심히 활동했고, 거기서 남편을 만났다. 남편은 사업을 하고 생활은 안정되어 있다. 그녀는 남편과의 불화를 호소했고, 상담을 촉발시킨 사건은 목사님과의 불화였다. 목사님이 남편만 편애하고, 교회를 떠나려는 내담자를 비난한다고 호소한다.

집사: 남편이 저한테 그 교회 나가지 않으면 이혼한다고 하고, 그래서 이혼하라고 했는데, 접시 다 깨고 저의 머리를 일곱 번이나 때린 것 같아요. 참외로 머리를 때리면서 "네가 신앙에 대해 아는 게 뭐냐?" "매일 입만 나불거린다."고 했어요. 거기서 저는 굉장히 모멸감을 느꼈어요. 믿음이고 신앙이고 갖고 싶지 않고요.

목사: 네, 자신이 너무 무시를 당하니까?

집사: 네, 너무너무 모멸감을 느꼈어요. 그래가지고.

목사: 그때 어떻게 대처하셨습니까?

집사: 그때 문을 잠그더라고요. 문을 잠그면서 저에게 죽일 년, 썩을 년, 별 욕을 다 했어요. 나가 죽어야 한다고.

목사: 그 교회에 나가지 않는 것 때문에?

집사: 네, 저 안에 어떤 사탄과 짝해서 집안을 말아먹는 년이라고, 별별 욕을 다했어요.

목사: 그때 집사님께선 모멸감을 느끼고 그럴 때 모멸감을 느끼는 자기 자신을 보는 느낌은 어땠습니까?

집사: 그냥 담담했어요. 아무 느낌도 없었어요. 문을 잠그기에, 제가 나가고 싶다고, 당신과 있으면 두려워서 죽을 것 같다고, 내보내 달라고

했더니, 자기가 나갈 거니까 애들 간수하고 집 치우라고 하면서 나가더라고요. 저한테 미안하단 말도 없었어요. 네 안에 사탄 때문에 그렇게 한 거라고 했어요. 저는 너무 여기가 아파서, (가슴을 만지며) 파스를 며칠 붙이고 다녔거든요. 한 번도 아프지 않은 적이 없어요. 위로받은 적도 없고.

목사: 그때 집사님이 바란 것은 다른 것 아니라 미안하다고, 감정이 올라와서 그렇다고 표현해 주길 바랐는데 그런 말이 없었군요?

집사: 그런 말은 없었어요. 자신은 하나님을 경외하는 사람이라고, 하나님과 아이들 앞에 부끄러움을 범했지만 아내에겐 미안한 마음 없다고. 딱 그러더라고요.

목사: 그때 집사님 마음이 어떠셨습니까?

집사: (한숨을 쉬며) 모르겠어요. 목사님. 이런 남편하고 오래 살 수 있을까? 그런 생각이 들었어요. 이런 남편하고 내가 오래 살 수 있을까? 다시 사랑하면서 살 수 있을까? 그런 생각했어요.

목사: 남편에 대한 신뢰감이 무너졌다는 말씀인가요?

집사: 네, 목사님.

목사: 그렇겠네요. 집사님이 속으로 감정을 삭히시는데 지금 감정이 속에서 움직이고 있는 것 같습니다. 그 감정을 말로 표현한다면 어떻게 할 수 있겠습니까?

집사: 그냥 제 존재가치가 없는 것 같아요. (울먹이며)

목사: 남편에 대한 분노인 동시에 자신이 너무 못났다고 느끼시나요?

집사: 네, 존재가치가 없는 것 같아요. 내가 쓸데없는 인간 같아요.

목사: "내가 쓸데없는 인간이다." 너무 자기 자신에 대해 부끄럽고 수치스럽고 비참하네요?

집사: 글쎄, 애들에 대해서도 마음이요, 마음이 밋밋해서 애들 사랑하는 거 모르겠고, 남편을 사랑하는 마음 잘 모르겠고, 나 자신에 대해서도 사랑하는 마음이 모르겠고요.

목사: 그때 이후로 감정을 단절했네요.

집사: 네. 다른 것 생각하기도 싫고, 사는 것도 귀찮고, 모든 것이 귀찮고,

애들 사랑하는 것도 귀찮고. 먹고 자고, 저녁때면 자는 게 일이고, 남편이 와도 자는 게 일이고.

목사: 집사님이 진정으로 바라는 것은 자신을 좀 이해받고 존중받는 것이지요?

집사: (한숨) 그냥 하나님이 저에 대해서 그냥……. (한숨)

목사: 집사님께서 자기 자신에 대해 너무 비참하게 느끼신 거죠. 죽고 싶을 정도로. 나를 이렇게 살게 하고, 태어나게 한 자체를 저주스럽게 생각하는……. 그렇게 심하게 모멸감을 느끼고, 비참함을 느끼고, 비참함을 당하셨네요. 그렇지요?

집사: 아! 아! (깊은 신음소리, 콧물과 눈물이 흐름, 말을 하지 못함) 저는 하나님께서 이런 가운데서도 저를 사랑하는 마음을 느껴 봤으면 좋겠어요.

목사: 네, 집사님은 이런 절망적인 상황, 이런 비참한 상황에서도 하나님과의 관계를 갖고 싶으시군요?

집사: (울먹이며) 하나님께서 흉악한 죄인이라도 용납한 것처럼 이런 저를 용납하고 제 내면이 회복되길 원해요.

목사: 너무 긍정적인 소망이네요.

집사: 그런데 이 마음이 제 힘으로 되지 않아요. 성령님께서 제 안에 애통함과 회개하는 마음을 주셨으면 좋겠어요. 제가 하나님의 사랑을 외면하고 예수님의 사랑을 거절하고 원망하고 불평한 결과가 저한테 오는 것 같아요.

목사: 그렇게 당하는 것이, 자신이 불신하고 원망하고 불평해서, 전부 자신 나 때문이군요.

집사: 네, 내가 감사하지 않고.

목사: 자신이 감사하지 않아서 그런 것을 당한다고 생각하시네요?

집사: 네, 하나님이 주신 것을 감사하지 않고…….

목사: 죄의식이 마음에 자리 잡고 있네요. 무시당한 것에 대한 분노와 함께 죄의식이 마음을 많이 차지하고 있습니다.

목회상담자는 공감과 버텨주기를 주로 사용한다. 내담자의 세계와 감정을 내담자의 입장에서 경청하고 수용한다. 그리고 자신의 관계 유형에 적합하게 목회상담자의 정서와 행동을 조작하는 내담자에게 목회상담자는 보복하지 않는다. 오히려 목회상담자는 내담자의 혼란과 모순을 수용하고 정리해 준다. 이와 같은 태도를 일관성 있게 지속한다.

목회상담자는 내담자의 부정적 감정을 수용한다. 그리고 내담자가 느끼는 좌절감, 모멸감, 죄책감을 정리하도록 돕는다.

관계 유형의 특징을 분석한다 내담자의 과거나 현재의 주요한 인물 혹은 애착상대와의 관계 유형의 특징을 분석한다. 이 과정에서 종교체험을 사용한다. 그리고 일상적 종교체험과 열정적 종교체험을 구분하고 연상을 사용하여 분석한다. 유사한 정서를 느꼈던 과거의 경험이나 종교체험을 연상하고 함께 분석한다.

사 례

목사: 집사님의 마음속에 살고 싶지 않은 마음, 무기력해지는 마음, 하나님이 원망스러운 마음이 어디서 온 것인지 아시겠습니까?

집사: 살아오면서 저에게 주신 것에 대해서 감사한 적이 없었어요. 욕심이 너무 많아서 가지고 싶은 것이 많았어요. 감사하지 못하고 원망하고 불평하고 짜증내고 그리고 이것에 대해 제대로 대화할 사람이 없었어요. 생각을 바르게 고쳐 나갈 상대가 없었어요. 고등학교 때부터 적응하지 못하고 인생의 꿈이 없어졌어요. 그러다 대학시절 하나님을 만나면서 기뻤어요. 그런데 지금 두려움이 해결되지 않아요. 그러면서 하나님과 너무 멀어졌어요.

내담자가 현재 느끼는 종교체험과 유사한 정서를 느꼈던 경험을 탐색하도록 목회상담자가 돕고 있다.

상담관계에서 재현되는 관계 유형의 특징을 분석한다 내담자는 자신의 관계 유형을 목회상담자와의 관계에서 재현한다. 종교체험에 포함되어 있는 관계 유형을 재현해서 목회상담자를 신적 대상으로 지각할 수 있다. 집착적 의존을 보이거나, 비위를 맞추거나, 성적 친밀성을 강조하거나, 심리적 우위를 차지하려고 비난하거나 공격한다. 이와 같은 조정을 일반 대인관계에서 계속 사용하면 상대방은 실망하거나 화를 내면서 내담자를 포기한다. 이때 내담자는 자신의 부정적 관계 유형을 강화한다.

상담관계에서 목회상담자의 태도를 통해 내담자가 기능적 종교체험을 할 수 있는 환경을 형성한다. 이 환경은 내담자의 일반 대인관계와는 다음과 같은 차이점이 있다. 우선 내담자 주위의 일반인은 조금 참다가 결국 우울, 분노, 흥분 등의 격한 반응을 나타낸다. 그리고 관계를 끊고 멀어진다. 내담자는 자신이 버림받는 사람이라는 것을 다시 확인한다. 그런데 목회상담자는 떠나지 않고, 내담자의 관계 유형을 직면하고 수정하려고 한다. 둘째, 상담관계에서 목회상담자는 내담자에게 대인관계 형성의 새로운 방법을 보여 준다. 또한 새로운 방법의 사용은 불안과 공포를 촉발시키지만 유익하다는 것을 보여 준다.

사 례

목사: 누구를 용서해 본 적 있으십니까?

집사: 남편을 용서해 봤고, 언니를 용서했고…….

목사: 지금 남편에 대해서 어떻습니까?

집사: 남편이 참 미워요.

목사: 네, 당연합니다. 집사님의 감정이 아직 살아있다는 증거입니다.

집사: 아주 미워요.

목사: 집사님은 살아있습니다. 정상적으로 작동을 하고 있네요. 인격이, 감각이 사라져버린 게 아니라, 하나님이 주신 인격이 그대로 살아있습니다. 나를 무시하고 경멸하고 나를 함부로 하는 것에, 미운 감정이 들고 분노하는 감정이 드는 것은 당연한 겁니다.

집사: 저는 가급적 손해보고 배려하는 삶을 살았는데, 저를 어린애 취급하고 애들과 똑같이 취급해요. 그러면서 저의 인격을 무시하지요.

목사: 그래서 집사님께서 그런 것을 당하면서, 너무 많은 모멸감을 당하면서, 분노하면서도 분노하는 것에 대해서 죄의식을 가졌습니다.

집사: 예, 진짜로 어린애같이 되더라고요. 진짜로 하나님 앞에 거짓되고 위선된 것 같고, 진짜로 가증스러운 것 같고, 진짜로 어린애 같고, 진짜로 자기밖에 모르는 인간 같고, 그러니까 행동을 그렇게 하더라고요. 하나님께서 저에게 주셨던 성품은 다 없어지고요.

목사: 그렇지요. 그럴 때 어떤 모습을 보이셨습니까?

집사: 애들에게 좋은 마음도 없고, 남편이 와도 밥도 해 주지 않고, 믿음의 세계로 들어가지 못해서 무시당하고, 모멸감을 느끼고, 당하고, 하나님이 원망스러워요. 다른 사람은 믿음의 세계로 들어가는데 저는 들어가지 못해서 하나님이 원망스러워요.

목사: 그렇게 모멸감을 느끼고 멸시를 당하면 하나님에 대해 원망하는 마음이 발생합니다.

집사: 잘못된 것이잖아요? 목사님.

목사: 아니지요. 아닙니다. 할 수만 있다면 원망과 불평이 없으면 좋지요. 그런데 사람이 원망과 불평을 안 할 수 있습니까? 우리는 완벽한 인간으로 살고 있지 않습니다.

집사: 네.

목사: 우리는 실수도 하고 허물도 보이면서 조금씩 발전하지요. 일단 집사님, 그 감정을 느껴 보세요.

집사: (울음)

목회상담자는 상담관계에서 내담자가 하나님께도 원망하는 감정을 느낄 수 있도록 허용한다. 자신이 잘못하면 버림을 받을 것이라는 내담자의 관계 유형을 재현시키고, 상담관계로 수정시키며, 직면도 한다.

관계 유형을 공감적 태도로 직면하고 해석한다 목회상담자는 상담관계에서 내담자의 종교체험에서 나타나는 관계 유형이 재현되도록 허용한다. 그리고 그것이 충분히 재현되고 상담관계의 신뢰성이 충분히 형성되면 내담자의 관계 유형을 지적하고 그것이 반복되는 상황과 수반되는 사고, 감정 및 행동을 분석한다. 신뢰성이 충분히 형성되지 않으면 직면과 해석에 공포와 분노를 느끼며 상담을 중단할 위험성이 높다. 그러므로 내담자가 수용과 존경을 받는다는 느낌이 전제되어야 한다.

또한 내담자가 이해하고 동의할 수 있는 해석이 필요하다. 해석은 논쟁이 아니라 내담자의 통찰을 확대시키는 자극이다. 해석의 내용과 주제에는 내담자가 수용과 존중을 받고 있다는 느낌이 역시 포함된다. 더구나 단순한 직면으로만 내담자에게 충분한 변화가 일어나지는 않는다. 목회상담자와 내담자 사이에서 기능적 종교체험이 발생할 정도로 감정적 교류가 발생할 때 내담자의 관계 유형의 변화가 가능하다.

사례

목사: 집사님의 마음속에 살고 싶지 않은 마음, 무기력해지는 마음, 하나님이 원망스러운 마음이 어디서 온 것인지 아시겠습니까?

집사: 목사님의 말을 통해서요.

목사: 목사님과 남편 말을 들어서 왔습니다. 그렇지요?

집사: 네.

목사: 그런데 이 분들은 집사님을 그분들의 입장에서 판단을 했습니다. 행동을 보고 판단한 것이 아니라, 곧 사실을 보고 판단한 것이 아니라 집사

님 마음을 추측한 것입니다. 그런데 사실 타인이 내 내면을 아는 것이 이 땅에서 가능합니까?

집사: 부분적이겠죠.

목사: 다른 사람은 나를 정확히 모릅니다. 평신도만 아니라 목회자도 남편도 나를 모릅니다. 손가락도 나를 모릅니다. 내가 나를 잘 압니까?

집사: 나도 날 잘 몰라요.

목사: 나도 나를 잘 모릅니다.

집사: 나도 날 잘 몰라요. (큰 소리로 웃음)

목사: 예수님과 하나님만이 다 압니다. 그런데 우리는 누구의 판단에 자꾸 빠집니까?

집사: 사람의 말에요. (웃음)

목사: 사람의 말에 빠집니다. 집사님은 누구의 말에 빠져 있습니까?

집사: 저는 목사님과 남편의 말이에요.

목사: 그분들을 하나님으로 여기고 있네요?

집사: 그래요.

목사: 집사님은 그분들을 하나님으로 여기고 있습니다. 하나님만이 아는 영역을 그분들에게 위임해 놓으셨네요. 하나님만이 나를 아는데 집사님은 그분들에게도 자신을 맡겨 놓으셨네요?

목회상담자는 내담자의 의존적 관계 유형을 해석한다. 그리고 내담자의 종교체험을 근거로 직면한다.

종결한다 상담관계를 형성하는 것이 어려울수록 종결은 쉽지 않다. 타인을 조정하며 자신을 버리고 떠나도록 조정하는 관계 유형을 가진 내담자는 종결에서 상실과 함께 거절을 경험하게 된다. 그러나 내담자가 배워야 할 과제이면서 목회상담자가 지녀야 하는 태도는 '대인관계는 영원하지 않고 떠나는 것은 거절이 아니라 성숙을 향한 독립이다.' 라는 것을 보여 주는 것이다. 내담자가 하나님 앞에서 단독자로 편안하게 설 수 있는 종교체험을 종결 단계의 목회상담관계에서 갖도록 한다.

참고문헌

오우성(2007). 성서와 심리학의 대화: 성서와 그리스도인의 심리. 서울: 대한기독교서회.

Freud, S. (1911). Psycho-Analytic Notes on an Autobiographical Account of a Case of Paranoia. *Standard Edition*, Vol. 12. London: Hogarth Press.

Freud, S. (1927). *The Future of an Illusion*. London: Hogarth Press.

Winnicott, D. W. (1953). Transitional Object and Transitional Phenomena. *International Journal of Psycho-Analysis, 34,* 14.

5부

목회상담이 요구하는 변화의 역동과 종료

제10장_ 목회상담의 변화역동

목회상담에서 말하는 변화는 무엇인가? 그리고 목회상담의 변화를 어떻게 이끌어 낼 수 있는가? 이 두 가지 질문은 목회상담의 정체성에 대한 본질적 물음과 잇대어 있다. 목회상담의 종착지점에 대한 답변을 한다는 것은 목회상담이 과연 무엇인가에 대한 답을 한다는 것과 다를 바 없기 때문이다. 이제 제기한 두 가지 질문을 생각해 보며 목회상담이 과연 무엇인지를 진지하게 생각해 보고자 한다.

1. 변화의 의미

목회상담에서 말하는 변화는 먼저 "문제에 빠져 문제를 직면할 힘을 상실한 내담자가 문제를 자신의 삶에 있어서 중요한 흔적으로 인식할 수 있는 관점(perspective)의 변화"로 생각할 수 있다. 목회상담에서 말하는 변화는 기적적인 변화라든지, 무엇인가 일시에 완전히 달라진 어떤 모습을 꿈꾸는 변화와 관계가 없다. 오히려 삶을 바라보는 눈길, 태도, 자세의 변화라고 할 수 있다. 그럼에도 불구하고 목회상담에 대한 이러한 생각을 실제적이지 않은 추상적인 것이라고 폄하하여 생각할지도 모른다. 그러나 저자는 바로 그러한 생각이 편협하며 비현실적인 생각이라고 말하고 싶다. 왜냐하면 상담을 통한 실질적인 변화에는 '과정'이 존재하기 때문이다. 여기에서 말하는

'과정'은 일시적이며 일회적인 현상을 말하는 것이 아니다. 오히려 지루하게 여겨질 정도로 더디며 '왜 결과가 눈에 선명히 보이지 않는가?'를 불평할 정도로 성에 차지 않는 것이다.

목회상담에서는 단시간에 이루어지는 급격한 변화를 추구하지 않아야 한다. '과정'을 고려하지 않을 수 없기 때문이다. 이는 상담시간이 소요되어야 한다는 현실적인 측면과 상담자와 내담자 그리고 성령과의 삼자관계(triple-relationship)라는 목회상담이 말하는 특수한 관계역동을 이루기 위해서는 과정이 반드시 필요하다는 것을 무시할 수 없기 때문이다. 그러므로 목회상담에서 내담자가 경험하게 될 변화를 보다 엄밀히 말하자면, "상담자와의 만남이라는 상담의 흐름 속에 내담자가 상처로 여기는 경험에 대한 태도의 변화와 더불어, 내담자의 내면에 투영된 하나님 이미지에 대한 영적 깨달음을 경험하는 것"이라고 말할 수 있다. 때문에 목회상담이 말하는 변화는 과정(process)에 기초한 관점(perspective)의 차원에서 이해되어야 한다.

첫째, 과정에 기초해 변화를 이해한다는 것은 앞서 언급한 대로 상담시간의 필요성이라는 어쩔 수 없는 현실의 한계를 인정해야 한다는 것이다. 물론 목회상담이 말하는 변화가 단순히 인간실존의 영역에만 국한되어 있는 것이 아니라 초월적인 차원과도 잇대어 있는 것은 분명한 사실이다. 그렇기에 목회상담은 어떤 기적적이거나 단시간 내에 이루어지는 초월적 변화를 부정하지는 않는다. 그러나 기적적이며 초월적인 변화의 근원이 하나님께 있음을 목회상담은 또한 분명히 인정하고 있다. '기적적 변화의 근원이 하나님께 있다는 것'은 기적적인 변화와 관련해서는 우리가 할 수 있는 일이 아무것도 없음을 인정해야 한다는 것이다. 적어도 우리가 한계를 지닌 인간이라는 사실을 인정한다면 말이다. 물론 실존의 영역에서 초월적 변화를 경험하고자 최선을 다할 수 있다. 다양한 생각과 끊임없는 노력과 간구를 통해 기적과도 같은 급격한 변화를 기대할 수도 있다. 그러나 그럼에도 불구하고 단시간에 이루어지는 기적적인 변화는 모두 하나님께 있으며, 하나님께서 자신의 뜻대로 하실 것임을 인정해야 한다. 그렇기에 목회상담이란 학문의 영역에서 변화를 말할 때 인간실존의 영역과 분리된 초월이나 급격한 기적을 말할 수는 없다. 오히려 실존과 현실의 중심에서 초월과 기적을 이해하는 인식이 필요하다. 실존적 차원의 초월에 대한 인식은 먼저 인간실존의 변화가 단시간 내에 이루어지는 급격한 기적과 관련이 없다는 것을 인정함으로써 비로소 시작된다. 아예 그런 기적을 바라지 않는 것이다. 오히려 기적을 "아주 작은 삶의 태도, 자세, 언어생활 등 우리가 흔히 생각할 수 있으나 쉽게 이룰 수 없었던 것들을 실제로 경험하는 것" 으로 생각하는 것이다. 기적을 이렇게 생각하게 되면 상담을 통한 급격한 변화를 꿈꾸지 않을 것이다.

다음으로 사람이 살아가며 경험하는 희로애락의 감정과 경험은 쉽게 잊을 수 있는 것들이 아니라는 것을 인정해야 한다. 지워버리고 싶다고 머리를 가로젓기도 하고 생각하지 않으려 애쓰기도 하지만, 우리가 가진 기억은 반드시 어떤 형태로건 우리의 삶에 직간접적으로 드러나는 것이다. 또한 우리의 삶에 지장을 주는 심리적 결과물들은 단기간에 이루어진 어떤 충격의 여파에 의한 것이기보다 대부분 오랜 세월을 거쳐 형성된 심리적 역동의 결과물들이다. 그러므로 상담을 통한 단기간의 변화나 기적적인 치유를 떠올린다는 것은 어불성설인 것이다. 때문에 우리 안에 방치되어 있거나 방어기제의 활동을 통해 숨겨둔 심리적 상처의 변화를 조급한 마음으로 성취하려 애써서는 안 되는 것이다. 오히려 변화에 대한 여유 있는 넉넉한 태도가 필요하다. 그러므로 과정에 기초해 변화를 이해한다는 것은 "평범한 듯 여겨지지만 단연코 중요한 것들을 상담자-내담자의 만남과정에서 실제로 경험하는 것" 이라는 의미가 있다.

둘째, 관점(perspective)의 차원에서 변화를 이해한다는 것 역시 거창하거나 대단한 변화를 말하는 것이 아님을 알아야 한다. 오히려 아주 작은 시선과 태도의 변화를 말한다고 할 수 있다. 상담시간이 경과하여도 별로 달라진 것이 없다 여겨질 수도 있다. 여전히 문제에 휘둘리는 자신을 발견할 수도 있고, 상담 전과 똑같은 아픔과 고통을 경험할 수도 있다. 그러나 관점의 변화는, 내담자가 지금 당장에는 달라진 것이 없다 여길지라도, 상담시간의 흐름 속에 반드시 이전과는 달라진 무엇인가를 경험하는 것과 잇대어 있다. 0.1도의 차이라 할지라도 수천 킬로미터를 날아가는 비행기는 다른 지점에 도달하게 되는 것이다. 이러한 유비(類比)를 들어 저자는 내담자가 상담자를 만나기 위해 상담 예약을 하는 것 자체가 변화의 시작이라고 생각한다. 한 번, 두 번, 세 번…… 만남을 반복하며 여전히 문제가 해결되지 않았을지라도 내담자는 분명히 달라지고 있는 것이다. 이전과는 달라진 태도로, 달라진 생각으로 문제의 구조 속에 들어가기 때문이다. 각도상 아주 작은 0.1도의 차이이지만 달라진 구도로 배우자를 만나고, 자녀를 만나고, 상황을 만난다면 관계의 역동 속에 내담자와 만나는 대상의 반응 역시 0.1도라도, 아니 그보다 훨씬 작은 0.01도만큼이라도 달라질 것이기 때문이다. 이를 이미지화시키면 이렇게 말할 수 있다. 전에는 앞에 있는 문제가 온통 암흑천지에 쌓여 있어 혼란스러움과 당혹스러움으로 어쩔 줄 모르는 불안에 휩싸여 있었다면, 이제는 설령 문제는 여전할지라도 문제의 배경을 둘러싼 암흑에 대해 어떤 밝은 기운을 느끼는 것이다. 그래서 근원을 알 수 없는 불안을 조금 덜 느끼게 되어 문제를 다시 한 번 바라볼 용기가 생기는, 새벽 미명에 해가 떠오를 것이라는 희망으로 어둠 속에서 발걸음을 내딛는, 그런 차이를 느끼는 것, 저자는 이것이 상담의 변화라고 생각한다.

더불어 관점의 변화는 세계관(Weltanschauung)의 변화다. 이를 흔히 알려진 인지기능의 변화나 긍정의 힘을 회복하는 것 혹은 잇대기보다 '진정성(genuineness)의 회복'이라는 차원에서 이해하는 것이 필요하다. 진정성은 삶을 담는 진실하고 성실한 태도이며 세상을 살아낼 용기와 희망의 산실이다. 일종의 에너지로서의 진정성은, 설령 계란으로 바위를 치듯 문제의 해결 기미가 보이지 않더라도, 내담자를 살게 한다. 보다 엄밀히 말하자면, 살아내게 한다. 그래서 건강한 인지기능의 회복이자 긍정적인 삶으로의 전환처럼 보인다. 그러나 동시에 인지기능이 무너질 처참한 상황과 도저히 긍정적일 수 없는 환경 속에서도 삶에 대한 진지한 태도와 그럼에도 살아내자는 성실한 삶의 자세를 갖게 한다. 다시 말해 모자람의 한계를 일종의 마인드 컨트롤처럼 긍정적이거나 합리적인 생각으로 전환하고자 애쓰는 것이 아니라 이를 당당하고 떳떳하게 누리고자 하는 것이다. 비록 두 눈엔 눈물이 가득 고여 있다 할지라도, 입에는 한숨이 가득 차 있더라도 말이다.

누린다는 것은 단순히 즐긴다는 것과는 다르다. 누린다는 것은 즐김의 역동과 동시에 갖게 되는 한없는 은총의 경험을 말하는 것이다. 이 은총의 경험은 다시 말해 없는데 마치 있는 것처럼, 해결되지 않았는데 마치 해결된 것처럼 느껴지는 경험이다. 그러나 세상과 분리된 어떤 초월적 경험과는 상관 없다. 여전히 우리의 실존이 현실의 한계 한가운데 옥죄어 오는 아픔과 고통을 느낌에도 불구하고 두 눈 똑바로 뜨고 현실을 직시하며 경험하게 되는 당당함이며 느긋함이다. 이러한 누림의 미학을 경험하는 것, 저자는 이것이 상담의 변화라고 생각한다. 지금까지 관점의 차원에서 변화를 말하며 저자는 이 변화가 단시간에 이루지는 초월적 변화가 아님을 주장하였다. 오히려 실존에 뿌리를 내린 초월과 기적에 대한 개념을 설명하였다. 그렇다면 관점의 변화를 어떻게 이룰 수 있을까? 저자는 이 질문에 대한 답변이 글의 서두에서 제기했던 두 번째 질문인 '목회상담의 변화를 어떻게 이끌어 낼 수 있는가?'에 대한 답변과 다르지 않다고 생각한다.

2. 변화를 위한 방법론

개인적 편견일 수 있으나, 상담을 하며 저자가 배운 상담의 방법론들은 언제나 상담의 현실에 적용하기 어려웠다. 개인적 무지의 소치이거나 능숙치 못한 미숙함에서 그랬을 것이라고 비판할 수도 있을 것이다. 그러나 단언하

건대, 사람은 서로 다르다. 물론 사람이기에 느낄 수밖에 없는 인지상정의 부분이 있음을 부정하지는 않겠다. 그러나 개개인의 경험과 삶이 모두 달라 그것에 대한 개인적 태도와 자세 역시 모두 다르다는 것 또한 인정하지 않을 수 없는 것이다. 때문에 내담자가 바뀔 때마다 상담자인 저자는 암흑을 경험해야 했다. 혼란스러움과 당혹스러움 속에서 비틀거려야 했다. 무엇을 어떻게 해야 할지 몰라 아파해야 했다. 각 상담사례마다 어떻게 변화를 이끌 수 있는가를 고민해야 했고 고통스러워해야 했다. 그런데 아픔의 한가운데에서 내가 발견했던 깨달음은 이 아픔 자체가 가진 '의미'였다. 이 아픔에 묻혀 단순히 괴로워하거나 혹은 이 아픔을 폄하해 무시하는 것이 아니라, 이 아픔은 반드시 경험해야 하는 것이며 그렇기에 누리려 애써야 하는 것임을 깨닫게 된 것이다. 그리고 이러한 누림이 '용기'와 잇대어 있음을 알게 되었다. 상담의 변화, 즉 과정에 기초한 관점의 변화를 이루기 위해 상담자에게 있어야 하는 가장 중요한 덕목이 용기라고 깨닫게 된 것이다. 바로 각 상담사례를 대할 때마다 필연적으로 느껴지는 혼란과 당혹스러움을 인내할 수 있는 용기 말이다.

목회상담을 한다는 것은 어떤 도식에 맞추어 내담자를 이끄는 것이 아니다. 상담자는 가야 할 길을 다 알고 있고, 그리로 내담자를 끌고 가는 것이라 여겨서는 안 된다. 물론 상담자가 가진 목표지점에 대한 인식은 흔들리는 것이 아니다. 그럼에도 불구하고 상담자, 내담자와 성령의 관계역동에서 상담자가 가진 목표를 내담자 스스로가 묻고 찾아가도록, 더불어 내담자가 어떻게 성령을 만나야 하는지 스스로 깨닫게 되도록 도와야 한다는 것을 잊어서는 안 된다. 진정성의 차원에서 말하자면 상담자가 상담을 만들어 가고자 하는 태도는 내담자와의 관계를 피상적으로, 비(非)진정성의 차원으로 이끄는 것이라 생각할 수 있다. 그러므로 목회상담을 도식적으로 이해하기보다는 진정성으로 또한 용기의 차원으로 받아들여야 한다. 왜 이렇게 받아들여야 하는 것인지 용기가 가진 특성을 생각해 보지 않을 수 없다.

용기는 명사다. 그러나 용기는 그 실용적 측면에서 동사다. 용기 없이는 행동할 수 없기 때문이다. 생각해 보라. 마틴 하이데거(Martin Heidegger)가 명명한 대로 우리의 실존은 '세계 내 존재' 다. '세계 내 존재(In-der-Welt-sein)' 로서 갖는 실존적이며 필연적인 한계를 굳이 서술하지 않더라도 우리의 실존이 제한되어 있다는 것은 부인할 수 없는 사실이기 때문이다. 이를 우리가 가진 불안의 근원적 실체라 할 수 있다. 하루 아니 1분 후의 상황도 예측하지 못하는 우리가 살아간다는 것은 예컨대 불확실한 실존으로 인식할 수 있기 때문이다. 아무렇지도 않은 듯 살아가지만 우리의 삶 자체는 불안의 연속이다. 그러나 불안을 살아있음의 축복이라 말하듯, 살아있는 모든 것은 존재론적 한계의 파생물인 불안을 받아들여야 할 것이다. 그렇기에 우리에게 필요한 것은 용기다. 용기 없이 어떻게 약속을 만들 수 있으며 미래를 계획하고 개척할 수 있겠는가? 따라서 용기는 불안한 실존에 힘을 주는 단어다. 불안한 실존에 힘을 준다는 점에서 용기를 창조와 잇대어 생각할 수 있다. 왜 그런지를 깊이 있게 분석해 보자.

창조는 없었던 것이 생겨나는 생성적 특성을 일컫는 말이다. 있지 않던 것을 보게 되었다고 가정해 보자. 새롭게 본 것에 대해 이것이 무엇인지 바라보며 연구하게 되고 어떻게 받아들일까를 궁리하는 것은 당연한 반응일 것이다. 이것은 과학이라는 인간이 지닌 기존의 지식 체계를 사용하여 이해하려는 지적 활동이라고 말할 수 있다. '이해' 라는 말은 이렇듯 인간이 가진 기존의 이성적-지적 논리 체계를 바탕으로 새롭게 나타난 것이 받아들일 만한 것인지, 그렇지 못한지 분별하는 논리적 활동이다. 이러한 '이해' 라는 말을 '가늠' 하거나 '분별' 한다는 말로 바꾸어 표현할 수 있으며, 더 나아가 '예측하고 예상하는 지성적 활동' 으로 풀이할 수 있다. 우리의 눈에 보이는 대상에 대해 분석하고자 하는 것은 인간지성이 가진 호기심의 자연스러운 발로다. 다시 말해 창조라는 신비한 역동을 통해 새롭게 만들어진 것에 대해 이해하고자 한다는 것은 그것을 가늠하거나 분별하여 어떻게 대처할 것인가를 예측하거나 예상해 본다는 것이며, 이를 지극히 자연스러운 인간의 지성적 활동으로 생각할 수 있다. 논리적으로 말하자면, 우리로 하여금 예측하고 예상하게 하는 여러 활동들은 결국 창조 이후에 일어나는 일련의 과학적이고 지성적인 인간활동이라고 말할 수 있는 것이다. 그러므로 창조는 이해에 앞서 일어나는 어떤 변화다. 이 변화는 이해와 달리 가늠되지 않는다는 특성이 있다. 예측되는 것도 아니다. 아무것도 없었던 무(無)의 상태에서 예측하지도 예견하지도 못했던 어느 순간에 느닷없이 출현한 것이다.

저자는 바로 이러한 창조의 특성이 용기의 특성과 잇대어 있다고 생각한다. 용기는 예측할 수 없는 상황에서, 즉 이해할 수 없는 상황에서 그 상황을 받아들이려는 그리고 누리려는 힘이다. 용기는 비록 우리의 두 눈에 확연하게 보이지는 않으나, 불안의 한가운데에서 의미를 찾도록 이끌기도 하며 고요를 획득하게 하기도 한다.[1] 그러므로 용기는 창조와 같은 신비한 역동을 지니고 있는 것이다. 그럼에도 불구하고 용기와 창조는 그 실존적-발생학적 차원에서 조금 다르다. 이는 용기가 창조에 선행한다고 생각할 수 있기 때문이다. 창조를 이루려면 용기가 필요하다. 눈에 보이는 것 하나 없어도, 그래서 혼란과 혼돈스러움을 느끼며 불안에 떨지라도 이미 창조의 역동을 실재(實在)하듯 여기기 위해서는 용기가 필요한 것이다. 그러므로 저자는 발생학적-인식론적 입장에서 용기는 창조보다 선행하며, 더 나아가 용기가 창조를 이끄는 근원적 힘이라고 생각한다. 이제 다음 세 가지 예를 통해 용기가 왜 창조의 근원적 속성일 수밖에 없는지 분석해 볼 것이다.

1) '적막'과 '고요'는 다르다. '적막'은 '어떤 소리도 들려지지 않는 상태'를 일컫는 말이나, '고요'는 이와 다르다. '고요'는 혼잡하고 시끄러운 장터 한복판에서도, 재잘거리는 아이들의 소리가 요란한 운동장 한가운데에서도, 도심 지하철 출근시간 복잡한 기차 안에서도 가질 수 있는 마음의 안정이다. 마음의 평화이며 화창한 푸르름이다.

창조, 용기의 함성

하나님은 어떤 분이신가? 하나님을 어떻게 표현할 수 있는가? 한 마디로 규정하기는 어려울 것이다. 이는 하나님의 '유동성(fluidity)' 때문이다. 어떻게 어제나 오늘이나 동일하신(히 13: 8), 홀로 하나이신(롬 10: 12; 슥 14: 9) 하나님을 유동적이라 말할 수 있겠는가? 물론 하나님 자체는 존재론적으로 유동적일 수 없는 분이시다. 아니 유동적이라는 표현 자체가 어불성설인 것이다. 절대자 하나님이시기 때문이다. 그러나 우리라는 실존의 입장에서 생각해 본다면 '유동적'이라는 말은 이해 가능한 표현이다. '하나님 경험'이라는 신앙경험은 셀 수 없는 다양한 모습과 양태들을 포함하고 있기 때문이다. 쉽게 말해 우리의 입장에서 하나님은 이렇게도 혹은 저렇게도 나타나실 수 있고 보이실 수도 있으며 자유로운 '스스로 있는 자(출 3: 14)' 이시라는 말이다. 그렇기에 우리의 입장에서 하나님을 규정한다는 것 자체가 부질없는 단편적 지적 활동은 아닐까? 하나님은 어떤 하나의 생각이나 하나의 범주 안에 머무시는 존재가 아니기 때문이다. 그러나 하나님을 '유동적'이라고 말할 수 있을지라도 어떤 방향성 없이 활동하신다고 말할 수는 없을 것이다. 이렇게 풀어보자. '유동적'이라는 의미에는 이미 어떤 근원적 방향성이 내재되어 있다고 볼 수 있다. 예를 들어 열역학 제2법칙인 엔트로피 이론을 설명하지 않더라도 모든 흐름에는 위에서 아래로라는 지구상의 만고불변의 법칙처럼 어떤 방향성, 즉 하나님 자신만이 아실 근원적 방향성이 분명히 존재한다는 것이다. 그럼에도 그 방향성이 동에서 서인지, 남에서 북인지, 구체적인 법칙과 규칙이 없는 듯 여겨진다. 적어도 하나님의 방향성을 '유동적'이라 여길 수밖에 없는 한계를 가진 우리라는 실존에게는 말이다.

더 나아가 인간이 인식하는 하나님께서 지닌 유동적 특성을 '역동성(dynamicity)'이라고 말할 수 있다. 인식론적으로 역동성은 어떤 법칙이나 규칙이 존재하지 않는 듯 여겨지는 흐름의 상태를 말한다. 앞으로 어떻게 진행될지, 어떻게 일이 벌어질지 가늠할 수 있다면 그것을 '역동적'이라고 말하지 않기 때문이다. 놀이공원을 생각해 보자. 역동적 스릴을 느끼고 싶은 사람들이 놀이기구를 탄다. 점점 더 극한의 경험을 하고자 등골이 서늘해지는 놀이기구를 타고자 열광한다. 그러나 몇 번을 거푸 타다보면 시시해진다. 처음 탔을 때 느꼈던 그 급격한 전율을 더 이상 느낄 수 없게 된다. 물론 여러 번의 경험을 통해 몸이 학습한 것도 있겠으나, 더 이상 역동적이지 않음을 간파했기 때문이다. 다시 말해 앞에 무슨 일이 있을지 이미 알게 되었기 때문에 역동적이지 않다고 느끼게 된 것이란 말이다. 또 다른 예를 들어보자. 래프팅(rafting)은 고무보트를 이용해 계류(溪流)를 타고 내려가는 스포츠다. 왜 이것을 '다이나믹' 하다고 말할까? 이것 역시 예측이 불가능하기 때문이다. 어디서 어떤 돌발 상황과 맞닥뜨릴지 모르는 것이다. 물살이 잔잔해지는 하류까지 도달하기 전엔 안심할 수 없다. 언제 어떤 급류를 만날지, 어떤 날선 바위에 부딪혀 타고 가던 보트가 전복될지 예측할 수 없기 때문이다.

이와 같은 예에서와 마찬가지로, 눈앞에 어떤 일이 펼쳐질지, 하나님의 어떤 모습을 만날 것인지 예측할 수 없다는 점에서 하나님과의 만남 자체는 역동적이다. 사람의 인생이 그러하듯 삶을 통해 만나는 하나님의 모습은 역동적이다. 인간실존의 영역에서 하나님께서 유동적이거나 역동적으로 여겨진다는 것은 '혼란이며 혼돈'이다. 물론 하나님의 입장에선 태초 이전부터 예정하시고 택정하신 계획을 이루어 가시고 진행시켜 가시는 것임에 분명하지만, 인간이라는 한계를 지닌 실존의 입장에서 이는 분명 어지러울 정도로 유동적이고 역동적인 경험으로 남게 된다. "하나님, 저 하나님 잘 믿었지 않습니까? 그런데 왜 이런 일이 일어나는 것입니까?" "하나님, 최선을 다해 살았습니다. 그런데 왜 이런 아픔을 주십니까?" 남모를 눈물 흘려가며 가슴 아파하는 순간을 경험해 본 사람이라면 하나님은 분명 혼란스러움을 가중시키는 존재로 여겨질 수밖에 없을 것이다. 그러나 이것 역시 우리의 입장에서 경험하는 하나님의 특성은 아닐까?

더 깊이 생각해 보자. 혼란스럽게 여겨지는 하나님의 모습처럼 하나님께서는 혼돈(chaos)이라는 모호함의 극치 가운데에서 천지를 창조하셨다. 천지를 창조하실 때, 창세 전(前)의 세상은 흑암이 깊음 위에 있었으며 혼돈스러웠다(창 1: 2). 법칙도 규칙도 없는 혼란 상태였다. 이런 혼돈의 중심에서 하나님은 일하셨다. 그리고 성경은 이것을 '창조'라고 불렀다(창 1: 1). 이렇게 표현해 보자. 창조를 위한 전제조건은 무엇인가? 성경 창세기는 그것을 '흑암과 혼돈스러움'이라고 말하고 있다. 창조를 '무'에서 '유'를 만들어 내는 신비한 역동으로 생각해 봐도 이는 타당한 결론이다. 어떤 법칙과 어떤 규칙도 없는 혼란과 어두움은 '무(無)'라는 상태를 잘 표현하고 있다. 바로 이러한 '무'의 상태에서 하나님은 말씀하셨다. "빛이 있으라!"

이 말씀은 용기다. 아무것도 가늠할 수 없는, 예측할 수 없는, 아니 있을 것이라고 생각조차 할 수 없는 곳에서 무엇인가 '있으라!'라고 말씀하셨기 때문이다. 용기가 없이는 절대로 할 수 없는 표현이며, 용기를 통해 마음에 이미 그리시지 않았다면 절대 할 수 없는 말씀인 것이다. 물론 궁극적으로 표현하자면 절대 주권자이신 하나님께는 용기가 필요치 않을 것이다. 그러나 우리라는 실존의 입장에서 생각해 보면 '있으라!'라고 말씀하신 하나님의 모습은 용기 자체이며, 그렇기에 하나님의 창조가 용기에 의한 것이라고 말할 수 있는 것이다. 더 나아가 하나님은 '빛'이 있으라고 말하셨다. 빛이야말로 어둡고 캄캄해 한 치 앞도 볼 수 없는 세상을 위해서는 절대적인 것이다. 빛이 있어야 볼 수 있고, 빛이 있어야 어디에 무엇이 있는지 가늠도 하고, 계획도 할 수 있기 때문이다. 빛의 창조는 혼돈스러움과 흑암을 물리치는 용기의 승리인 것이다. 용기의 함성인 것이다. 하나님께서 창조하신 빛으로 우리는 혼란스러운 세상이지만 하나님의 창조의 섭리와 계획하심을 비로소 목도할 수 있게 된 것이다. 그러므로 하나님의 창조는 혼란이라는 한계를 지닌 인생을 위한 하나님의 축복인 것이다.

혼란을 용기 있게 받아들이는 학문으로서의 해석학

이제 인식론적으로 용기가 창조의 근원적 속성이라는 것을 증명하기 위한 두 번째 예를 들고자 한다. 해석학에서 가장 중요한 첫걸음은 해석하고자 하는 대상에 대한 '이해', 즉 '파악(conception)'이 아니다. 무엇인가를 파악하려고 한다면 우리에게 필요한 것은 '이해'라고 불리는 지적 시스템이다. 이것은 하나의 지성적 프레임으로 조직화된 구조물로서 새로운 대상이 신체 오감이나 혹은 감성과 혹은 직관으로 접촉되는 대상을 어떻게 인식할 것인가에 대한 판단 체계이며, 이것을 통해 파악이 가능하다. 다시 말해 내가 받아들일 수 있는지 혹은 받아들일 수 없는지 가늠하고 판단할 수 있다는 말이다. 그러나 해석(interpretation)은 이러한 지적 시스템의 활동을 철저하게 무시하고자 하는 것이다. 오히려 이러한 지적 활동이 일어나는 것을 경계하고 오히려 혼란스러워지려고 한다. 마치 창세 전(前)의 혼란과 혼돈스러움처럼, 힘겹고 어려운 그래서 고통스러운 아픔으로 들어가려고 노력하는 것이다. 때문에 해석의 첫걸음은 혼란 혹은 당혹(obfuscation)이 되어야 한다고 믿는다. 예를 들어, 리꾀르(Paul Ricoeur)는 자신의 글 「The Kingdom in the Parables of Jesus」에서 예수 그리스도의 비유 하나하나는 어떤 신학적 주제를 전제로 읽혀서는 안 된다고 주장하였고(Ricoeur, 1981: 166), 오히려 모든 비유는 하나의 유기체라고 역설하였다(Ricoeur, 1981: 169). 그는 이러한 해석의 활동을 일컬어 "시적(poetic)으로 바라보는 것"이라고 주장하였다(Ricoeur, 1978: 243). 더불어 시적으로 읽는다는 것을 시의 내용 파악이 아닌 시의 유기적 역동성을 가슴으로 느끼는 것으로 이해하였다. 이러한 해석적 역동을 위해 그가 주장한 것은 당혹스러움과의 조우였다(Ricoeur, 1978: 241-242 참고).

해석은 일종의 창조과정이다. 파악할 수 있는 기존의 지적 시스템을 부정하기 때문이다. 유에서 유를 바라보기보다 유를 무로 이해하고자 노력하며,

그 노력 속에서 새로운 유를 만들어 내겠다는 창조적 의지다. 극심한 혼돈스러움을 오히려 반기겠다는 것인데, 이는 극심한 '불안'을 즐기겠다는 의지다. 왜 그런 것인가? 혼란스러움은 어떤 법칙도 규칙도 없다는 말이며, 믿을 수 있는 기초(foundation)가 없다는 말이다. 기초가 없다는 것은 내가 서 있는 곳이 불안하다는 말이며, 결국 혼돈스러움은 불안함의 다른 말인 것이다. 할 수 있으면 안정적인 것을 추구하려는 인간의 노력을 본능이라 말할 수 있는 것인데, 본능에 반하는 혼란스러움을 추구하겠다는 것은 보통의 용기가 아니면 불가능한 것이다. 그러므로 해석학은 용기가 없이는 이루어질 수 없는 학문이다. 혼란스러움을 지향하기 때문이다. 해석학은 혼란스럽고 당혹스러운 아픔의 자리로 가려는 비장한 용기다.

믿음: 재창조의 용기

마지막으로 '믿음' 이란 예를 통해 용기가 창조의 근원적 속성일 수밖에 없는 이유를 살펴보자. 믿음이라는 것을 규정하기는 참 어려운 일이다. 그러나 성경 히브리서 11장 1절은 "믿음은 바라는 것들의 실상이요 보지 못하는 것들의 증거" 라고 단언하였다. 더불어 히브리서 11장 3절은 이렇게 말하고 있다. "믿음으로 모든 세계가 하나님의 말씀으로 지어진 줄을 우리가 아나니 보이는 것은 나타난 것으로 말미암아 된 것이 아니니라." 특히 마지막 구절, '보이는 것은 나타난 것으로 말미암지 않았다.'는 말씀을 곱씹어 생각해 보면 중요한 하나의 원리(principle)를 발견할 수 있다. 이것을 분석해 보며 용기와 창조의 상관관계를 살펴보고자 한다.

현대 문명세계에서 살아가고 있는 사람들에게 중요한 공통점 한 가지는 분명한 답에 목숨 건 듯 매달리고 있다는 사실이다. 정답을 이야기할 수 없다면 실패하고 퇴보한다고 여긴다. 그래서 모두가 정답을 말하고자 한다. 사실 정답을 말하지 않으면 사회의 일원으로 받아 주지도 않고, 정답을 맞히지 못하면 지도자급 인사로 승진되거나 영전하기도 어렵다. 이러한 시대 조류에 편승해 상담에서도 정답을 주려고 안달인 경우가 많다. 그러나 우리 스스로에게조차 삶은 이해할 수 없는 모순으로 그득한데, 아픔을 안고 찾아온 내담자의 삶을 위해 무엇인가 확고부동한 정답을 주어야 한다고 생각하거나, 그래야만 상담이 상담다워진다고 생각하는 것은 상담에 대한 환상적 태도가아닐까? 저자는 '분명한 정답 추구'에 매달린 현대 문명에 대해 의문을 표하는 학문이 '신학'이라고 생각한다. 믿음이라는 '추상적' 특성 위에 세워진 하나의 학문체계이며, 동시에 일반적 지성이라 여겨지는 '과학'과 '객관'의 영역에선 기도 펴지 못하는 비이성적 학문이란 오해와 왜곡이 있다 할지라도, 신학은 분명 '구체'와 '과학' 그리고 '객관'을 넘어서는 '깨달음과 진리를 말하는 학문'이다. 신학은 '보이는 것은 나타난 것으로 말미암지 않았다.'는 히브리서 기자의 믿음에 대한 설명으로 증명될 수 있다. 신학은 구체적인 것으로서 분명한 것을 설명하는 학문일 수 없다. 오히려 '보이지 않는 것으로서 드러나지 않은 진리를 말하는 학문' 이다. 말 그대로 신학은 모호함의 학문이다. 저자는 신학이야말로 우리 생의 어지러움 속에 진리라는 깨달음과 통찰을 줄 수 있는 유일한 학문이라 믿는다.

이렇게 주장할 수 있는 이유는 신학이 믿음 위에 서 있는 학문이기 때문이다. 믿음 혹은 신앙이라는 기초 위에 세워진 학문인 신학은 발생학적인 특성상 모호함과 혼란함이라는 특성을 지닐 수밖에 없다. 그렇다면 신학은 논리적으로 창조와 깊은 관계를 맺고 있는 것이다. 앞서서 창조의 개념을 살펴보았듯, 신학의 바탕이 되는 신앙 혹은 믿음 역시 혼돈스러움에 대한 지향이기에 그러하다. 그래야 창조를 경험할 수 있기 때문이며, 더 나아가 그래야 결과적으로 창조가 주는 신비한 경험으로 믿음을 더욱 굳건히 다져 갈 수 있기 때문이다. 하나님을 믿는 것은 혼란함이다. 하나님을 믿으면 믿을수록 분명해질 줄 알지만 실존적으로는 더 혼란스러워진다. 이것이 바로 믿음의 본질이 예측이나 예상과 관계없음을 나타내는 증거다. 예측하거나 예상할 수 있다면 그것은 믿음이 아니다. 예측은 결과를 가늠하고 어떤 일을 한다는 것인데, 믿음은 그런 식으로 이루어지는 것이 아니기 때문이다. 믿음은 오히려 예측할 수 없음을 누리는 것이며 흔들리는 것이 곧 세워지는 것이라고 말하는 신비인 것이다.

용기의 촉매제로서의 희망

지금까지 저자는 용기를 창조의 근원적 속성이라는 측면에서 창조와 해석학 그리고 믿음을 분석하며 이해해 보았다. '창조를 위한 용기(the courage to create)'는 혼란을 살아가며 어지러움을 느낄 수밖에 없는 한계를 지닌 우리에게 절대적으로 필요한 덕목(virtue)이다. 하나님께서 존재하시지 않는 듯 여겨질 세상임에도 '하나님께 완전히 의지(total surrender and total reliance)'하도록 이끌기 때문이다. 신학자 폴 틸리히(Paul Tillich)도 자신의 저서 *The Courage to Be*에서 존재의 용기에 대하여 분석하며 하나님께 의지함이 존재에 대한 포기이기보다는 '존재에 대한 용기'라고 역설하였다(Tillich, 1959: 156-190을 읽어 볼 것).

그렇다면 용기가 왜 창조의 중요한 근원적 속성으로 작용하는 것인가? 저자는 용기가 지닌 희망적 속성 때문이라고 단언하고자 한다. 용기에는 희망이 내재하고 있다. 만약 용기에 희망이 결핍되어 있다면 파괴적이고 허무적이기 쉽다. 희망이 있으므로 용기가 용기다워지는 것이다. 바로 이 희망이 용기로 하여금 창조를 이끌 수 있는 에너지, 힘을 가져다주는 것이다. 왜 그런지를 분석해 보자. 제롬 그루프먼(Jerome Groopman)은 자신의 저서 *The Anatomy of Hope*에서 희망을 다음과 같이 정의하였다.

> 희망은 인간의 가장 핵심적인 감정 중 하나다. 하지만 희망의 정의가 뭐냐고 물어보라. 적잖은 이들이 뭐라고 말해야 할지 몰라 당황할 것이다. 또 희망과 낙관을 혼동하는 사람도 있을 것이다……. 희망은 '긍정적으로 생각하

> 라.' 는 남의 말이나 눈을 현혹시키는 장밋빛 청사진에서 나오지 않는다. 낙관과 달리 희망은 있는 그대로의 현실에 뿌리를 둔다……. 희망은 그 미래로 향하는 길에서 만나는 중대한 장애물과 깊은 함정까지 인정한다……. 희망은 눈을 똑바로 뜨고 자신의 현실을 마주할 수 있는 용기, 그 현실을 뛰어넘을 수 있는 능력을 준다(이문희 역, 2005: 8).

희망은 성경에 살고, 믿음에 살고, 하나님과 동행하고자 하는 그리스도인들에게 중요한 삶의 실천적 요소다. 희망이 곧 용기이며 용기야말로 생을 살아내게 하는 에너지의 요체이기 때문이다. 천국과 부활, 영생에 대한 희망이 없다면 우리의 모든 것은 다 헛것이다(고전 15: 14). 그러나 희망은 그루프먼이 말한 대로 낙관이 아니다. 결과를 예측하는 예견도 아니다. 오히려 희망은 결과를 내려놓는 것이다. 오히려 현실의 가혹함을 직시한다. 불안을 불안으로 받아들이지만 좌절하지 않는 것이다. 무너지지 않는 것이다. 포기하지도 않는 것이다. 불안과 흔들림, 혼돈스러움과 혼란스러움 속에서 무너지지도 좌절하지도 포기하지도 않게 된다면 왜일까? 어떤 의미(meaning)를 발견했기 때문일 것이다. 죽음의 수용소에서 의미에 의지하여 생존한 빅터 프랭클(Viktor Frankl)을 굳이 언급하지 않더라도, 의미는 절망의 한가운데에서도 살아갈 힘을 갖게 한다는 것은 살아있는 우리 모두가 공감하는 일일 것이다. 결국 의미를 가진다는 것은 가치 없다고 여겨지는 혼란한 현실 속에서 가치를 발견한다는 말이며, 가치창조란 혁명적인 사건이 일어난 것이다. 그러므로 용기를 용기답게 하는 희망을 창조의 촉매제로 인식하는 것은 자명한 일이다. 그러나 한 가지 명심해야 하는 것은 일회적 희망에 대한 염원은 창조를 이뤄 내기에 불충분하다는 것이다. 바로 이러한 점에서 희망은 지속적인 것이어야 한다. 희망을 지속하는 것을 다른 말로는 인내라고 말한다.

예수님을 생각해 보라. 그는 하나님이시다. 그러나 그는 빌립보서 2장 5-11절이 증거하듯, 오히려 자기를 비워 종의 형체를 가져 사람들과 같이 되셨다. 이를 신학적으로 '성육신(Incarnation)'이라고 표현한다. 하나님께서 우리와 만나시되, 절대적 신으로서 만나신 것이 아니라 성육된 인간으로서 만나신 것은 그의 형상대로 창조하신 인간에 대한 배려임과 동시에 인간을 향한 존중이다. 더 나아가 우리를 이 세상 어떤 존재보다 더욱 가치 있는 존재로 여기시고 있다는 반증(反證)이기도 하다. 이러한 하나님의 사랑, 즉 인격적 사랑은 끊임이 없었다. 어떤 교육학자들은 예수가 제자양육에 실패했다고 말한다. 제자 중 하나는 예수를 모른다고 부인하였고, 다른 제자는 예수를 팔아버렸기 때문이다. 그러나 이는 예수의 희망에 기초한 인내를 잘 몰라서 하는 말이다. 예수님은 우리와 만나시되, 끊임없는 사랑으로 만나고자 하셨다. 그는 하나님이셨다. 하고자 하신다면 무엇인들 하실 수 없는 일이 있었겠는가? 형언할 수 없는 대단한 기적을 사용하셔서 '까짓 제자들 쯤이야 완벽한 자신의 꼭두각시로 만드시지 못하셨겠느냐.' 는 것이다. 하지만 예수님은 그렇게 하지 않으셨다.[2] 오히려 인격적으로 제자들을 끝까지 만나고자 하셨다. 베드로가 예수님을 모른다 부인하였지만 예수께선 그를 끝까지 찾아가셨다. 디베랴 바닷가에서 고기 잡던 베드로를 찾으셔서 "요한의 아들 시몬아, 네가 나를 사랑하느냐?"라고 세 번이나 물어보시며 사랑을 확증하셨다(요 21 참조). 끝까지 인내하는 사랑이 사랑답다는 것을 보여 주신 것이다. 베드로가 보낸 두 번째 편지에서 그가 "주의 약속은 어떤 이들이 더디다고 생각하는 것같이 더딘 것이 아니라 오직 주께서는 너희를 대하여 오래 참으사 아무도 멸망하지 아니하고 다 회개하기에 이르기를 원하시느니

2) 물론 예수님께서 기적과 이적을 행하실 때도 있었다. 따르는 사람들의 안타까움과 그들의 나약함 때문이었다. 그러나 예수님께선 이적으로 사람을 만나고자 하지 않으셨음을 분명히 기억해야 한다. 사람들이 예수님을 찾아와 두 번이나 표적을 구할 때에도 예수님께서는 표적이나 이적을 보여 주시기를 거부하셨음을 생각해 보라(마 12: 38-45; 16: 1-4 참고). 그렇게 사람들을 만나고 싶지 않으셨기 때문이었다. 오히려 그렇게 사람들이 찾아올 때 홀로 산으로 가시든지, 배를 타고 혼자 가시든지, 기도하러 홀로 떠나셨던 것이다.

라(벧후 3: 9)." 라고 말한 것은 예수님의 인내하는 사랑을 경험한 그로선 할 수밖에 없는 당연한 반응인 것이다. 바울을 생각해 보라. 그는 그리스도인들을 잔해하고 핍박하던 사람이었다. 그리스도인들을 죽이고 고문하던 그를 예수께선 사랑하셨고 그를 다메섹에서 만나셨다. 바울은 아마 '이젠 죽었다.' 고 느꼈을 것이다. 그러나 그는 살아남았다. 단순히 산 것이 아니라 오히려 예수의 제자로 살아남았다. 그렇기에 죽어 마땅한 범죄를 저질렀지만 자신을 벌하지 않고 오히려 사도로 세워 주신 사랑에 바울은 사랑을 말하지 않을 수가 없었던 것이다. 그래서 고린도로 보내는 그의 첫 번째 편지에서 바울은 자신이 누린 예수의 사랑을 이야기하였다.

> 내가 사람의 방언과 천사의 말을 할지라도 사랑이 없으면 소리 나는 구리와 울리는 꽹과리가 되고, 내가 예언하는 능력이 있어 모든 비밀과 모든 지식을 알고 또 산을 옮길 만한 모든 믿음이 있을지라도 사랑이 없으면 내가 아무것도 아니요, 내가 내게 있는 모든 것으로 구제하고 또 내 몸을 불사르게 내줄지라도 사랑이 없으면 내게 아무 유익이 없느니라. **사랑은 오래 참고**, 사랑은 온유하며, 시기하지 아니하며, 사랑은 자랑하지 아니하며, 교만하지 아니하며, 무례히 행하지 아니하며, 자기의 유익을 구하지 아니하며, 성내지 아니하며, 악한 것을 생각하지 아니하며, 불의를 기뻐하지 아니하며, 진리와 함께 기뻐하고 모든 것을 참으며, 모든 것을 믿으며, 모든 것을 바라며, 모든 것을 견디느니라(고전 13: 1-7).

위의 구절에서 '사랑은 오래 참고' 는 바울이 말한 사랑에 대한 여러 모양에 대한 표현 가운데 처음으로 등장하는 것이다. 왜 '오래 참고' 를 언급할 수밖에 없었을까? 사랑에 대해 그가 말할 때 예수 그리스도의 오래 참음의 사랑을 가장 먼저 떠올리지 않을 수 없었을 것이다. 그로서는 말이다. 예수 그리스도께서 그의 전생애를 통해 인내를 보여 주시며 제자들의 새로운 삶을 창조하였듯, 인내는 창조를 위한 중요한 밑거름이다. 단순히 용기만 있어서는 안 된다. 희망이 용기를 용기답게 하기에 희망이 있어야 한다. 그러나 이 희망이 일회적이라면 힘을 잃고 추락하고 말 것이다. 그러므로 희망이 용기와 더불어 창조의 결실을 맺으려면 인내가 있어야 한다. 그래야 비로소 창조라는 폭발력을 경험하게 될 것이다.

저자에게는 안타까움이 있다. 가룟 유다에 대한 안타까움이다. 어떤 조롱을 받더라도 그는 살아냈어야 했다. 물론 엄청난 당혹스러움과 혼돈스러움이 그에게 있었을 것이다. 메시아이신 예수를 팔았다는 자책에 견딜 수 없었을 것이다. 그래서 예수께서 잡히시던 밤에 팔고 받은 은 삼십을 성전에 던져놓고 스스로 목을 맸다. 그러나 그는 이 악물고 살아냈어야 했다. 반드시 살아남으리라 다짐하고 또 다짐했어야 했다. 혼란이 주는 불안으로 아무리 아파도, 아무리 고통스러워도, 악문 이가 으스러지는 한이 있어도 살아남았어야 했다. 더도 덜도 말고 사흘만이라도 참아냈어야 했다. 그랬다면 부활하신 예수께서 디베랴 바닷가에서 고기 잡던 베드로를 찾아가셨던 것처럼, 그를 찾아가셨으리라. 그리고 "유다야, 네가 나를 사랑하느냐?"라고 물어보셨을 것이다. 그리고 사랑을 회복시켜 주셨을 것이다. 누가 알겠는가? 누가 가늠할 수 있겠는가? 혹 사도행전 곳곳에 가룟 유다의 이름이 기록되었을지 말이다. 예수의 사도로 당당하게 순교하기까지 세상을 위한 복음의 역군이 되었을지 누가 알겠는가?

상담을 하기 위해 나를 찾는 사람 가운데에는 죽겠다고 오는 사람들이 더러 있다. 죽음을 떠올리며 매일 죽고 싶다는 생각을 한다는 사람들이 있다. 내 앞에서 죽고 싶다고 할 때면 그에게서 전해지는 가슴 아픈 통증으로 내 정신도 혼미해질 때가 많다. 같이 울고 같이 아파하다 더 이상 참기 어려워지면 나 스스로에게 하는 말이 있다. 그리고 들려줄 만한 때가 되면 언제나 하는 말이 있다. '더도 덜도 말고 사흘만 살아보자.' '불안과 공포 속에서 시시각각으로 밀려오는 발작과 같은 두려움이 가득해 살아간다는 것이 무의하게 여겨진다 할지라도 살아남아야 한다.' '죽을 수 없다.' '이 악물고 살아내라.' 죽을 수 없다. 절대로 죽을 수 없다. 희망을 잃었다고 여길는지 모르지만 인내하면 희망은 회복된다. 아무리 희망이 죽었다고 여겨져도 인내하면 희망은 다시 소생될 것이다. 인내가 희망의 영양소이기에 그러하다. 낙관적으로만 예상할 수는 없을 테지만, 여전히 앞에 보이는 것도 없고 혼란스러움의 극치 속에 내버려진 듯 있을 테지만, 고요 속에 잔잔히 들려오는 희망을 느끼게 될 것이다. 인내할 때에 말이다. 그러므로 잠깐의 기쁨과 아픔에 일희일비(一喜一悲)할 필요가 없다. 오로지 창조를 향한 인내를 놓치지 않아야 한다. 사람을 사랑하려면 그렇게 하는 것이라고 하나님께서 직접 보여 주셨기 때문이다. 그래서 끝까지 사랑하는 것이다. 이를 악물고서라도 말이다. 그런 사랑을 '뼈에 새기는 사랑'이라고 부른다. 사랑의 한없음과 끝없음 때문이다. 따라서 사랑을 '일순간 느껴지는 좋은 감정'이라고 정의할 수 없다. 사랑은 그렇게 하는 것이 아니기 때문이다. 그가 무엇인가 잘해서 혹은 그가 내 마음에 들었기 때문에 사랑한다면 그것은 사랑이 아니라 사랑을 가장(假裝)한 '욕구표현'에 불과하다. "내가 이만큼 사랑했는데 어떻게 너는 그럴 수가 있니?"라고 따진다면 결국 나는 그를 사랑한 것이 아니라는 것이다. 주고받는 사랑은 일종의 거래이지 사랑이 아니기 때문이다. 사랑은 주고 잊어버리는 것이며 끝이 없는 것임을 알아야 한다. 모든 이를 사랑할 수 있는 마음이 내게 샘솟듯 솟는다면 얼마나 좋겠는가! 그러나 적어도 인간인 이상 우리는 그럴 수 있는 존재가 아니다. 완벽하게 사랑할 수 있는 존재는 하나님 한 분이시기 때문이다. 때문에 이를 악물고 사랑하는 것이다. 아프고 힘들어 사랑하고 싶지 않아도 그리 하는 것이다. 이렇게 사랑하는 내가 바보처럼 생각되어도 그리 하는 것이다. 영국의 시인 존 던(John Donne, 1572~1631)이 말한 것처럼 "사랑하기에, 사랑한다고 말하기에 바보여도 좋다."라고 말하고 살 수 있다면 족하다는 것이다.

변화: 창조의 역동

목회상담은 예측하거나 가늠할 수 없는 혼란스러운 만남을 지향한다. 그래서 목회상담은 혼란의 연속이다. 상담을 하면 할수록 목회상담자는 혼란스러움을 느끼기 때문이다. 그렇기에 상담을 한다는 것은 용기를 필요로 한다. 이 용기는 혼란스러운 상담의 과정 가운데 믿음을 갖게 할 것이다. 상담자 스스로를 넉넉히 여길 수 있는 당당함과, 그럼에도 내담자를 존귀하게 여기는 마음과, 목회상담의 전 과정에 임재하시는 성령님에 대한 믿음을 갖게 할 것이다. 목회상담을 한다는 것은 애절함으로, 가슴 절절함으로 하는 것이며, 아픔과 고통의 경험이다. 흔들리는 것처럼 여겨지는 경험이며 모호함의 대양 가운데 어디로 갈 바를 몰라 애태우는 안타까움이다. 그러나 이것이 다는 아니다. 그 안에서 창조의 기쁨을 획득할 수 있기 때문이다. 이런 일이 가능한 것은 용기 때문이다. 혼란을 바라보며 수학문제 풀 듯 풀려 하지 않고, 오히려 느끼려 노력하는 용기 덕분에 가능하다. 노벨상을 수상한 물리학자 리처드 파인먼(Richard Feynman)은 수학 문제를 풀지 않고 느끼려 노력하였다. 그는 "수학은 우리가 본질이라고 이야기하는 형식일 뿐이지 이해의 내용이 아니다."라고 말했다(박종성 역, 2007: 24-25). 눈에 보이는 분명한 숫자를 풀어야 하는 물리학자이지만 그는 숫자들을 바라보고 느끼려고 하였다. 목회상담도 마찬가지다. 이렇게 해야 한다. 용기 있게 말이다. 목회상담을 수학처럼 분명한 숫자로 생각하는 것은 말도 안 된다. 그런데 왜 숫자와 객관, 통계와 과학으로 풀려 안달하는가? 오히려 목회상담은 가슴으로 느껴며 누리는 것이다. 김 요셉 목사는 그의 저서인 『삶으로 가르치는 것만 남는다』에서 교육 역시 말로 이루어진 것이 아니라 삶으로 이루어지는 것이라고 역설하였다. 장애를 가진 학생들을 만날 때에도 가슴으로 만나라고 역설하였다(김요셉, 2006: 163). 이렇게 '가슴으로 만남'으로써 '창조'를 경험하게 될 것이다.

'가치창조'라는 말을 생각해 보자. 누구나 가치 있다고 여기는 것에서 가치를 말한다면 그것은 가치창조일 수 없다. 어느 누구나 가치 있다고 여길 수 없는 것에서 가치를 느끼고 가치를 말해야만 가치창조라 할 수 있다. 그렇다면 가치창조를 말하는 사람의 눈은 가치를 발견하는 것에 집중되어 있어야 한다. 가치 없다고 여겨지는 것에 물음표를 던지고, 기존의 편견을 넘어서는 특별한 가치들을 만들어 내야 하기 때문이다. 예수님을 생각해 보라. 그는 비유를 통해 이렇게 말하였다. "그물에, 누룩에, 잃은 은전에, 가라지에, 혼인잔치에, 탕자의 이야기에, 포도원 품꾼에, 바로 그곳에 하나님 나라가 있다." 너무나 평범해서 아무도 주목하지 않는 것들을 바라보고 '하나님 나라'라고 말한 예수의 눈은 드러난 실체에 깃든 보이지 않는 가치를 발견해 내는 창조적인 눈이었다. 이것이 가능하려면 용기 있게 가슴으로 만나야 한다. 만약 단순한 지적 능력으로 만난다면 실체가 보이지 않는 것이다. "보라, 없지 않은가!" 하고 단언해 버리고 생각조차 하지 않을 것이다. 그러나 가슴으로 만나려는 용기가 있다면 보이지 않던 세상이 보인다. 이전엔 꿈도 꾸지 못했던 세상이 눈앞에 등장하게 된다. 이것을 창조적 역동이라고 부르지 못할 이유가 어디에 있는가?

믿을 만한 구석이 하나도 없을지라도 믿음이라는 창조적인 재창조(re-creation)의 활동을 이끌어야 하듯, 혼란과 혼돈에 정신없다 여겨질지라도 목회상담을 이끌어 가야 한다. 용기 있게 희망을 품고 인내하기만 하면 분명히 창조를 경험하게 될 것이다. 그러나 역설적이게도 창조를 말하는 곳에는 언제나 불안이 공존한다. 오토(Rudolf Otto)가 그의 저서 *The Idea of the Holy*에서 거룩함과 악함이 공존할 수밖에 없음을 역설한 것처럼(Otto, 1958: Chs. 2-4), 프로이트가 생 본능과 죽음 본능의 역설적 역동을 분석한 것처럼 창조와 불안은 공존한다. 창조가 혼돈의 자리로부터 이루어졌기 때문이기도 하며, 창조를 말하는 장소에선 언제나 혼돈이 배어 나오기 때문이기도 하다. 그러므로 목회상담은 혼란과 창조의 신비한 역동 가운데 어떤 깨달음을 경험하는 것이다. 자신이 얼마나 귀한 존재인지, 하나님께서 어떻게 사랑하고 계시는지, 그리고 이 세상을 한 번 더 살아낸다는 각오와 결단이 얼마나 중요한지를 발견하는 것이다. 목회상담의 변화의 방법론은 이렇듯 실존과 초월이 공존하는 미학의 역동으로 이루어지는 것이다.

참고문헌

김요셉(2006). 삶으로 가르치는 것만 남는다. 서울: 두란노.

박종성 역(2007). 생각의 탄생(원저: R. Root-Bernstein & M. Root-Bernstein). 서울: 에코의 서재.

이문희 역(2005). 희망의 힘(원저: J. Groopman). 서울: 넥서스Books.

Otto, R. (1958). *The Idea of the Holy*. New York: Oxford University Press.

Ricoeur, P. (1978). Listening to the Parables of Jesus. In C. E. Reagan & D. Stewart (Eds.), *The Philosophy of Paul Ricoeur: An Anthology of His Work*. Boston: Beacon Press.

Ricoeur, P. (1981). The Kingdom in the Parables of Jesus. *Anglican Theological Review, 63*.

Tillich, P. (1959). *The Courage to Be*. New Haven: Yale University Press.

제11장_ 목회상담의 종료 문제 (집필진 대담)

사회자_ 이상억

집필진 대담 참석자_ 권영수, 김진영, 반신환, 양유성, 유재성, 이해리, 최의헌(가나다순)

사회자: 종료 시기에 대해 논의한다고 할 때 생각할 수 있는 두 가지 카테고리가 있습니다. 하나는 단기상담 혹은 장기상담의 종료에 대한 논의이고, 두 번째는 목회현장, 학교 혹은 전문상담센터에서의 상담 종료 시기에 대하여입니다.

최의헌: 저는 일단 병원에서 진료를 하니까 매번 종결에 대한 부분을 충분히 다루지 못할 때가 많습니다. 내담자의 판단에 따라 올 수도 있고 안 올 수도 있는 이런 불확실성을 짊어지고 하는 상황에 훨씬 더 많이 놓여 있기 때문입니다. 그때그때 부분들에 치중하고 종결 부분은 사실 언급조차 하기 어려운 때가 더 많은 것 같아요. 그리고 전통적인 상담에서는 종결의 문제가 결국은 이별 주제나 분리 개별화의 주제를 다루기 위해 상당히 중요한 주제라고 하는데, 그러려면 다시 분석가와 만나지 않는다는 의미의 완고한 틀이 있어야 하잖아요. 사실 대부분의 상담에서는 문제가 생기거나 원하면 언제든지 다시 볼 수 있는 특성이 있기 때문에 비록 종료를 해도 그렇게 애틋하거나 그게 이 분과의 마지막이라는 느낌조차도 사실은 적은 것 같아요. 그리고 우리는 언제라도 진료를 재개할 수 있다는 뉘앙스

를 많이 주고 해서 종결의 시기를 정할 때는 현실적인 특성이 더 많은 것 같아요. 내담자가 못한다든지 사정이 생겼다든지 이런 특성이 많지, 그런 특성이 없는 한은 계속 가게 될 가능성이 많아요. 다만 분명하게 세팅해서 "우리 종결합시다."라고 얘기하는 부분은, 내담자가 이제 충분히 경험을 했기 때문에 종결하자라는 느낌보다는 종결을 통한 Separation issue를 좀 더 분명하게 직면하고 다루자 할 때 사용하는 것 같아요.

사회자: 진짜 종결보다는 구조를 변경한다든지 상담의 세팅을 변경할 때에 종결 이슈가 나오게 된다는 것은 생각해 볼 것이 많은 문제 같은데요. 제가 개인적으로 궁금한 것은 최박사님이 환자나 내담자와 종결할 때 상담자 스스로가 종결 거부를 한 적은 없는지요?

최의헌: 김혜수 씨가 나오는 〈얼굴없는 미녀〉란 영화를 보셨어요? 거기에 정신과 의사가 최면을 걸어 놓고 섹슈얼한 잘못을 저지르고…… 영화에서 그려낸 것은 내담자가 먼저 종결을 선언했는데, 그때부터 오히려 치료자가 내담자를 붙잡고 안 놔주고, 이런 식으로 내용설정을 했어요. 두 사람 다 극복하기 어려운 상태로 서로 만나는 것 같아요. 내담자도 그렇고 치료자도 그렇고, 이제 Goodbye를 해야 하는데 둘 다 말하지 못하는 거죠. 저 역시 종결을 선언했지만 결국 Bye하지 못하고 넘긴 게 한두 번은 있었던 것 같아요. 그러니까 완전히 못 끝내는 거죠. 종결 주제에 대해 막상 부딪쳐 봤더니 역시 여러 가지가 어렵다는 걸 서로 느끼는 거예요. 그리고 종결을 선언하는 자체가 Dynamic factor들이 좀 있었고, 그러다 보니까 막말로 고비를 좀 넘기죠. 한두 번 정도 종결에 대한 이슈를 다루다가, 한 세 번째 될 때는 정말 종결하게 되는 거죠. 이미 그런 작업들을 몇 번 했기 때문에 이제는 그 작업을 해도 이겨낼 수 있는 준비가 되어 있는 것 같아요. 최근에도 2년 된 케이스가 있는데, 1년 전에도 종결 입장이 있

었고 올해도 종결에 대한 이슈가 있는데, 아마 이번에도 그냥 넘어갈 것 같고, 다음에 종결 세션에 대한 얘기가 나오면 그때는 끝날 것 같다는 예감이 들어요. 그만큼 치료자도 좀 준비가 되어야 하지 않나 그런 생각이 드네요.

김진영: 종결이란 말이 나오게 되면 상담의 속도가 빨라지던데, 한 단계 더 깊어진 내용을 하게 되기도 하구요.

최의헌: 상담 안에서 더 깊은 상담으로 넘어갈지 고민할 때도 항상 종결 주제를 생각하게 됩니다. 그런데 거기에서 오히려 제가 놓는 경우도 많아요. 더 깊이 있게 들어가기에 스스로 역부족이라 여기는 거죠. 파악하기도 좀 어렵고, 그러니까 오히려 제가 놓을 때도 많았어요.

김진영: 마치 내가 갈 수 있는 거리가 수심 1.5미터인데, 두 길 정도 되어버리면 겁나고, 그러니까 거기까지만 갔다가 돌아오는…… 비유가 맞는 건지 모르지만…….

최의헌: 끝나면 그런 경우도 꽤…… 저 사람은 더 했어야 했는데, 더 좋은 치료자를 만났어야 했는데…… 뭐 이런 생각이 들 때가 있죠.

유재성: 기본적인 차원에서 저는 상담의 목표가 뭐냐를 생각하고 구체적인 목표가 어느 정도 달성되었느냐 또 언제 끝낼 건지는 상담 초기에 이루어져야 한다고 생각합니다. 저는 학생들에게, 저 자신도 그렇고, 시작할 때 목표를 명료화하는 게 중요하다고 이야기합니다. 어느 시점쯤 되면 종료할 것인지, 물론 문제는 여러 가지로 연결될 수 있고 벗기다 보면 계속 나올 수 있지만, 언제 종료하기를 원하는지 일단은 명료하게 설정하는 것

이 좋다고 봅니다. 또한 목표를 내담자 위치에서 설정할 것인지, 상담자 차원에서 설정할 것인지를 생각해야 할 것입니다. 예를 들어 A가 치료되거나 해결되면 좋겠다는 것이 목회상담자의 입장에서 볼 때 표면적인 문제 해결처럼 보일 수 있다는 것이지요. 더 깊이 다루어야 할 것 같은데, 내담자가 여기까지만 원한다고 했을 때 어떻게 할 거냐 이런 문제…… 그럴 때 목회상담자가 "당신의 문제는 이거요. 여기까지 가야 합니다. 아직 종료할 시기가 안 되었습니다." 이런 식으로 할 건지 좀 정리가 되어야 하지 않을까 싶습니다.

사회자: 그래서 교수님은 어떻게 하시는지요?

유재성: 예전에 저에게 영향을 준 책 중에 게리 콜린스 박사의 *Innovative Approach*란 책이 있어요. 미국 사람들도 대개 한두 번 상담하고 안 오는 경우가 많이 있으니까, 초기에 어느 정도 상담의 효과를 거두는 게 중요하다는 얘기를 하고 있는데요. 저 역시 상담목표를 설정하면서 목표가 달성되면 어떤 모습이 나타날까, 어느 정도가 되면 종료할 수 있을까를 얘기하게끔 상담 초기에 그렇게 합니다. 저는 보통 기본적으로 3회 내지 5회를 일단 한 획(term)으로, 물론 과학적 근거나 다른 게 있어서는 아니지만, 그 정도 하면 뭔가 상담을 시도해서 변화가 나타나는지 안 나타나는지 알 수 있는 정도라고 봅니다. 그래서 제가 계속 상담해도 바뀌지 않을 것 같으면 다른 사람에게 위탁한다든지, 아니면 3~5회 해서 어느 정도 기초적인 목표가 달성되었다 하면 일단 종료과정을 거치면서 내담자가 더 하기를 원하는지를 봅니다. 더 하기를 원한다면 그때는 두 번째 텀(term)으로 시작한다든지…… 내담자중심으로 갑니다. 그러나 일반 상담과 달리 목회상담의 상황이니까 목회상담자 입장에서는 좀 더 제안할 수 있는 것이 아닐까, 두 가지 가능성이 다 있다고 봅니다. 일단 저 개인적으로는 내담자가

원하는 데까지만 합니다.

사회자: 단기상담이라는 차원에서 말씀해 주셨는데요. 일반 상담과 비교해서 유 교수님께서 가지신 목회상담의 특성은 무엇인지요? 종료시점과 관련해서 어떤 특별한 과정을 더 하시는 것인지, 아니면 유 교수님이 가지신 특별한 세계관이나 관점이 있으신 것인지…….

유재성: 글쎄요, 일단은 목회상담과 일반 상담은 중복되는 부분이 있다고 봅니다. 예를 들어 기본적으로 관계가 평화롭게 개선된다든지, 마음의 혼돈이 정리된다든지, 그런 것들은 일반 상담과 큰 차이가 없다고 봅니다. 그러나 일상의 모든 평범하게 보이는 이슈라 할지라도 영적인 측면이 분리된 것은 아니기 때문에, 목회상담자들은 평범하게 보이는 이슈라 할지라도 그 이면에 있는 영적인 이슈를 항상 해석자적인 관점에서 영적인 측면까지 대화하고 안내하는, 그런 면에서 일단 내담자의 목표는 눈에 보이는 일상적인 것으로 보인다 할지라도, 목회상담자는 항상 영적인 의미를 찾아내고 수용할 수 있도록 안내하는 것이 중요하다 봅니다.

반신환: 저도 유 교수님과 거의 비슷한 입장이에요. 옛날에는 1년 이상 한 사례도 있었는데, 지금은 그렇게 오래 할 힘도 없고, 능력도 없어서…… 그런데 우리는 계속 상담자의 입장에서 얘기합니다만, 내담자의 입장에서 본다면 뭔가 문제가 해결되는 것 같다고 여기는 것이 중요하지 않을까요? 자신의 문제를 명확하게 알지 못하는 내담자도 많기 때문에 '목표가 달성되었다' 이런 말보다는 저는 내담자가 생각하기에 불안 수준이 많이 내려가고 이제 내가 혼자 할 수 있을 것 같다는 생각을 가진다면 종료를 권하는 편입니다. 종료가 잘 안 되면 상담 회기의 간격을 넓히든지 해서 꼭 1주 후가 아니라 2주 후든, 4주 후에 아니면 조금 더 지난 다음에 만나

기로 합니다. 그다음에 다시 만날 수도 있고, 전화 연락해서 잘 지내고 있다 싶으면 축복해 주고 하는 입장이죠. 아까 목회상담과 일반 상담의 차이를 질문하셨는데, 거의 비슷했던 것 같아요. 내담자가 자신의 문제를 종교적인 관점이나 종교체험으로 얘기하고 싶어 하면 기꺼이 그렇게 합니다. 그런데 우리나라 일반 상담자들을 보면 종교적인 체험에 대한 이야기를 상담하거나, 어떤 문제를 종교적인 이슈로 다루는 걸 굉장히 거북해하더군요. 그래서 기독교인을 내담자로 받지 않는 상담자들도 많습니다. 종교적 이슈를 상담하는 것 자체도 목회상담자가 해 주는 굉장히 큰일이죠. 종료의 문제에 있어서는 유 교수님과 같이 내담자의 입장에서 생각해야 한다고 봅니다. 더 깊은 상담으로 들어가길 상담자는 원할지 모르지만, 내담자 입장에서는 계속 버티고 있어야 하나 그런 생각이 들 것 같아요. 우리는 상담자 입장에서 와라 그러는데, 내담자들은 계속 스트레스 받지 않을까요?

사회자: 상담 종결의 권한이 내담자에게 있다는 말씀이신지요?

반신환: 내담자에게 많이 줘야지요. 상담 초기에 상담의 효과나 상담을 통해 내담자가 원하는 것을 분명히 인식시키는 것이 중요합니다. 그래야 내담자가 주도권을 갖고 독립적으로 개별화돼서 살 수 있을 테니까요. 처음부터 그런 걸 가르쳐야 종결 역시 주도권을 갖고 내담자가 결정할 수 있을 것입니다.

김진영: 종결에 대해서, 내담자의 이니셔티브란 표현이 저는 참 좋네요. 상담자는 내담자의 종결 언급 자체를 상처로 경험하는 경우들이 많은데 말입니다.

이해리: 종결의 문제에 있어서 내담자에게 이니셔티브가 주로 있는 것이

사실이긴 하지만, 첫 번째로는 과연 내담자가 정말 자신에게 도움이 될 종료 시점을 판단할 만큼 내담자의 판단을 우리가 그대로 믿고 따라가 줄 수 있겠는가를 따져 봐야 한다고 생각합니다. 내담자는 판단이 어려워서 찾아온 건데, 종료 시점까지 내담자에게 완전히 맡겨 둘 수 있겠느냐 하는 것이죠. 두 번째로는 내담자에게 이니셔티브를 주는 것이 옳을 수도 있겠지만, 상담자로서 최선을 다해야 하고 내담자의 문제를 좀 더 파악해야 하고 다른 면을 좀 더 탐색을 해야 됨에도 불구하고 상담자와 내담자가 어떤 모종의 공모가 이루어져 상담을 끝내고 싶을 때, 하나의 구실로 쓰여질 수도 있겠다 싶습니다.

사회자: 이 교수님의 경우 장기상담을 더 많이 하시는지요?

이해리: 글쎄요, 장기냐 단기냐 구별하는 것도 쉽지는 않은데, 가장 짧게 하는 경우가 30~40회기, 길게 할 때는 3~4년 정도 하구요. 제가 생각할 때 장기냐 단기냐 하는 것은 단기일 때는 이미 처음부터 문제 해결중심으로 들어갈 수 있을 거예요. 단기라고 할 때는 유 교수님처럼 3~4회기 될 때 이미 종료를 생각할 텐데, 저 같은 경우 제가 종결의 조짐이라고 느낄 때는 대부분의 문제가 해결되었다고 상담자도 느끼고 내담자가 얘기하다 보면 별로 할 말이 없어져요. 새로운 갈등이 나타나지 않구요. 생활에 잘 적응하고 있다는 긍정적인 피드백이 주로 들어오고, 새로운 갈등이 숨어 있다가 탁탁 튀어나오지도 않고, 그럴 때죠. 그런데 종결에 대한 저항을 경험하기도 했어요. 2년을 상담을 하던 젊은 여성이었는데, 제가 종결이란 말을 입 밖에 꺼낸 적이 없었어요. 내 마음속으로 이제 석 달쯤 후에 종결해도 되겠다 싶어 마지막으로 목표 점검을 해 봐야 되겠다 싶었는데, 그게 전달되었나 봐요. 내내 괜찮았는데, 갑자기 문제를 쓰윽 갖고 올라오더라구요. 그래서 그 문제를 다시 다루면서 이 친구가 종결에 대해 저항을

하고 있구나 싶었어요. 그러나 대부분의 경우 종결은 자연스럽게 진행됩니다.

사회자: 상담이 잘 진행되었을 때는 그런 경험을 하시겠지만, 상담이 잘 진행되지 않았는데 그럼에도 불구하고 이 두 사람이 지지부진한 듯 가고 있다면 그럴 때는 어떻게 하시는지요?

이해리: 그럴 때는 저는 이렇게 생각해요. '이게 누구 문제냐? 내담자가 종결을 원하는가? 내가 내담자를 종결하고 싶은가?' 를 묻습니다. 종결을 누가 원하느냐? 이게 누구의 저항인가를 생각해 보구요. 만약 내담자가 종결하고 싶어 한다면 상담에 빠지기 시작하잖아요. 상담 세션에 안 나타나기 시작하거나, 지각을 하거나 그럴 때는 그 문제를 아예 드러내놓고 탐색을 해요. 상담을 하고 있는 것에 대해 당신이 갈등을 겪고 있는 것으로 느껴진다고 하고, 치료에 대해 계속 할 수 있는지 어떤지 그것에 대해 어떻게 생각하는지를, 종결 자체를 이슈로 삼아 다루게 되거든요. 대부분 내담자의 반응은 정말 종결을 하고 싶어서 그랬던 것이 아니고 뭔가 다른 저항이 있다든지 이래서 그만둘까 했다고 변명을 하죠. 하지만 종결의 문제를 치료 세션 안에서 드러내놓고 나누다 보면 대부분 치료를 계속 해야 되겠다고 내담자가 마음을 고쳐먹습니다. 다시 말하면 상담 내부에 갈등이 있고 상담이 끊어질 듯한 위기가 왔을 때, 상담자 혼자 고민할 것이 아니고 문제를 세션에 꺼내 놓고 얘기했을 때에는 오히려 내담자가 마음을 돌이키고 다시 치료를 재개하는 경우가 더 많더라는 거죠.

권명수: 글쎄요, 대개 상담을 길게 하겠다는 사람보다는 짧게 하려고 오는 사람이 많더라구요. 그러나 문제 해결중심은 아니고, 글자 그대로 얘기하고 공감하고 들어가 보다가, 그러다 보면 10회 하기 전에 자기 문제를 찾

아내게 되고, 10회쯤 되었는데 계속 할 거냐 해서, 하다 보면 길게 가기도 하고 그러더라구요. 상담이 좀 늘어지는 것 같다 혹은 그만뒀으면 좋겠다 하면 왜 그만둬야 하는지 처음에 가져온 문제가 뭔지를 검토하다 보면 내담자 스스로 더 해야 되겠다고 생각하고…… 종결에 대해서는 주로 미리 언급하고 행하고 있습니다. 특별히 목회자들에겐 10회기 정도는 상담을 지속해야 한다고 말합니다. 그다음에 상담과정을 평가하고 그만둘 것인지, 장기로 갈 것인지를 결정해야 한다고 가르칩니다.

유재성: 목회상담이 치료적으로 깊이 들어가는 측면보다는 기본적으로 당장 위기상담의 입장에서 해결에 물꼬를 튼다는 측면을 생각한다면, 저는 3~5회기를 생각합니다. 목회상담이 단기적이 될 수밖에 없는 이유는 일반 상담소처럼 몇 번 만나고 끝나는 게 아니기 때문입니다. 비록 당장의 상담관계는 종결된다 할지라도 계속 목회 영역에서 돌봄사역이 진행될 수 있기 때문에, 예를 들어 일대일 목회사역이 끝나면 구역장이나 목장, 이렇게 해서 돌봄을 계속 받게 할 수도 있고, 아니면 교회에서 하는 아버지학교, 어머니학교 같은 프로그램에 연결할 수 있다고 봅니다. 더욱이 목회자가 한두 사람의 성도에게만 집중할 수 없기 때문입니다. 또 목회자가 전문 상담자와 네트워킹을 만드는 게 중요하다 생각하구요. 저 개인적으로는 상담료와 시간의 문제를 해결하기 위해 교육 프로그램을 운영합니다. 치료그룹 역동을 통해서 자아 문제라든지, 가계를 통해 내려오는 여러 가지 패턴들을 분석하고, 또 학생들에게 교육 분석을 제공하기도 합니다. 물론 일대일 상담 세팅은 아니지만 프로그램을 통해 많은 것을 경험할 수 있다고 봅니다.

사회자: 네트워킹 가운데 벌어질 수 있는 일관성의 결여 부분은 어떻게 생각하시는지요?

유재성: 제가 갖고 있는 생각들이 단편적일 수는 있는데, 일단 제 초점은 우리가 하는 것이 목회적 상담이기 때문에 목회적 컨텍스트가 중요하다고 생각합니다. 교회 안에서 상담하는 것에 초점을 맞춘다면 목회자가 성도들을 상담할 때에는 상담 세팅뿐 아니라 다른 모임과 프로그램을 통해서라도 그 사람들과 꾸준한 만남을 가질 수 있다고 봅니다. 저희 교회 같은 경우에는 저처럼 상담을 공부한 사람들로 구성된 상담위원회가 있어요. 그 사람들이 주로 상담을 합니다. 담임목회자도 상담을 하지만……. 그러면서 계속 목회자랑 저희가 대화를 하고 상담위원회에서는 항상 목회자의 사역방향과 사역철학을 중심으로 가도록 하구요. 그래서 담임목회자와 철학과 신학이 다르다는 예외적인 상황이 있을 수 있겠습니다만, 일반적으로는 그렇게 큰 이슈가 되는 것을 들어 보지는 못했습니다.

양유성: 종료에 있어, 목회상담이라는 부분을 생각해야 할 것 같아요. 그런 면에서 어떤 급격한 변화와 해결이 있을 것이라는 상담 초기의 기대감을 뒤로 할 필요가 있을 것 같아요. 목회상담이라고 할지라도 기적같이 기도만 하고 순식간에 상황이 반전되고 그런 것은 아니라고 생각해요. 문제가 발단되어 심각해지기까지는 상당 시간 소요되었기 때문에 상담도 어느 정도는 그런 긴 시간과 어려운 작업들이 동반되어야 한다 싶은데요. 그런 것에 대해 상담 초기에 목회상담자는 내담자에게 상담에 대한 전반적인 소개를 잘해야 된다고 보구요. 그래서 약국에 가서 신속한 처방전을 받는 것처럼 급격하게 종결하는 일이 없도록 동기를 잘 불어넣어 주고 의욕을 고취시키는 작업이 더 필요하다고 봐요. 그렇게 될 때 생각할 수밖에 없는 부분이 상담료의 부분인데, 저도 그게 조금 어렵긴 해요. 그런데 아예 그냥 한 달치 상담료를 선불하게끔 합니다. 물론 무료상담이나 교회에서 해주는 상담인 경우에는 내담자 한 사람 붙들고 장기간 상담하긴 어렵죠. 그렇지만 우리가 목회상담을 전문적인 영역으로, 전문적인 치료를 한다고

할 때는 조금 더 그런 쪽의 면들을 생각해야 한다고 봅니다. 특히 목회상담이라는 차원에서 종료를 생각할 때에는 그게 과연 건전하고 좋은 동기이고 배경인가, 상담자 편에서 내담자 편에서 여러 가지로 생각하는 것이 중요하다 싶습니다. 그런 것들이 석연치 않거나 뭔가 잘못된 부정적인 면이 있을 때는 그걸 직면해서 내놓을 수 있어야 된다고 봅니다.

반신환: 우리 문화에서 과연 친밀한 관계의 종결이라는 것이 가능한가 하는 생각을 가끔 해요. 우리는 친밀한 관계라 하면 운명적인 관계가 되어서 종결이라는 게 존재하지 않는다 생각하는 것 같아요. 그래서 목회자들도 있다가 다른 곳으로 갈 때 바로 전 주에 얘기하고 도망치듯 가 버리고 그러잖아요. 정상적인 상실에 의한 애도의 과정이라는 것의 연습이 그렇게 익숙하지 않다고 봐요. 그런 것을 생각해 볼 때, 상담에서 종결을 해 보는 것 자체가 어려운 과제일 수 있다 싶습니다. 상담의 장점이 친밀한 관계이긴 하지만, 끝이 있는 관계라는 것을 경험하는 것 자체가 굉장히 중요한, 사랑하더라도 보내 줘야 되는, 사랑하지만 보내야 하는 관계도 있구나라는 것을 연습해 보는 중요한 훈련의 과정이기도 하다고 여깁니다. 그래서 우리 문화에서 어렵긴 하지만 중요한 과제로 여길 필요가 있다고 생각합니다.

김진영: 정리해 보면, 유재성 교수님은 단기상담만 하시는 분은 아니지만 어쨌든 'task-oriented counseling' 쪽에서 말씀하신 것 같고, 권명수 교수님은 'non-structured counseling'의 입장에서 얘기하신 것 같은데, 저는 권 교수님과 같은 비구조적인 장기상담을 선호합니다. 한 가지 유비(類比)가 떠올랐는데, 3악장으로 된 심포니 오케스트라가 동원되는 대곡이 있는가 하면, 소품들이 있잖아요. 한 악장으로 끝나는 그런 소품도 있고, 어느 걸 선호하는가는 상담자의 성품에 따라 다른데, 어쨌든 클라이맥스

가 있는가 하면, 리타르단도에서 서서히 마무리지어서 페이드 아웃(fade out)이 되는 엔딩도 있고 연주자 마음대로 마무리짓는 엔딩도 있고…….
상담자를 예술가나 음악가라고 생각한다면 엔딩을 어떻게 할 것인가는 하나의 퍼포먼스처럼 잘 기획되어야 한다고 봅니다.

반신환: 김진영 박사님 의견에 동의합니다. 상담 시작은 굉장히 거창해요. 그런데 종결은 잘못 하면 풀어지는 경우가 많거든요. 어떤 상담학파들은 그런 주장도 하잖아요. 결혼식 화려하게 하는 것처럼 이혼식도 확실하게 해 줘라. 그런 말처럼, 종결부에서 어떤 예식(ceremony)이나 격려하는 증서도 주고 이벤트를 할 필요가 있지 않을까요? 내담자에게 뭔가를 한 가지 해냈다는, 자기가 이거 하나만큼은 그래도 잘 마쳤구나 하는 어떤 자부심과 성취감을 주면서 끝나는 게 좋지 않을까요? 설령 상담이 잘 진행되지 않았더라도 내담자 스스로가 '이건 실패작이야. 모든 걸 제대로 못 마치고 말았네.' 라고 상담에 대한 좋지 못한 감정을 갖게 하는 것이 아니라 '한 가지는 완료했다. 그래서 나는 희망적이다.' 라는 감정을 불러일으키는 게 목회상담의 방향과도 맞지 않나 생각합니다.

사회자: 지금까지 긴 시간 좋은 의견과 생각들을 나누어 주셔서 깊은 감사를 드립니다. 많은 것을 생각할 수 있었습니다. 상담의 종결 부분을 이야기하면서 ① 문제를 단기 위기로 볼 것인지, 아니면 장기적으로 다루어야 할 본질적인 개념으로 볼 것인지에 대한 문제와, ② 해결 역시 위기에 대한 해결을 해결로 볼 것인지 아니면 본질에 대한 문제까지 가는 것을 해결로 볼 것인지에 대한 문제와, ③ 현장의 문제에 있어서 목회 상황에서의 종결인지, 아니면 전문 상담센터에서의 상담이냐에 대한 문제, 마지막으로 ④ 상담의 종결을 예술적 차원으로 그리고 이별과정에서 생각할 애도의 문제와 종결의식에 이르는 부분까지 좋은 통찰을 말씀해 주셔서 감사합니다.

찾아보기

인명

용어

이상억

한남대학교 영어영문학과(B.A.)
장로회신학대학교 신학대학원(M.Div.)
복음주의 루터교 신학대학원(M.A.)
프린스턴 대학교 신학대학원(Th.M., Ph.D.)
현 장로회신학대학교 목회상담학 교수
한국목회상담학회 총무

권명수

한신대학교 신학과
한신대학교 신학대학원(Th.M.)
현 한국목회상담협회 회장
한신대학교 목회상담학 교수

〈저서 및 역서〉
성경 속의 치유와 상담(역, 시그마프레스, 2007)
종교, 생태, 영성(공저, 생명의 씨앗, 2007)
영성, 목회, 21세기(공저, 한들출판사, 2006)
하인즈 코헛과 자기 심리학(역, 한국심리치료연구소, 2002)

김진영

중앙대학교 영어영문학과(B.A.)
장로회 신학대학교 신학대학원(M.Div.)
드류 대학교(M.Phil. & Ph.D.)
현 호남신학대학교 목회상담학 교수
한국목회상담학회 회장

〈역서〉
대죄와 구원의 덕(역, 한국장로교출판사, 2008)
위기상담가로서의 목회자(역, 한국장로교출판사, 2007)

반신환

서울대학교 사범대학 영어교육과(B.A.)
미국 에모리 대학교 신학대학원(M.Div.)
미국 버클리 연합신학대학원(Ph.D.)
전 계명대학교 인문대학 신학과 전임강사
현 한남대학교 문과대학 기독교학 부교수
한국 기독교상담심리치료학회 슈퍼바이저

〈저서〉
사모상담 · 기독교상담(2003, 한남대학교 출판부)

심수명

미국 풀러 신학대학원(D.Min.)
국제신학대학원대학교(Ph.D.)
현 국제신학대학원대학교 상담학 주임교수
한기총 다세움상담목회대학원 원장
여성부 정책자문위원

〈저서〉
건강한 교회를 만드는 상담목회(도서출판 다세움, 2008)
한국적 이마고 부부치료(도서출판 다세움, 2006)
인생을 축제처럼(도서출판 다세움, 2005)
인격치료(학지사, 2004)

양유성

총신대학교 신학과(B.A.)
총신대학교 신학대학원(M.Div.)
칼빈 신학대학원(Th.M.)
보스턴 대학교 대학원(Th.D.)
현 평택대학교 신학전문대학원 교수
한국목회상담협회 자격관리위원장 및 감독회원
한국독서치료학회 회장 및 독서치료전문가

〈저서〉
외도의 심리와 상담(학지사, 2008)
이야기 치료(학지사, 2004)

유재성

총신대학교 기독교교육학과
사우스웨스턴 대학교 침례신학대학원(M.Div.)
사우스웨스턴 대학교 Seminary(M.A.MFC. & Ph.D.)
현 침례신학대학교 목회상담학/가족치료 교수

〈저서 및 역서〉
교회는 관계시스템이다(역, 국제제자훈련원, 2008)
목회는 관계리더십이다(역, 국제제자훈련원, 2008)
침례교회예전(공저, 침례신학대학교 출판부, 2008)
현대 목회상담학 개론(침례신학대학교 출판부, 2006)
해결중심 목회상담(역, 요단출판사, 2004) 외

이해리

전남대학교 심리학과
서울대학교 심리학과 대학원(M.A.)
연세대학교 연합신학대학원(Th.M.)
한양대학교 교육학과(Ed.D.)
전 육군사관학교 심리학처 상담교수
현 나사렛대학교 교수, KNU상담센터 소장
한국목회상담협회 및 정신역동치료학회 임원
임상심리전문가, 청소년상담사 1급
가족상담수련감독, 목회상담전문가

〈역서〉
신경증적 갈등에 대한 카렌 호나이의 정신분석(공역, 학지사, 2006)
프로이트 이후: 현대정신분석학(공역, 한국심리치료연구소, 2000)

정희성

이화여자대학교 영어교육과(B.A.)
이화여자대학교 기독교학과(M.A.)
St. Paul 신학대학, MO, U.S.A.(M.Div.)
프린스턴 대학교 신학대학원(Th.M.)
드류 대학교 대학원(Ph.D.)
현 이화여자대학교 기독교학 교수

〈논문〉
성폭력 피해자의 생존과 재활을 위한 성서읽기(2008)
일본군 위안부의 독특한 하느님 이미지 연구(2007)
정신분석학과 여성종교경험의 이해(2003) 외

최의헌

연세대학교 의과대학(M.D.)
연세대 연합신학대학원(M.Div.)
현 연세로뎀정신과의원 원장(정신과 전문의)
한국정신치료연구원 원장

〈저서〉
최의헌의 정신병리 강의(시그마프레스, 2008)

목회상담 실천 입문

2009년 2월 27일 1판 1쇄 발행
2024년 9월 25일 1판 5쇄 발행

지은이 • 이상억 · 권명수 · 김진영 · 반신환 · 심수명
양유성 · 유재성 · 이해리 · 정희성 · 최의헌

펴낸이 • 김 진 환
펴낸곳 • (주) 학지사
04031 서울특별시 마포구 양화로 15길 20 마인드월드빌딩 5층
대표전화 • 02) 330-5114 팩스 • 02) 324-2345
등록번호 • 제313-2006-000265호
홈페이지 • http://www.hakjisa.co.kr
인스타그램 • https://www.instagram.com/hakjisabook/

ISBN 978-89-6330-012-2 93180

정가 **16,000원**